2007 年和诸多专家一起编制工程技术标准《隧道工程防水技术规范》(CECS 370: 2014) 时，有幸与杨其新教授相识。当时杨教授团队正在进行丙烯酸盐喷膜防水技术研究，由于早年我曾从事过丙烯酰胺类注浆材料及其在隧道应用的工作，相近的专业背景，使得和杨教授较快熟稔。之后，我又参加了杨教授团队编制的《丙烯酸盐喷膜防水应用技术规程》(CECS 342: 2013) 的评审，与研究团队的年轻成员蒋雅君博士结识，可以说皆为规范标准而结缘。

从事隧道及地下工程防水专业技术人员，通常对工程防水材料与应用相对重视、熟悉，对工程结构及结构力学、岩土力学等理论较生疏，还有的不明事理，把结构与防水对立起来，讨论两者孰重孰轻，不理解结构与防水相辅相成，须臾不可离的关系。如果说《隧道及地下工程喷膜防水》与《隧道喷膜防水技术及工程实践》前两本书，从搭建隧道工程喷膜防水体系，进而揭示结构防水体系的相关技术；涵盖设计、施工、设备等的发展，并对工程实践充分总结，十分有助于专业人员在工程技术上的掌握；那么本书，则研究喷膜防水衬砌结构力学特性，对材料、防水层、界面、构件、结构等五个方面的综合体系，通过理论分析、试验测试、数值模拟，在结构层次与力学特性上系统化研究，其中第二章充分阐述了多种高分子材料及力学性能表征；第四章强化了防水层结构界面力学特性及表征研究，相互呼应，使读者在这方面，有一种循序渐进式的进步。学术贵知音，怀有专业情怀的工程技术人员，若能含英咀华，沉潜数载，当会具备专业技术的思辩能力。

这本由四位作者合作的著作获得了"国家自然科学基金面上项目"与"先进防水材料全国重点实验室（原特种功能防水材料国家重点实验室）开放课题"两方面的资助，凸显了它出版的积极意义，对一直冀求在隧道与地下工程喷膜防水结构理论上有提升的工程技术人员来说，显然是个佳音，无疑也是隧道界、防水界广泛读者的一本好书，所以很值得推荐。是为序。

朱祖熹

2025 年 3 月

前言 PREFACE

隧道工程渗漏水是长期以来的一个突出质量通病，对隧道的正常运营和安全使用造成了较大的影响，并导致隧道的维修费用明显增加。为了提高隧道工程防水的质量，世界各国近年来逐步开始推行一种用于隧道及地下工程的喷膜防水技术。这种新型的防水技术，克服了传统防水卷材和防水板在隧道中应用的一些问题，具有基面适应性好、与基面密贴、没有接缝、整体性好、施工快速方便等优势，提高了隧道防水的质量，取得了良好的应用效果。目前，该技术已经在国内外的地铁、铁路及公路隧道、市政隧道、城市综合管廊、建筑地下室、水工洞室及特殊地下工程等领域中得到了较为广泛的应用。在喷膜防水技术得到广泛关注的同时，一些新的技术问题也逐步显现。比如本书讨论的主题，当喷膜防水层在隧道支护体系形成密贴式衬砌结构时，由于结构形式和力学特征发生了较大变化，再按以往的复合式衬砌结构相关计算方法进行受力分析已经不适用。因此，基于在技术应用中出现的新问题，有必要适时对其中一些基础问题进行深入研究，为工程应用提供必要的指导和支撑。

本书是西南交通大学研究团队出版的第三本关于隧道工程喷膜防水技术研究成果的专著。在前两本专著中：第一本（《隧道及地下工程喷膜防水》，2010 年出版），搭建了隧道工程喷膜防水的技术体系，为该技术的工程应用奠定了坚实基础；第二本（《隧道喷涂防水技术及工程实践》，2022 年出版），则对该技术的工程实践经验进行了阶段性总结，较为全面地介绍了国内相关的设计、施工、设备等技术进展和典型案例。本书则是依托国家自然科学基金项目，总结了隧道喷膜防水衬砌结构力学特性一些基础问题的研究工作成果，希望能更好地支撑该技术的推广和应用。在本书中，建立了隧道喷膜防水衬砌结构的力学特性研究架构和技术体系，希望为这种结构的力学特性和受力计算提供一条清晰的技术路径。本书根据隧道喷膜防水衬砌结构的组成，从材料-防水层-界面-构件-结构的技术体系，在力学原理层面逐一进行了讨论和分析，并开展了必要的试验测试和数值模拟等工作，建立了实用的分析和表征方法。在章节安排上，本书根据隧道工程喷膜防水衬砌结构的五个组成层次独立成章，但又相互联系、层层递进，从基础理论向工程应用逐步延伸，对这种新型衬砌结构的构造层次和力学特性进行了较为系统的讨论和分析。但是在研究开展过程中，由于著者认识上的局限和研究条件等方面的限制，难免会存在诸多不足之处，还需要广大同行合作协力，加快相关的基础理论和应用技术研究工作，以更好地促进新技术的应用。

本书的主要内容源自西南交通大学研究团队承担的国家自然科学基金项目"隧道喷膜防水衬砌力学特性研究"（项目编号：51878570）和北京东方雨虹防水技术股份有限公司先进防水材料全国重点实验室开放课题的研究成果。此外，研究团队自 2005 年以来承担的其他国家自然科学基金项目"隧道工程喷膜防水材料防水机理及效能研究"（项目编号：51108385）、"用于地下工程的丙烯酸盐喷膜防水材料在地下水环境介质中失效性及对策的研究"（项目编号：50678151）、"基于 CT 理论的隧道及地下工程防水材料效能及耐久性评判方法研究"（项目编号：51178401），对研究工作的持续开展和本书的总结成稿提供了重要支撑。

著者在撰写本书的过程中引用了国内外学者的研究成果，并得到了北京东方雨虹防水技术股份有限公司、上海无忧树新材料科技有限公司等厂家的大力帮助；北京东方雨虹防水技术股份有限公司丁红梅、段文锋、郭嘉等人，为研究工作的开展提供了大力的支持；上海无忧树新材料科技有限公司张裔伟、张斌、马丹等人，提供了大量的工程案例和资料；防水界前辈朱祖熹老先生、中国建筑防水协会张勇研究员、上海市隧道工程轨道交通设计研究院陆明教授级高级工程师、中国建材检验认证集团苏州有限公司朱志远教授级高级工程师，一直以来给予了许多关注和支持，促进了研究成果的应用和推广。研究工作中的试验测试及试验装置开发、数值模拟、模型试验等内容，由西南交通大学研究团队的何雨帝、潘基先、刘基泰、何斌、喻良敏、裴虎强、鲍彤、王龙等研究生依托毕业论文开展，团队其他研究生也协助做了大量卓有成效的工作；先进防水材料全国重点实验室和交通隧道工程教育部重点实验室提供了试验场地和研究条件，保障了研究工作的顺利开展和完成。著者在此一并表示诚挚的感谢！

由于著者水平有限，书中难免存在不足，望同行专家和读者批评指正。

2024 年 8 月

目录 CONTENTS

第1章 绪 论

进入21世纪以来,以我国为代表,世界各国的隧道及地下工程的建设速度和规模得到了很大的提升。铁路、公路、地铁等交通隧道和水工隧洞的建设,每年均在长度和数量上不断刷新原有的纪录;市政隧道、城市综合管廊、地下车库及大型综合体等地下空间开发利用设施,也随着城市化的进程而不断涌现。在此过程中,隧道及地下工程的建造技术也有了很大的进步,隧道喷膜防水技术也是在此背景下在工程实践中得到了应用和推广,并不断完善。

1.1.1 隧道喷膜防水技术提出背景

在隧道建设取得巨大成就的同时,我国隧道工程渗漏水的问题却一直没有得到改善,对地下水的处理和防治,仍然是隧道工程设计、施工、运营中的重点工作之一(图1-1)。根据有关统计,我国隧道工程渗漏水的比例高达90%,其中严重渗漏水的比例约占总数的30%,对隧道的运营安全和正常使用造成了不可忽视的影响。隧道渗漏水的原因主要来自设计、施工、材料、结构变异、维修养护等方面,其中由于目前所采用的防水材料、防水构造形式、防水施工质量等造成的问题或隐患是主要影响因素。

(a)矿山法隧道　　　　　(b)明挖法隧道　　　　　(c)地下结构变形缝

图1-1 隧道及地下工程渗漏水

为了提高隧道工程防水的质量,减少渗漏水对隧道运营和使用的影响,世界各国陆续推出了一些新型的防水材料和防水技术,也取得了一定的效果。其中,国内外近年来逐步开始推行采用喷涂方式形成结构防水层的喷膜防水技术。这种新技术克服了防水卷材和防水板在隧道中应用的一些问题,具有一定的优势,如基面适应性好、与基面密贴、没有接缝、整体性好、施工快速方便等,提高了隧道防水的质量,取得了良好的应用效果。这些新型的喷涂防水材料包括聚脲、丙烯酸盐、聚合物-水泥复合材料、聚氨酯以及速凝橡胶沥青,目前已经在世界上多个国家的众多暗挖和明挖隧道中得到了成功应用(图1-2)。随着隧道工程喷膜防水技术的发展，在 2013 年瑞士日内瓦召开的国际隧道协会（ITA）年会上推出了一本用于隧道工程喷膜防水技术的设计指南（*ITAtech Design Guidance for Spray-applied Waterproofing Membranes*）（图 1-3），这表明国际隧道界已经开始认可这项新技术在提高隧道防水质量上的作用。自此以后，掌握该类新材料和新技术的公司和隧道工程应用案例也开始逐年增多，隧道工程喷膜防水技术得到了进一步的发展。

（a）暗挖隧道

（b）明挖隧道

（c）地铁车站基坑

图 1-2　隧道工程喷膜防水技术应用场景

图 1-3　ITA 发布的《隧道喷膜防水设计指南》

从 20 世纪末开始，国内部分学者和机构也围绕该技术开展了相应的研究工作，并在我国不同类型的隧道及地下工程中进行了推广应用。2013 年前后，西南交通大学等单位陆续编制了几本相应的技术规范，对该新技术在国内隧道和地下工程中的应用和推广提供了支撑。隧道喷膜防水技术在国内隧道及地下工程防水中的应用比例近年来也与日俱增，该技术在工程应用中所体现出来的防水性能、施工效率等方面的优势，将成为隧道工程防水技术发展的趋势之一。

1.1.2　隧道喷膜防水技术发展阶段

从隧道工程喷膜防水技术的出现至目前发展和应用的过程来看，大致可以按照 20 年一个阶段，将其划分为四个不同的时期。

1. 技术萌芽探索阶段（1960—1980 年）

喷膜防水技术的出现，首先是在发达国家中随着人工费用的增加及对防水质量的改善需求而出现的，将防水涂料采用机械喷涂的方式施工。随之也出现了一些适用于喷涂方式的专用防水材料，主要在屋面或地下室外墙面防水上使用（图 1-4）。

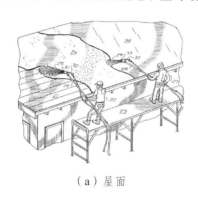

（a）屋面

（b）地下室侧墙

图 1-4　早期喷涂防水应用

这个时期也是发达国家对隧道防水形式和材料进行革新和尝试各种新手段的时期，除了防水板以外，喷膜防水技术也在这个时期被引入到山岭隧道的应用中。较早将喷膜防水技术应用于山岭隧道的工程实例应始于 1960—1965 年期间，德国、奥地利和瑞士修建的 20～30个公路隧道，使用瑞士 SIKA 公司的掺有玻璃纤维加强的聚酯树脂喷层来防水。20 世纪 60 年代，在西德的地下工程中也出现了不少用于喷射密封防水的新材料，这些材料按其性质不同大致可分为两类：玻璃纤维聚酯和沥青-橡胶混合物。

总体来看，这个阶段喷膜防水技术虽然已经被引入到隧道防水工程中，但案例数量尚不多，配套的机械设备也不成熟，更多是在新技术萌芽阶段进行的持续探索。

2. 技术发展完善阶段（1980—2000 年）

本阶段世界各国开始逐步重视该项技术，推出了基于丙烯酸盐、聚氨酯、聚脲等材料的喷膜防水技术及专用机械设备，工程实例也逐步增多，隧道工程喷膜防水技术的影响也有所增加（图 1-5）。

这个时期以日本为典型代表，从 20 世纪 80 年代中期开始，日本陆续开发出了隧道喷膜防水技术，并出现了一批材料、设备专利。如日本株式会社鸿池组所开发的喷膜技术可采用人工喷射，在喷射断面规则的地方也可采用喷膜台车进行施工。从 1990 年在日置隧道的应用开始，该技术又在日本其他三个工程中得到了应用：新港南台泵场修筑工程、阪神福岛地下化工程、东海北陆自动车道大濑子工程。同时期，在该技术上发展较为迅速的公司以瑞士 UGC International 为典型代表，提供的系列产品有 Masterseal®340F（水剂）与 Masterseal®345（粉剂）两种，在该时期得到应用的隧道工程约 10 个，包括公路隧道、铁路隧道、水电站引水隧洞，遍布南美、北美、澳大利亚等国家和地区。喷膜防水技术在其他类型的隧道中的应用也得到了拓展，如香港港口东侧的沉管隧道、英国英法海峡隧道附近的两座明挖隧道。沉管和明挖隧道上应用的典型代表公司为英国 Stirling Lloyd Polychem，该公司开发了以聚甲基丙烯酸甲酯为主的喷涂型防水材料，主要用于桥面、明挖隧道、沉管隧道等平整基面的防水，该时期该公司施工了 10 余座明挖、沉管隧道及一些桥梁的防水工程。

（a）日本株式会社鸿池组 （b）瑞士 UGC International 公司 （c）英国 Stirling Lloyd Polychem 公司

图 1-5　喷膜防水技术代表性公司

图 1-6　西南交通大学喷膜防水试验段

在此阶段，国内相关单位对隧道喷膜防水技术的研发和工程应用也开始起步。1980 年前后，我国采用胶粉改性沥青防水材料在一些坑道工程和地下工程中喷涂 5 mm 厚的防水层以替代传统的三毡四油防水层。1986 年，铁路工务部门也采用阳离子乳化沥青胶乳防水涂料，对十几座铁路隧道进行渗漏治理。在关宝树教授的大力支持下，西南交通大学研究团队于 1998 年获得铁道部科技项目立项后开始了丙烯酸盐喷膜防水材料、配套设备、施工工艺技术的系统研究，完成了在试验室条件下喷膜材料配方的优化和喷射设备的研制。1999 年至 2002 年，先后在大竹林铁路隧道平行导坑（图 1-6）、莲黄公路隧道和磨沟岭铁路隧道等工点进行了喷膜防水工程试验的应用尝试。

本阶段隧道工程喷膜防水技术得到了较大的发展和进步，专用材料、配套设备都得到了开发和研制，隧道工程应用类型和实例也逐渐增多，但总体上还处于一个技术发展和完善阶段。

3. 较大规模应用阶段（2000—2020 年）

本阶段随着应用实例逐渐增多，该技术也逐步得到了国内外隧道工程界的了解和关注，其应用范围开始逐步扩大，并朝着机械化作业的方向发展。

　　在该领域较为活跃的国外公司仍然以 UGC International 为代表，陆续又采用喷膜防水技术施工了几十座的隧道防水工程（包括一些海底隧道），并采用了机械手臂进行快速喷涂施工（图 1-7）。该公司还把喷膜防水技术推广应用到了隧道维修加固中，如在英国的 3 座有着 150 年历史的铁路隧道上，采用 Masterseal®345 喷膜防水材料结合喷射钢纤维混凝土进行了修复和补强。同时期，其他一些国外公司也在积极发展和推广隧道喷膜防水技术，一些新型喷涂防水材料，如聚氨酯/聚脲、聚甲基丙烯酸甲酯、喷涂速凝橡胶沥青等也陆续被应用在国外的隧道工程防水中，如美国波士顿地铁、美国北卡罗来纳州高速公路隧道、澳大利亚布里斯班 CLEM7 道路隧道、日本东京涉谷车站。

（a）TBM 隧道　　　　　　（b）矿山法海底隧道　　　　　　（c）既有隧道维修

图 1-7　隧道喷膜防水技术应用工程实例（UGC International）

　　国内的隧道喷膜防水工程应用实例在本阶段也呈现积极的增长态势，西南交通大学对基于丙烯酸盐的喷膜防水技术进行了推广和应用，在国内多座山岭隧道、地铁隧道、城市综合管廊、地下通道及洞库中采用了该技术进行防水。所应用工程实例种类较多，且部分实例具有一定的代表性（图 1-8），如位于高海拔地区的四川松潘县牟尼沟公路隧道、贵广高铁天平山隧道、南京青奥轴线地下通道 B2-J1 节点、深圳中海油 LNG 工艺隧道、兰渝高铁阆中火车站地下通道、贵阳地铁 1 号线及 2 号线区间隧道、南宁地铁 5 号线车站通道等。

　　本阶段隧道及地下工程应用实例有了较大幅度的增加，各种新型喷膜防水材料种类开始增多；施工机具和设备已经初步实现了专业化和机械化，并开始向自动化和智能化方向发展；基于喷膜防水技术的防水体系概念逐步得到提出，逐步开始重视防水体系的综合性能；相应的技术标准、应用指南开始制定和颁布。总体而言，由于有了较大规模的工程支持，该技术已经开始逐步走上规范化和有序发展的道路。

（a）高寒山区公路隧道　　　　　　（b）LNG 工艺隧道　　　　　　（c）地铁区间隧道

图 1-8　隧道喷膜防水技术应用工程实例（西南交通大学）

4. 智能化机械施工阶段（2020年以后）

在2000年前后，隧道喷膜防水技术机械化已经初具雏形，各种大型喷涂施工装备已经在部分工程案例中得到了应用（图1-7），提升了防水作业的效率和质量。但是在2020年以前，由于相对灵活、适用性好、成本较低的特点，人工操作+小型机械的方式在国内仍然是主流（图1-8）。这种半机械化的方式，也存在着对施工人员要求高、防水层现场施作质量波动的局限，同时施工效率也仍然有进一步提升的空间。随着时代的发展，一方面具有丰富经验的现场施工人员越来越少，另外一方面对施工质量的要求越来越高，喷膜防水施工技术也面临着全面升级转型的迫切需求。

当前已进入"智能建造"的新时期，随着信息化技术的不断融合和软硬件设施的更新，隧道喷膜防水施工的技术也将进一步加速实现智能化机械施工。如2018年建成的京张高铁东花园明洞隧道所采用的智能喷涂防水机器人设备系统（图1-9），极大地提高了喷涂效率，加快了施工进程，提高了防水层的均匀性，确保了喷涂厚度满足设计和规定要求，避免了喷涂工作对操作人员健康的危害，从而大大降低了隧道喷涂防水施工的劳动力成本和施工风险。

图1-9　智能化喷涂设备（京张高铁东花园隧道）

随着新时期对绿色、低碳、环保、节能等新理念的重视，喷膜防水技术也必将进入全新的快速发展时期。在此阶段，随着机械化、信息化、自动化、智能化程度的全面提升，喷膜防水层的施工质量也将得到有力的保障，行业的关注点也将逐步从防水材料本身的性能和施工效率提升，转向更多在工程实践中遇到的新问题，比如本书要讨论的隧道喷膜防水衬砌的力学特性、防水体系的性能化和韧性设计等。

1.2　隧道喷膜防水衬砌结构形式与基本特点

在实际工程中，根据防水层是否与初支和二衬黏结，中间夹有喷膜防水层的衬砌结构也可能会有多种形式，各自的力学特性也会有较大的差别。本书讨论的主要对象为喷膜防水层与初支、二衬均密贴黏结的隧道衬砌结构，即习惯上所称的"隧道喷膜防水衬砌结构"，为突出其构造特点也可称为"双面黏结型隧道喷膜防水衬砌"。

1.2.1　隧道衬砌防水构造形式

我国隧道中目前常用的防水体系主要可以分为排水型、非排水型两大类。目前，我国山岭隧道以排水型居多（如公路隧道、铁路隧道），在城市环境中则以非排水型居多（地铁区间隧道、城市公路隧道、电力隧道等）。为适应国内目前隧道常见衬砌结构的构造要求，喷膜防水技术也应根据工程对象的特点和要求，与衬砌结构进行有机的结合，以最大程度地发挥其性能特点和优势。

1. 排水型隧道防水构造

目前，国内大多数的山岭隧道都是排水型的防水体系。常见的排水型隧道防水构造的主要组成部分包括初支、无纺布缓冲层、防水层、二次衬砌及衬砌背后排水设施，其中防水层通常只设置在拱墙部位，仰拱处往往只设置横向排水管和中央排水沟（图 1-10）。

排水型隧道结构充分利用布置的排水设施尽可能地排出防水层后的积水，以消除作用在二次衬砌上的水压力。但是除了在初支表面布置的环向、纵向排水管以外，拱墙部位全面铺设的无纺布也能起到一定作用；同时，由于初支基面不平顺所形成的与防水层之间的空腔，在一定程度上也能起到排水的作用（图 1-11）。

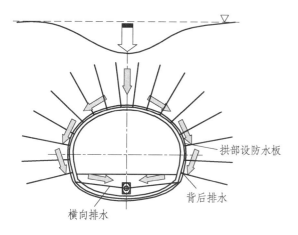

图 1-10　排水型隧道防水构造

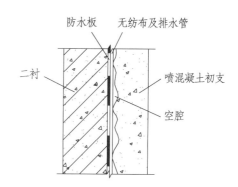

图 1-11　排水型隧道防水构造基本要素

在国内目前已经实施的大部分山岭隧道喷膜防水案例中，均是将图 1-11 中的防水板直接替换为喷涂防水层，通常不取消无纺布缓冲层或者铺挂一层 HDPE 薄膜。这样的做法是出于对初支喷射混凝土基面粗糙程度、渗水严重程度的担忧（图 1-12）。如果对喷涂基面的处理费时费工，会造成防水造价和工时的成倍上升。此外，喷膜防水层后保留一层缓冲层，对地下水的渗流和引排也留出了一定的空间，在不改变传统复合式衬砌排水系统构造的情况下，也可以保证隧道衬砌水压得到较大的释放，从而使得在隧道衬砌的设计中无须考虑额外的地下水压力的荷载。

（a）基面粗糙　　　　　　　（b）基面渗水　　　　　　　（c）实喷结果

图 1-12　隧道初支基面常见情况及实喷情况（未做基面处理时）

在无纺布层上喷涂防水层的做法目前较为普遍，实际工程案例见图 1-13。从实施效果来看，在初支基面铺挂一层无纺布可以有效隔离初支基面的缺陷，从而保证喷膜防水层的质量，也使防水材料的单位面积用量能较好地得到控制。

（a）铺挂无纺布　　　　　　（b）喷膜作业　　　　　　　（c）喷膜效果

图 1-13　排水型隧道喷膜防水实例（铁路隧道）

2. 非排水型隧道防水构造

非排水型隧道主要适用于地下水水位不高或地下水环境保护要求较为严格的条件下，地铁区间隧道即为典型的非排水型隧道。该类隧道防水构造的主要组成部分包括初支、无纺布缓冲层、防水层、二次衬砌，其中防水层在隧道全周设置，并取消了衬砌背后的排水系统（图 1-14）。在非排水型隧道中由于不允许地下水向洞内排泄，因此在二衬设计时通常计入全水头高度的水压荷载。如果基面条件良好或做好找平处理，将喷膜防水层直接施作在初支基面上是可行的（图 1-15），也能有效防止窜水发生。

在国内少数已经实施的工程案例中，有这样的做法，实际案例见图 1-16。从实施效果来看，对初支基面喷射一层砂浆层进行初步找平之后，可以为喷膜防水层的施作提供一定的条件，同时也可以使初支-防水膜-二衬形成紧密结合的衬砌结构体系。

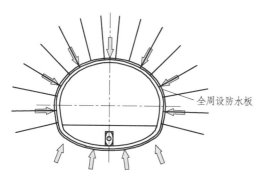

图 1-14　非排水型隧道防水构造

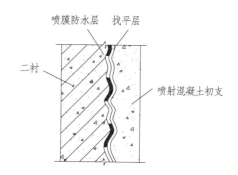

图 1-15　非排水型隧道喷涂防水体系基本要素

（a）初支基面

（b）找平后基面

（c）喷膜效果

图 1-16　非排水型隧道喷膜防水实例（地铁隧道）

1.2.2　隧道 CSL 结构力学特性

目前，喷膜防水层主要在钻爆法修建的隧道中应用较多，因此此处介绍钻爆法隧道相关衬砌结构形式。国际隧道协会（ITA）发布的《隧道喷膜防水技术设计指南》将钻爆法隧道衬砌分为三种类型（图 1-17）：Single Shell Linings（SSL）、Composite Shell Linings（CSL）、Double Shell Linings（DSL），其中 CSL 是初支和二衬中含有一定厚度（常见为 2 ~ 3 mm）喷膜防水层且与两侧混凝土黏结的衬砌结构形式。

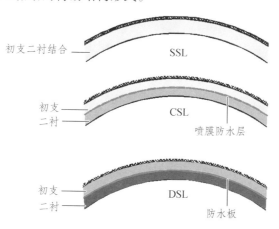

图 1-17　钻爆法隧道衬砌结构的三种形式

1. 隧道衬砌结构基本类型

从国际隧道协会给出的衬砌结构类型名称来看，其将衬砌结构的主要组成部分如初支、二衬均视为壳体结构（Shell），根据不同壳体之间的结合方式，划分为三种不同的衬砌结构形式。

（1）DSL（双层壳体衬砌）结构。这是目前最常见的山岭隧道衬砌结构形式，在国内也被称为"复合式衬砌"。由于喷射混凝土初支和二衬之间铺设有高分子防水板和土工布缓冲层（图1-11），初支和二衬之间通常只能有效传递径向应力，而不传递切向应力，上下两层结构的变形是相互独立的，其受力示意图见图 1-18。此时，初支和二衬可以视为两层简单叠置在一起的结构，层间的防水层+土工布缓冲层起到了隔离层（滑动层）的作用，在一定程度上解除了结构层间的约束，有利于释放二衬混凝土的温度应力。在一些工程案例中（图1-13），喷膜防水层被喷涂于无纺布缓冲层表面，虽然喷膜防水层也可能与二衬混凝土形成一定黏结，但是并没有直接与初支基面黏结，因此这种结构从其力学特征来说也可被视为 DSL 结构。

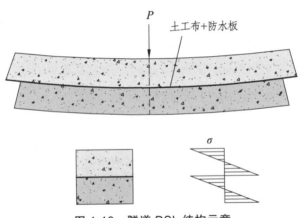

图 1-18　隧道 DSL 结构示意

（2）CSL（复合壳体衬砌）结构。在本书后续的章节中，CSL 结构将特指这种"双面黏结型隧道喷膜防水衬砌"结构形式。在这种衬砌结构中，喷膜防水层与初支、二衬均能形成贴合紧密的黏结（图 1-19），因此两层结构的层间剪力能在一定程度上传递，发挥初支-防水层-二衬的协同受力作用。但是，目前的部分研究工作表明，虽然高分子类喷膜防水层往往具有一定的柔韧性和有限的黏结强度，能发挥一定程度的协同受力作用，但并不能达到单层衬砌的程度。因此，在初支和二衬之间，将存在不可忽略的层间界面作用，其剪切刚度等界面参数在很大程度上影响着结构的力学行为和特征。此外，由于 CSL 中防水层也具有相应的功能要求，在衬砌结构受力的分析过程中，并不能把其简单视为界面处理而忽略对衬砌结构中防水层状态的评价。

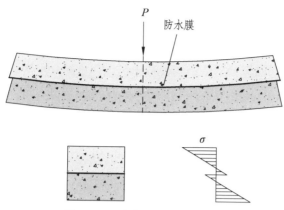

图 1-19 隧道 CSL 结构示意

（3）SSL（单层壳体衬砌）结构。SSL 的结构形式主要适用于采用喷射混凝土形成的"单层衬砌"，虽然支护结构混凝土分为几层喷射，但是由于层间新旧混凝土牢固黏结，认为可充分传递法向和切向应力（图 1-20）。SSL 结构从 DSL 结构的不需要考虑层间界面影响及协同受力作用，走到了另外一个极端，即将结构视为一个整体来承担荷载（协同受力程度最高）。而 CSL 结构的协同受力程度则介于这两者之间，其力学特性主要受到层间界面参数的影响。

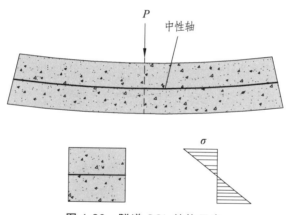

图 1-20 隧道 SSL 结构示意

2. CSL 结构简化力学模型

由于 DSL、SSL 结构的传力机制和力学特性相对明确，目前也有可直接参照使用的力学模型和计算方法，因此本书讨论的主要对象为喷膜防水层与初支、二衬均密贴黏结的 CSL 结构（图 1-21）。一般情况下，不应忽略 CSL 结构防水层中的应力状态和破坏条件，以避免衬砌结构的防水功能失效。因此，在此结构中至少存在三个构造层次，每个层次均有自己的物理属性，包括：上部的"初期支护层"、中间的"喷膜防水层"及"找平层"、下部的"二次衬砌层"。在每两个相邻的构造层次之间还存在层间界面，使得各层之间还存在黏结和耦合效应的作用，对 CSL 结构的宏观力学特性也具有一定的影响。

根据以上分析可知，CSL 衬砌结构的主要特征包括：由具有不同物理和力学性质的几个构造层次所组成；初支和二衬之间有一层具有一定厚度和双面黏结效果的弹性喷膜防水层；有时需要在初支基面事先喷射一层砂浆或细石混凝土找平层；衬砌的层间界面处有径向及部分或全部切向的应力传递；防水层在受力状态下还应保证自身完整性，以满足防水性能的要求，因此也应将防水层视为其中一个结构组成层次。根据上述特征的分析，CSL 的结构形式、受力特征将与复合材料中的"层合板"（Laminate，又称为叠合板，见图 1-22）相似。由于混凝土衬砌及防水层宏观上为各向同性材料，可将 CSL 结构进一步简化为横观各向同性层合板结构模型进行分析。

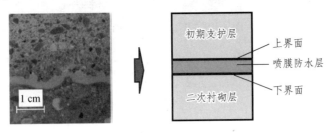

图 1-21　隧道 CSL 结构组成

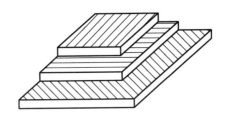

图 1-22　各向异性层合板结构

通过以上比较可知，由于结构形式的差异，不应直接套用其他隧道衬砌结构现有的力学理论与设计方法进行层合式衬砌结构的分析，必须基于 CSL 衬砌结构力学特性的研究，建立对应的力学模型和提出适用的分析方法。此外，由于 CSL 与 DSL 和 SSL 的构造形式、力学特征等均存在着较大的区别，如果将 CSL 直译为"复合壳体衬砌"或"复合衬砌"，不但易与现有的"复合式衬砌"（对应于 DSL）名称混淆，也无法反映这种衬砌结构的力学特征。因此，是否可以借鉴国内目前常见的复合式衬砌的称呼，将这种"双面黏结型隧道喷膜防水衬砌"或 CSL 结构称为"层合式衬砌"？"层"反映了 CSL 结构的构造层次特点，"合"则说明各层之间的界面还必须存在黏结作用和力学耦合效应。按同样的原理，根据 DSL 结构的力学特征，可以将其视为"叠层"式结构，此时其几个构造"层次"仅仅是简单"叠放"在一起，并没有通过黏结等方式"耦合"在一起。

除了山岭隧道，在城市环境下的浅埋土层中也有不少使用喷膜防水的地下结构案例，包括地下车库、城市综合管廊、地铁车站和区间隧道等。所出现的地下结构类型，也会形成 DSL、CSL、SSL 等构造形式，在构建相关地下结构形式的受力分析模型时，与隧道工程的衬砌结构从力学原理上来说也都是一致的。只是可能由于这类工程所处的地层条件、埋置深度、地下水位、防排水构造等与山岭隧道存在一定差异,在进行受力分析时还需要进行妥善的考虑,但一些基本的力学模型和分析方法仍然是适用的。

在建材行业中,针对类似构造的夹层玻璃板材料,提出过与图 1-18～图 1-20 类似的力学模型(图 1-23)。在该力学模型中,这种夹层结构受力弯曲变形时,理论上认为存在着三种情况和两种临界状态:

(1)中间胶粘层有足够的黏结强度,而且中间层弹性模量较高,保证夹层结构可以作为一个整体产生变形,即整体极限临界状态。在这种情况下,如果不考虑中间层厚度且上下两层结构的物理和力学性质相同时,夹层结构可视为一个均质体。此时,对应于 SSL 结构的力学特征,其等效厚度为 $t_{eq,1}=t_1+t_2$(t_1 和 t_2 分别为上下层结构的厚度)。

(2)中间层有足够的黏结强度,但中间层弹性模量较低,保证各层之间可以产生一定的变形协调,即处于整体极限临界状态和滑动极限临界状态之间。这种情况下,由于中间层的黏合作用,使上下两个结构层不能自由滑动,因此其弯曲变形比第三种情况小,但比第一种情况大。此时,可对应 CSL 结构的力学特征,夹层结构的等效厚度为 $t_{eq,3} \leqslant t_{eq,2} \leqslant t_{eq,1}$,夹层结构的宏观力学性能将主要取决于中间层的耦合强度。

(3)中间层的黏结作用完全失效,各层之间可以自由滑动,即出现滑动极限临界状态。对于这种情况,由于中间层失去了黏合作用,上下两层结构之间可以自由滑动,因此宏观上体现为简单的叠层板。此时,对应 DSL 结构的力学特征,当上下两层结构的物理和力学性质相同时,$t_{eq,3}=\sqrt[3]{t_1^3+t_2^3}$。

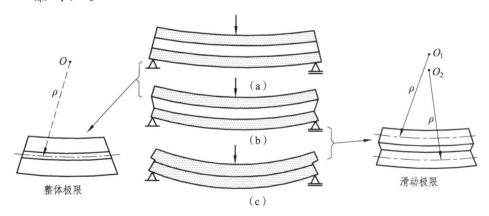

整体极限   (a)   (b)   (c)   滑动极限

图 1-23　夹层玻璃板受力状态

1.2.3　隧道衬砌结构分析方法

在目前隧道开挖的力学效应分析及结构设计中,较为实用的方法为结构力学法(或称为荷载-结构法)和地层-结构法。

结构力学法是按照弹性地基上结构物的力学原理计算衬砌结构的内力,并进行截面验算,基于该方法所建立的隧道衬砌计算模型通常如图 1-24(a)所示。当需要考虑初支和二衬共同承受外部荷载时,可采用二力杆单元模拟初支与二衬之间径向荷载的传递方式[图 1-24(b)]。

通常设定初支和二衬的荷载分担比例，分别对初支和二衬进行受力分析和截面验算，不考虑初支与二衬的变形协调关系或初支和二衬之间只考虑径向荷载的传递，忽略切向荷载。以上处理方法无法考虑初支和二衬的层间黏结所产生的耦合效应，也无法分析防水层的受力。

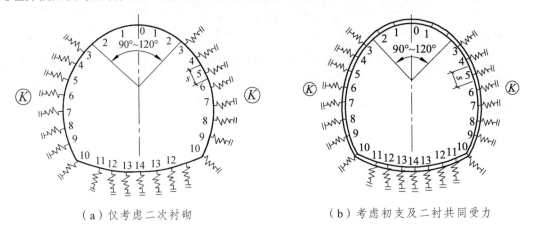

（a）仅考虑二次衬砌　　　　　　　　（b）考虑初支及二衬共同受力

图 1-24　隧道衬砌结构力学法计算模型

地层-结构法是将衬砌与地层看作一个整体共同受力的统一体系，按照变形协调条件分别计算衬砌与地层的内力，并据此验算地层的稳定性和衬砌截面。地层-结构法可以分为解析法和数值法两类，其中常用的是数值法，结合有限元计算软件可以对隧道开挖过程中的衬砌结构及围岩进行施工力学分析（图 1-25）。当需要考虑初支与二衬的联合作用时，可以设置具有一定厚度的夹层单元模拟防水板（图 1-26），其切向刚度为 0（不考虑传递层间剪力），径向刚度可用防水材料的弹性模量、泊松比表示。虽然地层-结构法似乎提供了一个模拟喷膜防水衬砌结构协同工作力学机制的可行途径，但是夹层单元参数的取值、弹塑性状态模拟的有效性仍然有待确定。

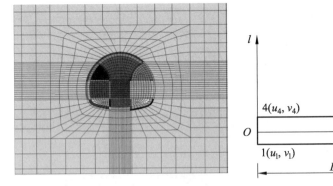

图 1-25　隧道分析地层-结构模型

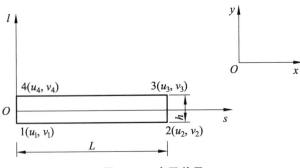

图 1-26　夹层单元

通过以上分析可知，目前常用的隧道衬砌结构分析及计算方法对于隧道喷膜防水衬砌结构的受力分析并不完全适用。同时，由于防水材料在性能上的差异性，也使隧道衬砌结构受力分析的一些关键参数，还有待进一步开展相应试验测试工作获取。

1.3 隧道喷膜防水衬砌结构力学特性研究进展

尽管国际隧道协会（ITA）发布的《隧道喷膜防水技术设计指南》并未给出具体的设计方法和相关参数信息，但自该指南发布以后，国内外学者开始对 CSL 结构给予了越来越多的关注，并开展了一系列深入的研究探索工作。这些研究工作通过试验、现场监测及数值模拟的方法，提供了防水膜为衬砌结构带来协同受力作用的依据，这也为隧道喷膜防水衬砌结构力学特性的研究提供了方向。

1.3.1 隧道 CSL 结构层间界面特性

通过一定的研究和探索，目前国内外均已经认识到：CSL 结构中的喷膜防水层界面对衬砌整体的承载模式和力学机理有着直接的影响。因此，开展对 CSL 结构层间界面力学特性的研究，是深入认识 CSL 结构力学机理的重要基础。

对于隧道衬砌中防水层界面特性及防水层在衬砌承载过程中的损伤问题，目前主要是通过试验测试的方法获取界面参数和观察防水层的损伤。国内学者吕康成教授等人在 2000 年开展了一定的试验研究工作：采用混凝土复合试块模拟隧道复合式衬砌结构，通过压缩变形试验、剪切变形试验、压剪强度试验（图 1-27），探讨了 EVA、PVC 防水板及土工布在衬砌界面处的一些工作特性及损伤情况，以期为隧道防水板的选择和设计提供依据。通过以上试验工作，考察了在压缩、压剪等工作状态下隧道防水板的破坏特征，初步给出了防水板的压缩变形计算公式和剪切强度的破坏准则，并指出喷混凝土初支基面的粗糙程度对防水层的损伤影响很大。以上研究工作，表明业界对隧道衬砌防水层工作性态研究，开始从仅仅关注隧道衬砌结构的力学特性，逐步转向关注隧道衬砌结构中防水层在受力过程中的一些工作性态及界面特性对隧道衬砌结构力学机理的影响。

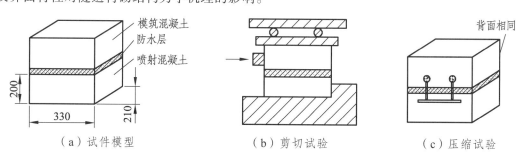

（a）试件模型　　　　　　　（b）剪切试验　　　　　　　（c）压缩试验

图 1-27　隧道衬砌防水板工作性态试验研究（单位：mm）

西南交通大学研究团队在 2006 年也通过试验工作初步探讨了隧道喷膜防水衬砌的相关界面特性和防水膜损伤（图 1-28）。在混凝土抗压和劈裂抗拉试验的基础上，根据丙烯酸盐喷膜防水层与初支、二衬不同的黏结条件制作了不同类型的立方体模拟试块，通过抗压和劈裂抗拉试验来观察喷膜防水层对混凝土抗压和抗拉性能的影响。试验结果表明：由于丙烯酸盐喷膜防水层的界面状态和衬砌结构形式的变化，改变了混凝土试块抗压、抗拉状态下的承载模式，因此其破坏形态也与常规的混凝土试块在抗压、抗拉试验的结果不同；随着黏结条件的变化，喷膜防水层在出现塑性流动变形直至破坏的条件也有所区别；在劈裂抗拉试验中观察到了明显的界面滑移和脱离而组合效应丧失的情况，试块的混凝土先发生破坏，随后喷膜防水层局部发生破坏。通过试验实测的结果分析，在研究中发现了层间界面条件的影响，以及关注到了防水层在复杂应力状态下的屈服和损伤问题。

（a）抗压试验　　　　　　　　　　　　　（b）劈裂抗拉试验

图 1-28　丙烯酸盐喷膜防水层复合试块受力试验

自 2010 年以后，针对 CSL 结构界面的力学特性问题，国外一些大学和研究机构也陆续开展了一些试验研究工作。主要是针对在欧洲应用较多的聚合物-水泥体系的喷膜防水材料，通过复合型混凝土试块的压缩、拉伸、剪切试验探讨了防水膜在不同受力状态下的破坏性态（图 1-29），并获得了界面弹性模量和剪切模量的取值，为量化分析 CSL 界面的力学特性提供依据。研究表明，在有足够黏结力的情况下，初支和二衬由于剪力传递而引起的复合作用可以增加隧道结构的协同受力能力，从而可以考虑减少二次衬砌的设计刚度。总体上，国内外目前主要通过小型试块的相关界面参数试验测试方法，获取相应的界面力学参数，并在此基础上展开一些影响因素的探索和对比，为 CSL 结构的协同受力机理分析和数值模拟提供依据。但是，由于目前隧道喷膜防水材料种类也较多，不同的材料性能参数对于界面特性的影响也不尽相同，因此在确定隧道喷膜防水界面特性及参数取值时，也存在一定的离散性。

（a）单轴压缩　　　　　　　　　　　　　（b）剪切

图 1-29　界面基础力学特性试验试块

在界面特性基础力学试验研究的基础上，初步探明了对界面力学性能产生影响的关键因素，以进一步研究其对喷膜防水衬砌结构力学性能的影响规律。Su Jiang 和 Bloodworth 在含防水膜层的混凝土板上切割了一系列试块，在周围大气湿度条件下，进行了短期和长期的单轴压缩、拉伸及直剪试验，得到了法向和切向界面刚度的取值范围，并定量分析了基体粗糙度和膜厚对界面性能的影响。结果表明，防水膜的厚度和衬砌界面的粗糙度，主要对界面的刚度和强度等性质产生影响。Kicheol Lee 等通过位移控制条件下线性块体支撑试验（图 1-30），得到了防水膜的荷载-位移关系，并进一步确定了界面的参数。在此基础上建立了数值计算模型，对 CSL 构件的力学特性进行了分析。结果表明，衬砌与防水膜的接触条件对弹性性能影响不大，但对衬砌结构的抗拉性能有较大的影响。针对防水膜厚度及其位置对衬砌结构力学性能的影响规律，目前国内外学者也做了一些有益的探索。Su Jiang 等采用四点压弯梁试验和数值模拟相结合的方式，研究分析了界面粗糙度、防水膜厚度及防水膜位置对 CSL 梁构件复合作用的影响。结果表明：增加界面的法向和切向刚度会比较显著增加梁复合作用的程度，而防水膜的位置和厚度对梁的复合作用影响较小。

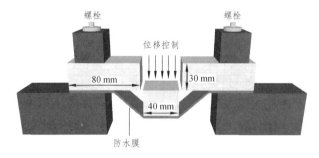
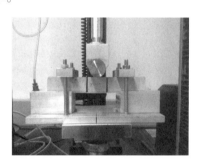

（a）试验示意图　　　　　　　　　　　（b）试验加载装置

图 1-30　线性块体支撑试验

由以上的研究进展可知，国内外目前均已经认识到了隧道喷膜防水衬砌中层间界面的重要性，并关注到了喷膜防水层在衬砌结构受力状态下的工作性态也是不可忽视的一个内容。虽然已经针对 CSL 结构的界面开展了大量的试验测试和数值模拟探索工作，也初步探明了一些主要影响因素的作用规律，但是目前主要还是实验室内小型试块的模拟，距离工程实际尚有一定的距离，对层间界面的形成、损伤和破坏等机理研究工作开展也不够深入。此外，限于目前的试验测试条件、学科交叉性等因素的限制，国内外研究团队普遍还没有系统开展对喷膜防水层的材料性能表征、复杂应力状态下的损伤评价等问题的研究。因此，合理确定喷膜防水层的材料特性与强度准则的关系、构建隧道喷膜防水衬砌的界面力学模型，以及明确其中关键参数的测试和分析方法，将是下一步研究的重点。

1.3.2　隧道 CSL 结构协同工作机理

对 CSL 结构层间界面力学特性的研究工作，是源自隧道喷膜防水衬砌结构协同工作机理的研究需求。从图 1-23 所示的简化力学模型可知，中间层及层间界面的力学参数对夹层结构的整体宏观力学特性影响很大，可能会出现三种不同的结果，这就为 CSL 结构的受力计算分析带来了困难。在早期的部分工程实践中（图 1-31），由于对这种密贴黏合衬砌结构的力学机理认识不足，只能沿用传统的隧道衬砌结构的计算方法进行分析和设计。要么忽略中间防水层的黏结所产生的协同受力效应，沿用复合式衬砌结构的计算方法进行设计；要么采取一定的组合措施（层间抗剪连接件等），使得不同层的结构之间能有效传递剪力，从而可以视为一个整体进行受力。但是，更多的工程案例中的衬砌结构形式实际上是属于中间程度的情况 [图 1-23（b）]。因此，展开 CSL 结构层间界面力学性能的研究，其主要目的也是为了能量化分析和表征 CSL 结构协同受力的性能，并为其工程应用提供可靠的分析和计算依据。

图 1-31　矿山法隧道 CSL 结构应用实例

为探讨丙烯酸盐喷膜防水材料在单层衬砌中的应用可行性，西南交通大学与中铁西南科学研究院联合制作了包含丙烯酸盐喷膜防水层的夹层喷射混凝土板，测试了喷射混凝土与丙烯酸盐喷膜防水层的层间黏结性能（图 1-32），初步探讨了在单层衬砌中的应用可行性。实测结果表明，基层状况对喷膜防水层的黏结强度影响较大，总体上尚无法完全达到混凝土-混凝土基面黏结强度的程度，且由于防水层本身弹性模量与混凝土的弹性模量相差一定的数量级，会在单层衬砌中形成具有一定厚度的软弱面，从而对单层衬砌的整体受力造成一定削弱。在 Su Jiang 的研究工作中，也得出了类似的结论：在防水膜的黏结作用下，CSL 结构的初支和二衬存在一定的复合作用，但其复合作用程度介于复合式衬砌结构和单层衬砌结构之间。在实际工程中，也已经有在单层衬砌（双层均为喷射混凝土）中应用丙烯酸盐喷膜防水层的实例（图 1-33）。但是，由于当时（工程建设时间为 2016 年）对 CSL 结构协同工作机理认识不足，并未对此类衬砌结构的受力进行有针对性的分析，在具体的工程应用中仍然存在许多不明确的地方。而且，从现在的观点来看，尽管内外侧的混凝土支护均采用喷射混凝土施作，但由于在衬砌结构中夹有一层双面黏结的弹性防水层，此时隧道衬砌结构已经成为 CSL 结构，因此不能简单沿用 SSL 结构的计算分析方法进行设计。

（a）钻芯拉拔试验

（b）喷膜防水层破坏形态

图 1-32 喷膜防水层在单层衬砌中的黏结性能测试

图 1-33 单层衬砌中喷膜防水层

为探明 CSL 结构的混凝土-防水膜-混凝土夹层式结构的协同工作机理，国内外也开展了一些理论分析和试验研究工作。为了方便室内试验工作的开展，主要是基于 CSL 构件试验来探索层间界面及防水层对 CSL 结构的承载能力和协同受力性能的影响，并为隧道结构的数值模拟计算分析提供一定的指导。比如，剑桥大学制作了含有喷膜防水层的 CSL 构件，开展了四点压弯、偏心压缩等试验，测试了构件在加载过程中各截面部位的应力、应变变化过程，对试验构件的力学特性进行了初步研究（图 1-34）；英国 AECOM 公司联合 Warwick 大学，针对软土地层条件 CSL 结构的喷膜防水层界面特性和协同工作机理，采用压缩和剪切试验进行了测试和分析。国内外的这些研究工作初步提出 CSL 结构承载能力的主要影响因素，包括喷膜防水层的厚度、弹性模量、黏结强度等物理参数，同时 CSL 结构上的荷载分布形式、各层衬砌的刚度、防水层界面的特性等参数对 CSL 结构的力学特性也有直接的影响。在此基础上，Su Jiang 等提出了衡量衬砌结构协同工作能力的指标 DCA（The degree of composite action）。在传统复合式衬砌结构中，由于无纺布和防水板的阻隔作用，认为初支和二衬之间只能传递拉、压应力而无法传递剪应力，初支、防水板及二衬之间无法协同受力，DCA 值为 0；随着初支、防水层及二衬之间黏结强度的不断增加，最终达到混凝土本身的强度时，DCA 值为 1，此时对应的是中间无防水层的单层衬砌结构。虽然以上研究工作加深了对 CSL 结构协同工作机理的认识，但在本阶段，对隧道 CSL 结构的力学特性、协同工作机理等方面相关的理论分析、力学模型和计算方法的建立等工作尚未得到较好地开展和总结。

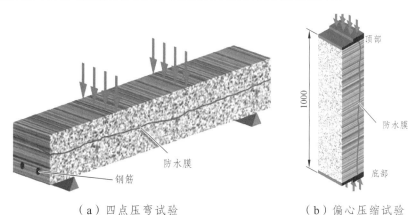

（a）四点压弯试验　　　　　　　　　　（b）偏心压缩试验

图 1-34 CSL 构件力学性能试验（单位：mm）

为了弥补小型构件室内试验的不足，也有部分学者开展了现场测试的工作。Holter 分别对挪威两座采用喷射混凝土和喷膜防水层的公路和铁路硬岩隧道进行了调研和现场监测，记录并讨论了荷载效应对隧道结构的影响，并考察了喷膜防水层中含水量变化对其力学性能与黏结性能的影响、冻融条件下的喷膜防水层力学性能变化、隧道衬砌上的水压分布情况。这两座含喷膜防水层的隧道在拱腰和拱顶形成了从岩体到隧道内表面的连续、密封的非排水结构。监测结果表明，在水压饱和的岩层中，隧道衬砌不会产生明显的荷载，即水压对隧道衬砌的影响有限。该研究中的 CSL 结构样本如图 1-35 所示。总体上，由于现场测试的周期长、费用高、干扰因素多等原因，目前成功实施的案例尚不多见。

图 1-35　隧道 CSL 结构样本

值得注意的是，目前仅有少量研究工作关注了喷膜防水层在长期工作环境条件下的黏弹性力学特性对 CSL 结构受力的影响。目前，在工程中得到应用的喷膜防水层往往由高分子材料组成，因此其在长期受到浸水和复杂应力状态下的黏弹性力学变化及对 CSL 结构力学特性的影响也应是一个值得关注的问题。但由于材料成分和性能多样化造成的复杂性，目前尚未能系统、深入地对 CSL 结构长期工作性能进行有效的评价。因此，应抱有谨慎的态度，在大量试验或实测数据支撑的基础上，去讨论 CSL 结构的长期协同受力性能和衬砌结构设计的经济性。

通过上述研究进展的总结可知，CSL 结构的协同受力机理和性能以及对隧道衬砌结构是否可以优化的问题，已经引起了较多的关注和讨论。但是目前主要的研究手段仍然是在室内开展小型 CSL 构件的基础力学试验，来对其协同受力的力学性能进行探索，同时也为数值模拟工作提供必要的参数和依据。由于该问题的重要前置基础内容如层间界面力学特性及表征，以及不可忽视的中间防水层工作状态和损伤评价，也增大了研究工作的复杂性和难度，尚有许多工作有待深入开展。

1.3.3　隧道 CSL 结构计算分析方法

随着 CSL 结构在工程中的广泛应用以及理论研究的进一步开展，国内外学者开始逐渐认识到，CSL 结构的初支和二衬间存在一定的复合作用，因此，并不能完全沿用复合式衬砌结构的设计方法进行计算和分析。

部分学者已经关注到隧道喷膜防水衬砌的界面特性对衬砌结构承载能力的影响。在一些工程实例的衬砌结构设计中，前期主要是采用数值模拟和一些假定条件，定义界面接触面单元的关键参数，用于 CSL 的设计。但是，由于缺乏理论和试验数据支撑，相关工程的计算结果存在较大的差异性和离散性。比如，两个相关工程的设计计算结果表明：在界面条件和其他参数存在差异的情况下，考虑二衬分担长期荷载比例的系数也存在较大差异（一个实例为67%，一个实例为 15%～50%）。因此，在 CSL 结构的层间界面力学参数不能完全确定时，计算分析的结果也必然存在较大的离散性。

随着认识的不断深入，部分学者尝试采用数值模拟的方式，对 CSL 结构的计算和设计方法开展了初步的研究，以讨论主要因素的影响和作用规律。Bloodworth 等建立了 CSL 结构复合作用的地层-结构数值模型，对不同界面刚度参数条件下的 CSL 结构受力和复合作用进行了研究。Lee 等采用试验得到的防水膜和界面参数，使用 ABAQUS 软件，建立了基于地层-结构法的 CSL 结构数值计算模型，并在不同的界面接触行为的情况下，对衬砌结构不同节点的弯矩及轴力进行对比分析。Píšová 结合捷克实际的隧道工程，建立了 CSL 结构的数值计算模型，在考虑隧道完全承受防水水压的情况下，对比分析了不同二衬厚度和黏结强度对衬砌结构安全性能的影响。许多结果表明：层间界面对衬砌内力的发展有重要影响，一定程度的黏结往往会使二次衬砌的轴力和弯矩减小，但同时也可能会使得初期支护部分位置的内力变大。

上述关于喷膜防水衬砌结构的计算都是基于地层-结构法，这种围岩-初支-防水膜-二衬形式的模型在建立时所需要的参数较多，模型建立比较复杂，且因为存在薄层防水膜和诸多界面，在数值建模时极易出现不收敛的情况。因此，在一部分的研究工作中，也提出了直接将防水层简化为一个界面的处理方法。这种方法虽然可以简化数值模拟的难度和工作量，但也无法获知防水层的应力状态，从而无从对防水层在隧道结构中的受力和损伤情况进行辨识。

总体而言，CSL 结构理论分析方法尚只停留在单一构件层面的分析讨论上，而数值模拟虽然是一种分析 CSL 结构力学特性的可行途径，但是也受到计算模型简化和关键参数取值准确性等方面的制约，距离工程应用也还有一定的差距。

1.4 隧道喷膜防水衬砌结构力学特性研究架构

为了对"双面黏结型隧道喷膜防水衬砌"（CSL 结构）的力学机理与特性进行系统性研究，此处对其中涉及的研究内容和基础理论进行了梳理和解构，并给出相应的可行研究方案，希望形成面向该主题的完整研究架构体系，为开展隧道 CSL 结构力学特性的研究工作提供一个可供参考和借鉴的实施路径。

1.4.1 隧道 CSL 结构力学特性研究内容层次

一个工程结构体系的力学特性通常由形成构件的材料性能及构件之间的连接方式所确定，因此，应按照材料→构件→结构体系的基础层次顺序开展相应内容的研究，才能深入揭示相关工程结构体系的力学机理和认识其力学特性。对于隧道 CSL 结构而言，其特殊性在于结构中间夹有一定厚度且具有功能要求的喷膜防水层，且防水层与两侧混凝土之间还有由于黏结形成的层间界面，这些组成元素的特性和变化均会对隧道 CSL 结构的力学特性造成影响。因此，在其研究内容层次中还应纳入防水层、界面等要素。

根据上述分析可知，隧道 CSL 结构力学特性的研究内容层次可以解构为喷膜防水材料力学性能研究→喷膜防水层力学行为研究→层间界面力学特性研究→CSL 构件力学特性研究→CSL 结构计算分析方法研究。其中的研究内容大致包括：

（1）喷膜防水材料力学性能研究。防水层的材料属性和力学特性是保障其防水功能的前提，因此，应从防水材料的成型机理出发，对防水材料的拉伸、压缩、剪切等基础力学性能进行测试和表征，并建立适用的力学本构关系和提出对应的强度准则。

（2）喷膜防水层力学行为研究。喷膜防水材料在结构中形成防水层之后，其工作性能和损伤与其所赋存的环境和条件密切相关，因此，应基于材料力学、弹性力学、塑性力学等基础理论，研究和分析防水层在 CSL 结构中复杂应力状态下的力学行为，并确定适用的屈服准则。

（3）层间界面力学特性研究。防水层与混凝土之间的黏结界面，是影响结构整体力学特性的重要因素，应从断裂力学、界面力学等基础理论的角度，建立适用的界面力学模型、提出界面损伤表征方法，并通过试验测试得到界面力学特性的关键参数，为界面力学特性的表征和评价提供依据。

（4）CSL 构件力学特性研究。从材料力学、结构力学等基础理论的角度，结合构件力学试验测试和数值模拟工作，对其力学特性的影响因素的作用规律进行探索，探明其力学机理和控制因素。

（5）CSL 结构计算分析方法研究。将前期的研究工作成果向工程应用领域延伸，建立适用的结构计算分析模型，确定关键参数的取值方法，研究影响隧道 CSL 结构承载能力的主要影响因素及确定可行的设计方法。

上述所列是本研究主题的关键内容，如果要往工程应用领域进一步延伸，则还应包括 CSL 结构的模型试验和工程试验等环节的技术内容，对理论研究的成果进行验证和完善，进一步形成完整的理论和技术体系（图 1-36）。

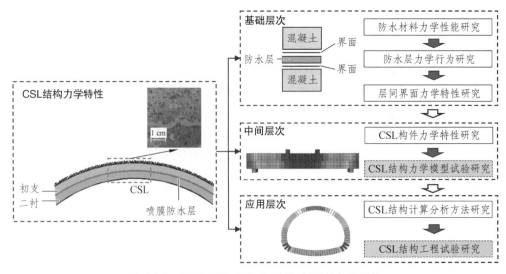

图 1-36　隧道 CSL 结构力学特性研究内容层次

1.4.2　隧道 CSL 结构力学特性研究技术路线

本书相关研究工作的技术路线如图 1-37 所示。其基本思路是以实际工程需求为背景，以力学理论分析为主线，采用试验测试的手段对理论分析结果进行修正，并通过数值模拟的方法为成果的实用化提供可行途径。

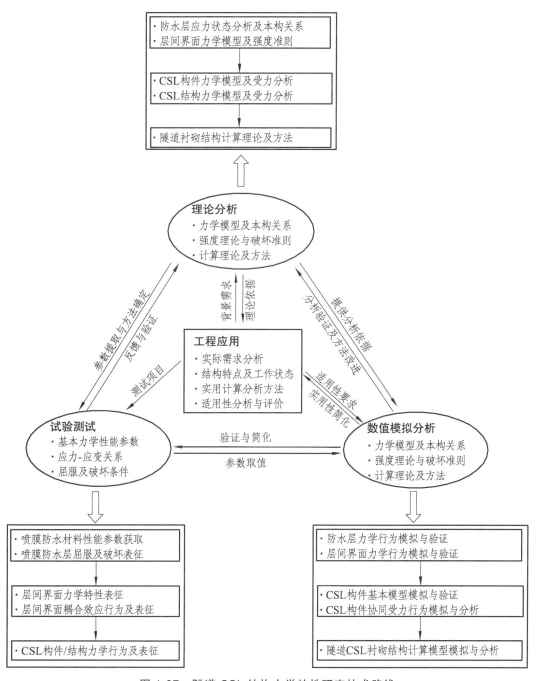

图 1-37　隧道 CSL 结构力学特性研究技术路线

　　在研究内容层次架构、研究技术路线明确以后，就可以按照图 1-36 和图 1-37 所示的路径开展相关的研究工作。通过研究隧道 CSL 结构各组成单元及层面界间的基本力学特性，建立起 CSL 构件/结构的力学模型并探明其力学机理，之后提出适用于该类隧道工程衬砌结构分析的计算方法。在本书后续章节的内容安排上，也遵循了这样的基本层级逐级展开，形成了覆盖"材料"与"防水层"→"界面"→"构件"与"结构"的完整研究内容体系。

第2章 高分子防水材料力学性能及表征

　　材料的力学性能一般是指材料在外力作用下在强度、变形方面所表现出的性质，也称为材料的机械性能。目前，在隧道及地下工程领域应用的防水材料，绝大部分均为高分子或高分子复合材料，如各类防水板、防水涂料及喷膜防水材料等，工程中通常较为关注其拉伸力学性能的表现。作为本书讨论的重点对象，高分子防水材料的宏观力学性能，不仅是其防水功能的主要保障，也是隧道衬砌结构力学特性的重要影响因素。因此，本章以高分子材料的力学性能为基础，介绍相关的机理、基础理论和表征方法，并进行了部分高分子防水材料力学性能的实测，为后续研究工作奠定基础。

2.1　高分子防水材料拉伸力学特性

　　高分子又称为聚合物或高聚物，其分子结构由大分子链构成，并采用适当交联以获得可用的工程性能（图 2-1）。高分子材料的变形行为与其结构特点有关，如果说聚合物的基本性质主要取决于链结构（一、二级结构），对于各类面向工程应用的高分子材料，其使用性能很大程度上还取决于加工成型过程中的聚集态结构（三级结构）。在实际应用中，往往还会添加填料、助剂、颜料等外加成分，或用两种或两种以上高分子混合（共混）改性，形成更为复杂的四级结构（又称为织态结构）。为缩小研究的范畴，此处仅简述常见的非晶态和晶态聚合物（三级结构）的力学状态、变形机理和拉伸力学特性。

　　（a）线型　　　　　　　（b）支化　　　　　　　（c）交联　　　　　　　（d）三维网状

图 2-1　高分子链结构示意图

2.1.1　高分子材料力学状态

　　聚合物也可能会发生结晶。根据其结晶程度，可以分为结晶聚合物、部分结晶聚合物（所谓"半结晶"聚合物）和非晶态聚合物 3 类，其结晶度在很大程度上影响了聚合物的宏观力学性质。

1. 非晶态聚合物的力学状态

以线型非晶态聚合物为例,在不同的温度下,呈现玻璃态、高弹态和黏流态三种不同状态(图2-2),主要差别是变形能力和弹性模量不同,是聚合物分子微观运动特征的宏观表现。玻璃态聚合物在升高到一定温度时可以转变为高弹态,这一转变温度称为玻璃化转变温度,简称玻璃化温度(T_g);高弹态到黏流态的转变温度称为黏流温度(T_f)。

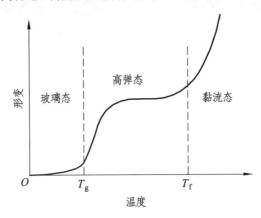

图2-2　线型非晶态聚合物的力学状态

(1)玻璃态。室温下处于玻璃态的常见聚合物为塑料。在玻璃态时,聚合物分子运动的能量很低,大分子链段和整个分子链段的运动是冻结的,只有小的运动单元的局部振动。此时,聚合物的力学性质和玻璃相似,因此称为玻璃态。在外力作用下,聚合物的形变很小(0.01%~0.1%),而且外力去除后立即回复,这种形变称为普弹形变,此时主要是高分子链段的键角和键长发生变化[图2-3(a)]。当外力继续作用时,聚合物发生受迫高弹性形变(永久变形),此时高分子链段沿外力方向发生取向[图2-3(b)]。

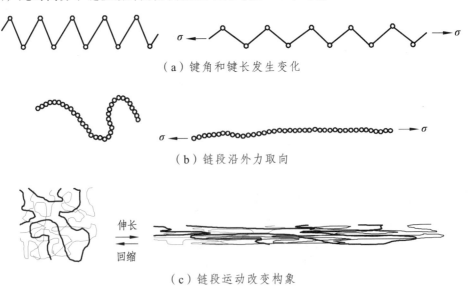

(a)键角和键长发生变化

(b)链段沿外力取向

(c)链段运动改变构象

图2-3　外力作用下高分子链的变化

（2）高弹态。室温下处于高弹态的常见聚合物为橡胶。高弹态下大分子已具有足够的能量，链段已开始运动，但整个大分子尚不能运动。在外力作用下，大分子链可以通过链段的运动改变构象，可以从卷曲的线团状态变为伸展的状态［图 2-3（c）］，表现出很大的变形（100%～1000%）。当外力去除后，大分子链又通过链段的运动回复到卷曲的线团状态，形变可以完全可逆，所以称为高弹形变。高弹形变是高分子材料特有的力学状态。

（3）黏流态。在黏流态时，分子具有很高的能量，不仅链段可以运动，而且整个大分子链都能运动。聚合物在外力作用下呈现黏性流动，分子间发生相对滑动，因此称为黏流态。这种形变和低分子液体的黏性流动相似，是不可逆的。当外力撤除时，形变不可逆。

如果高分子有交联，低交联度时（如硫化橡胶）观察到 T_g 但没有 T_f，即不发生黏流；高交联度时（如酚醛树脂等热固性塑料）连 T_g 也不出现。

2. 结晶态聚合物的力学状态

结晶态聚合物（以片晶为例，其链结构模型见图 2-4）的力学状态与非晶态聚合物有很大不同。完全结晶的高聚物内部结晶区链段无法运动，弹性变形量较小。当结晶度小于 40% 时，还能观察到 T_g；当结晶度大于 40% 时，T_g 不明显或观察不到。从 T_g 到 T_m（结晶聚合物的熔点温度）的温区内不是高弹态，因为结晶使弹性变差，性状很像皮革，所以称为皮革态。另一方面，对于具有一般相对分子质量的聚合物，曲线在 T_m 时有一个突变；对于相对分子质量很高的样品，温度高于 T_m 时还不能发生黏流，需在更高的温度 T_f 出现之后才会流动。

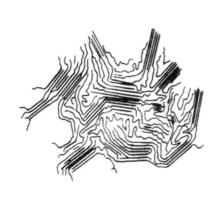

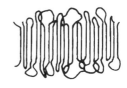

（b）规则近邻折叠链模型

（c）松散近邻折叠链模型

（a）缨状微束模型　　　　（d）多层片晶的折叠链模型　　　（e）插线板模型

图 2-4　片晶链结构模型

2.1.2　高分子材料拉伸性能表征

在工程中往往较为关注高分子材料的拉伸性能，这个指标不仅能反映高分子材料在常温下的力学状态，且测试方法也较为简单，通过在实验室内拉力机上进行简单的拉伸试验就可以获得。

1. 拉伸性能测试原理

高分子材料的拉伸力学性能可以用材料力学的原理和方法进行测试和分析。以常见的简单（单轴）拉伸情况（图2-5）为例，设试样的初始和拉伸后的纵向长度为l_0和l、初始横截面面积为A_0、所受的拉力为F，则从材料力学的原理可知，试样所受的拉应力σ为

$$\sigma = \frac{F}{A_0} \tag{2-1}$$

拉应变ε（又称伸长率）为

$$\varepsilon = \frac{l - l_0}{l_0} = \frac{\Delta l}{l_0} \tag{2-2}$$

拉伸弹性模量E（又称杨氏模量）为

$$E = \frac{\sigma}{\varepsilon} \tag{2-3}$$

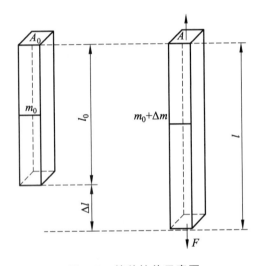

图 2-5 简单拉伸示意图

2. 拉伸性能测试方法

在工程实践中，通常是根据《硫化橡胶或热塑性橡胶 拉伸应力应变性能的测定》（GB/T 528）的要求，用如图2-6所示形状和尺寸的裁刀制备哑铃状的试样（常用试样类型为1型），图中的 $A \sim F$ 各尺寸见表2-1。试样狭窄部分的标准厚度，1型、2型、3型和1A型为2.0 mm±0.2 mm，4型为1.0 mm±0.1 mm。在试样的狭窄部分中标记出两条与试样中心等距且与其纵轴垂直的基准标线，作为观测试样拉伸长度的试验长度。其中，1型为25.0 mm±0.5 mm、1A型和2型为20.0 mm±0.5 mm、3型和4型为10.0 mm±0.2 mm。

在规定的温、湿度环境中，采用拉力试验机开展哑铃状试样的单轴拉伸试验。夹持器的移动速度：1型、2型和1A型试样应为500 mm/min±50 mm/min，3型和4型试样应为200 mm/min±20 mm/min。试验过程中连续监测试样试验长度和力的变化，直至试样断裂。根

据记录的数据和试样的拉伸应力-应变曲线,可以得出试样的拉伸强度 TS、断裂拉伸强度 TS_b、拉断伸长率 E_b、屈服点拉伸应力 S_y、屈服点伸长率 E_y 等指标。

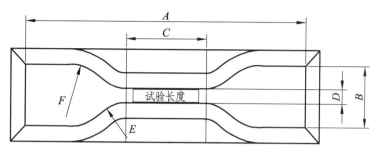

图 2-6　哑铃状试样裁刀

表 2-1　哑铃状试样用裁刀尺寸

单位:mm

尺寸	1 型	1A 型	2 型	3 型	4 型
A 总长度(最小)*	115	100	75	50	35
B 端宽度	25.0±1.0	25.0±1.0	12.5±1.0	8.5±0.5	6.0±0.5
C 狭窄部分长度	33.0±2.0	20.0_{0}^{+2}	25.0±1.0	16.0±1.0	12.0±0.5
D 狭窄部分宽度	$6.0_{0}^{+0.4}$	5.0±0.1	4.0±0.1	4.0±0.1	2.0±0.1
E 外侧过渡边半径	14.0±1.0	11.0±1.0	8.0±0.5	7.5±0.5	3.0±0.1
F 内侧过渡边半径	25.0±2.0	25.0±2.0	12.5±1.0	10.0±0.5	3.0±0.1

注:为确保只有两端宽大部分与机器夹持器接触,增加总长度从而避免"肩部断裂"。

在一般情况下,采用上述测试方法已经能较好地满足工程应用的需求,可以对聚合物材料的拉伸力学性能进行评定和分析。但是应注意到,此方法在计算材料的拉伸性能指标时,所采用的试样宽度、厚度、标距的尺寸均为定值(初始量测值),并未考虑试样在拉伸过程中试验长度区段尺寸(包括横截面缩小、标距段拉长)的变化,因此所得到的是面向工程应用的"名义"拉伸应力-应变结果。

是否对拉伸应力进行修正,要看所研究问题的需要。如果是在材料本构模型的基础研究阶段,需要进行较为精细的研究,则掌握材料的真实应力-应变曲线属性,尤其是大变形条件下的应力-应变关系,是研究材料基本力学性能必须开展的工作。如果是在工程应用阶段,且侧重点是材料弹性阶段且变形不大时的应力应变行为,则采用简单易行的方法获得材料的名义应力-应变曲线,以便开展快速、简要的分析和评价,这往往也是比较经济和可以接受的。

3. 拉伸应力-应变曲线

以玻璃态聚合物为例,其在简单拉伸时的典型应力-应变曲线如图 2-7 所示,可以分为如下五个阶段:

(1)普弹形变。在 Y 点之前应力随应变正比例地增加,从直线的斜率可以求出杨氏模量 E。

（2）屈服。应力在 Y 点达到极大值，这一点称为屈服点，其应力 σ_Y 为屈服应力。

（3）受迫高弹形变（又称为大形变或大变形）。过了 Y 点应力反而降低，这是由于此时在大的外力作用下，玻璃态聚合物本来被冻结的链段开始运动，高分子链的伸展导致了材料的大的形变。这种运动本质上与橡胶的高弹形变一样，只不过是在外力作用下发生的，为了与普通的高弹形变相区别，通常称为受迫高弹性形变或强迫高弹形变。

（4）应变硬化。继续拉伸时，由于分子链取向排列，使硬度提高，因此需要更大的力才能变形。

（5）断裂。达到 B 点时材料断裂，断裂时的应力 σ_B 即为拉伸强度 σ_t；断裂时的应变 ε_B 又称为断裂伸长率或拉断伸长率。整条曲线所包围的面积 S 相当于断裂功。

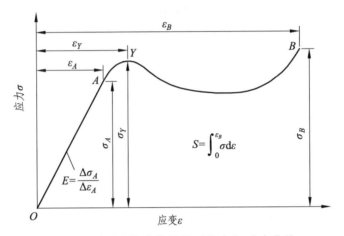

图 2-7　玻璃态聚合物拉伸时的应力-应变曲线

因此，从其应力-应变曲线上可以得到以下重要力学指标：E 越大，说明材料越硬，相反则越软；σ_B 或 σ_Y 越大，说明材料越强，相反则越弱；ε_B 或 S 越大，说明材料越韧，相反则越脆。实际上聚合物材料的拉伸性能通常仅变现为上述应力-应变曲线的一部分或其变异，图 2-8 展示了五类典型的聚合物拉伸应力-应变曲线，它们的特点分别是：软而弱、硬而脆、硬而强、软而韧和硬而韧。

其代表性聚合物如下：

软而弱——聚合物凝胶；

硬而脆——聚苯乙烯、聚甲基丙烯酸甲酯、酚醛塑料；

硬而强——硬聚氯乙烯；

软而韧——橡胶、增塑聚氯乙烯、聚乙烯、聚四氟乙烯；

硬而韧——尼龙、聚碳酸酯、聚丙烯、醋酸纤维素。

结晶态聚合物拉伸时的应力-应变曲线同样经历了五个阶段（图 2-9）。除了 E 和 σ_t 都较大外，其主要特点是拉伸过程中会出现细颈化和冷拉，这一阶段应力维持不变，应变可达 500% 以上。随着塑性变形的继续进行，随后会出现应变硬化的现象。颈缩后的试样被均匀拉伸，并最终发生断裂。

对于没有明显屈服阶段的塑性材料，可以用名义屈服极限这个指标。通常取对应于试样卸载后产生的 0.2% 的残余线应变时的应力值作为材料的屈服极限，以 $\sigma_{0.2}$ 表示（图 2-10），图中虚线与弹性阶段内的直线相平行。对变形较大的高分子材料，也可以取应变 2% 处的应力为屈服极限。具体材料屈服极限的评定方法，应按相关标准进行。

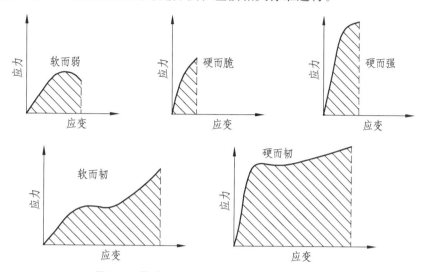

图 2-8　聚合物拉伸时的应力-应变曲线类型

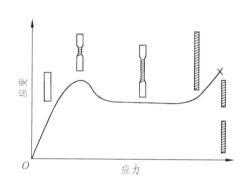

图 2-9　结晶态聚合物拉伸时的应力-应变曲线

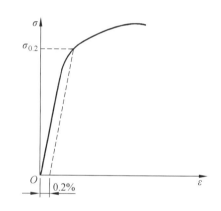

图 2-10　名义屈服极限的定义

2.1.3　高分子材料塑性与断裂特性

由图 2-8 可知，当聚合物进入塑性变形阶段时，试样在拉伸过程中已出现了屈服，可能随即发生断裂破坏。由于大多数的高分子材料都具有塑性特征，这就会为表征其力学性能和分析其力学行为带来一些复杂性。

1. 塑性变形与断裂机理

非晶态（玻璃态）聚合物的塑性变形机理主要是滑移剪切带和形成银纹，结晶态聚合物的塑性变形机理则主要是细颈化和冷拉。

（1）剪切带。韧性聚合物拉伸至屈服点时，常可以看到试样上出现与拉伸方向约成 45° 角的剪切滑移变形带（简称剪切带），如图 2-11 所示。剪切带部位处的最大切应力首先达到材料的抗剪强度，此时材料发生屈服。同时，倾角为 135° 的斜截面上也发生剪切滑移变形，因而试样逐渐生成对称的细颈。对于脆性材料，在最大切应力达到剪切强度之前，正应力已超过材料的拉伸强度，试样不会发生屈服，而是在垂直于拉伸方向上断裂。

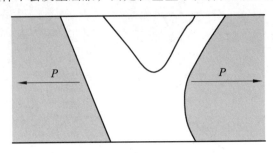

图 2-11　聚碳酸酯试样"细颈化"时的剪切带

（2）银纹。在拉应力作用下，聚合物材料的薄弱处或缺陷部位出现应力集中而产生局部的塑性变形和取向，形成亚微观裂纹或空洞，看起来呈银色，称为银纹（图 2-12）。这是由于聚合物的塑性伸长引起的体积增加尚不足以补偿因横向收缩导致的体积减小，致使在银纹内产生大量的空穴，因此其密度及折光指数下降。银纹出现标志着材料已受损伤，银纹的尖端可以造成应力集中，将对进一步变形和断裂产生直接影响。

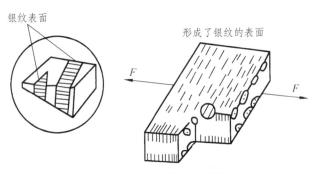

图 2-12　银纹结构示意图

（3）细颈化和冷拉。所谓"细颈化"（或称"颈缩"），是指结晶态聚合物试样在一处或几处薄弱环节首先变细，此后细颈部分不断扩展，非细颈部分逐渐缩短，直至整个试样变细为止。由于是在较低温度下出现的不均匀拉伸（玻璃态聚合物试样在拉伸时横截面是均匀收缩的），所以又称为"冷拉"。细颈化和冷拉的产生原因是在晶体的薄弱环节处发生破坏，组成晶体的晶片被拉出来，分子链发生重排，取向和再结晶成纤维状晶，进一步拉伸时则会出现形变硬化现象。

（4）断裂。高分子材料的断裂分为脆性断裂和韧性断裂两大类。玻璃态聚合物在 T_g 以下主要表现为脆性断裂；在 T_g 以上则伴随有较大塑性变形，属于韧性断裂，通常会观察到银纹的产生和发展过程。聚合物单晶体可以发生解理断裂，属于脆性断裂；而半晶态聚合物（无定形区与晶体的两相混合物）在 T_g 以上断裂时伴有较大塑性变形，属于韧性断裂。

2. 塑性材料本构模型

为了求解弹塑性问题，并能得到尽可能简单而又符合工程需求的解答，往往需要对材料的应力-应变曲线进行简化。简化模型应基本上能反映材料的力学性质而又便于数学计算。常见的简化模型有四种（图 2-13），图中的箭头表示卸载时的应力-应变关系。

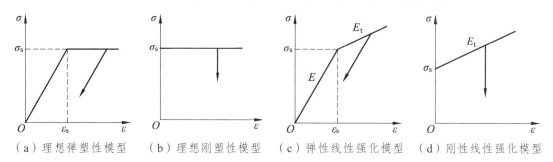

（a）理想弹塑性模型　　（b）理想刚塑性模型　　（c）弹性线性强化模型　　（d）刚性线性强化模型

图 2-13　简化的塑性材料应力-应变关系模型

（1）理想弹塑性模型。

该模型是描述塑性性质较好的材料，其特点是：当 $\sigma < \sigma_s$ 时，材料为弹性的，一旦应力到达屈服极限 σ_s，则变形可"无限"地增长，且应力不变；同时，应力值不可能超过屈服极限 σ_s。对于一些塑性较好的材料，当拉伸应变超过弹性应变 $10 \sim 20$ 倍也不发生强化时，即可以采用该模型。其本构关系可以表示为

$$\begin{cases} \varepsilon = \dfrac{\sigma}{E}, & \text{当}\sigma < \sigma_s\text{时} \\ \varepsilon = \dfrac{\sigma}{E} + \lambda(\lambda\text{为非负的参数}), & \text{当}\sigma = \sigma_s\text{时} \end{cases} \tag{2-4}$$

或

$$\begin{cases} \sigma = E\varepsilon, & \text{当}\varepsilon \leqslant \varepsilon_s\text{时} \\ \sigma = \sigma_s, & \text{当}\varepsilon > \varepsilon_s\text{时} \end{cases} \tag{2-5}$$

（2）理想刚塑性模型。

如果材料的塑性变形发展不受约束，弹性变形与塑性变形相比可以忽略不计，则可以采用该模型。该模型的特点是：当 $\sigma < \sigma_s$ 时，材料为刚性的（不发生变形），一旦应力到达屈服极限 σ_s，则变形可"无限"地增长，且应力不变；同时，与理想弹塑性模型一样，应力值不可能超过屈服极限 σ_s。其本构关系可以表示为

$$\begin{cases} \sigma < \sigma_s, & \text{当}\varepsilon = 0\text{时} \\ \sigma = \sigma_s, & \text{当}\varepsilon > 0\text{时} \end{cases} \tag{2-6}$$

（3）弹性线性强化模型。

对于出现线性强化阶段的材料，可以用两段折线来近似模拟实际的拉伸应力-应变曲线。在拉伸应力达到屈服极限 σ_s 前，应力-应变关系呈线弹性关系；拉伸应力超过 σ_s，则为线性强

化关系，即

$$
\begin{cases}
\varepsilon = \dfrac{\sigma}{E}, & \text{当}\,\sigma \leqslant \sigma_s\text{时} \\[2mm]
\varepsilon = \dfrac{\sigma_s}{E} + \dfrac{\sigma - \sigma_s}{E_t}, & \text{当}\,\sigma > \sigma_s\text{时}
\end{cases}
\tag{2-7}
$$

或

$$
\begin{cases}
\sigma = E\varepsilon, & \text{当}\,\varepsilon \leqslant \varepsilon_s\text{时} \\[2mm]
\sigma = \sigma_s + E_t(\varepsilon - \varepsilon_s), & \text{当}\,\varepsilon > \varepsilon_s\text{时}
\end{cases}
\tag{2-8}
$$

式中，E_t 为强化阶段直线斜率，即强化模量。该模型是在理想弹塑性模型基础上计入线性强化而略去塑性流动的结果，当 $E_t=0$ 时，即为理想弹塑性模型。

（4）刚性线性强化模型。

与弹性线性强化模型不同的是曲线的初始部分，该模型在材料达到屈服前为刚性，屈服后则发生线性强化，即

$$
\begin{cases}
\varepsilon = 0, & \text{当}\,\sigma \leqslant \sigma_s\text{时} \\[2mm]
\varepsilon = \dfrac{\sigma - \sigma_s}{E_t}, & \text{当}\,\sigma > \sigma_s\text{时}
\end{cases}
\tag{2-9}
$$

该模型是在理想刚塑性模型基础上计入线性强化而略去塑性流动的结果，当 $E_t=0$ 时，即为理想刚塑性模型。

2.1.4 防水材料拉伸性能实测分析

从市场上随机采购了几款常见的高分子类防水材料，包括单组分聚氨酯防水涂料、丙烯酸酯防水涂料、聚氯乙烯防水卷材、聚乙烯丙纶防水卷材，在实验室内按《硫化橡胶或热塑性橡胶 拉伸应力应变性能的测定》（GB/T 528）的规定进行制样和拉伸试验测试，并对测试和计算结果进行了初步分析。

1. 拉伸试验测试结果

用四种高分子防水材料制备的哑铃状试样见图 2-14，实测得到的拉伸应力-应变曲线及试样破坏形态如图 2-15 所示，相关力学性能指标结果数据（平均值）见表 2-2。

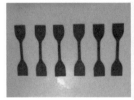   

（a）聚氨酯涂料　　　　（b）丙烯酸酯涂料　　　　（c）聚氯乙烯卷材　　　　（d）聚乙烯丙纶卷材

图 2-14　哑铃状试样制备

表 2-2　四种高分子防水材料拉伸性能指标测试结果（平均值）

材料	拉伸强度 TS/MPa	断裂拉伸强度 TS_b/MPa	拉断伸长率 E_b/%	屈服点拉伸应力 S_y/MPa	屈服点伸长率 E_y/%
聚氨酯涂料	1.77	0.82	380	1.77	25
丙烯酸酯涂料	1.40	1.32	282	1.40	180
聚氯乙烯卷材	16.12	16.12	177	—	—
聚乙烯丙纶卷材	4.56	4.56	440	3.92	6

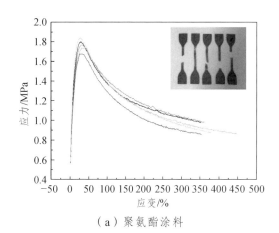

（a）聚氨酯涂料　　　　　　　　　（b）丙烯酸酯涂料

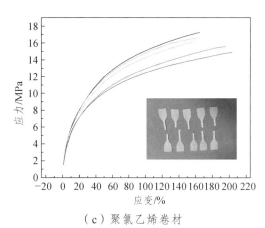

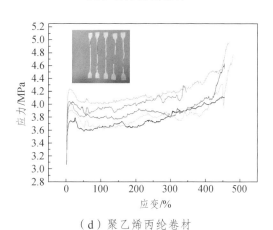

（c）聚氯乙烯卷材　　　　　　　　　（d）聚乙烯丙纶卷材

图 2-15　四种高分子防水材料拉伸试验结果

2. 材料拉伸性能分析

以下基于本章前面所述的高分子材料拉伸力学性能原理和基本特性，对这四种试验材料的拉伸试验结果做进一步分析和讨论。

（1）应力-应变曲线类型判断。

将以上四种材料的代表性拉伸应力-应变曲线汇总于图 2-16。对照图 2-8 就可以直观地判断出各种试验材料的类型：两种防水涂料的应变都很大，而拉伸强度较低，属于软而韧的类型；聚氯乙烯卷材的拉伸强度高且拉断伸长率较小，属于硬而强的类型；聚乙烯丙纶卷材的拉伸强度较高，且拉断伸长率也很高，属于硬而韧的类型。聚乙烯丙纶卷材在拉伸中还出现了明显的细颈化和冷拉现象，断裂时的应变接近了 500%，展示出了结晶态聚合物的一定特征。

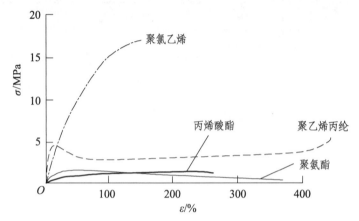

图 2-16　四种高分子防水材料代表性拉伸应力-应变曲线

（2）屈服和断裂判断。

从试样的断口形貌上看，基本上软而韧的材料（如聚氨酯防水涂料）的断口线与拉伸方向大约为 45°夹角，硬而强的材料（如聚氯乙烯卷材）的断口线与拉伸方向垂直。因此可知：韧性试样主要发生剪切屈服，而硬且强的试样则更接近脆性断裂。

（3）本构模型选择。

对比图 2-13 所示的简化塑性材料应力-应变曲线模型可知：对聚氨酯涂料、丙烯酸酯涂料这两种韧性较好的防水涂料，可以选用理想弹塑性模型来表征；聚乙烯丙纶卷材由于塑性流动区间很长，弹性变形相比之下可以忽略不计，因此可以选用理想刚塑性模型来进行近似表征；聚氯乙烯卷材则体现出了一定的应变强化特性，可以对其应力-应变曲线进行简化后，选用弹性线性强化模型表征。

综合以上的分析可知，四种高分子防水材料试样的拉伸性能结果，与本章前述的高分子材料的拉伸力学特性吻合，实测结果和试验现象都可以较好地从相关基本机理的角度进行解释。而材料力学、弹性力学、塑性力学的理论和方法，在高分子材料的不同变形阶段进行力学特性分析同样也具有良好的适用性。同时，从四种材料试样在试验中的不同表现来看，即使都是高分子材料，但由于各自的分子链结构、结晶程度的区别，相应的力学特性必然会从宏观上表现出较大的差异，也会影响到高分子防水材料在工程应用中的实际表现。

2.2　高分子材料力学性能基础试验方法

高分子防水材料的力学行为往往比较复杂。在对此类材料进行研究时，需要进行多种基础力学试验获取大量的试验数据，以精确描述材料的力学特性。比如，通过获得的试验数据可以计算试样在拉伸过程中的应力-应变曲线，拟合后选择合适的本构模型；计算得出适合这种模型的材料参数，为数值仿真提供可靠的数据；将不同试验方法的结果联系起来，找出它们在受到外力作用下的共同特征，将在复杂应力作用下的受力情况用简单的拉伸变形来进行分析。

2.2.1 基础力学试验类型与方法

材料基础力学试验主要包括 8 种（图 2-17），分别是：单轴拉伸和压缩试验、双轴拉伸和压缩试验、平面拉伸和压缩试验以及体积（三轴）拉伸和压缩试验。上述的一些基础力学试验方法存在着等效关系，比如单轴拉伸与双轴压缩等效以及平面拉伸与剪切等效，另外由于单轴压缩试验装置与试样间存在着摩擦力，因此可以用双轴拉伸试验来代替单轴压缩。所以对于一种材料的基础力学性能的测试，通常需要进行单轴拉伸、双轴拉伸以及平面拉伸三种基础试验。

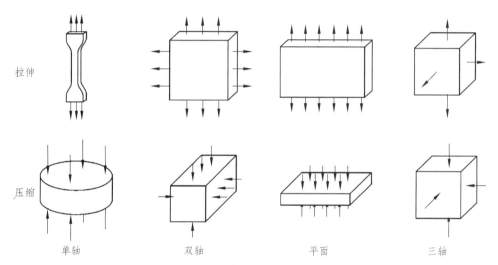

图 2-17 材料基础力学性能试验类型

1. 单轴拉伸试验

单轴拉伸试验是用来研究高分子材料力学性能的一种较为简单的试验方法，其原理和测试方法已经在 2.1.4 小节中做了简要介绍。对材料进行单轴拉伸试验，要求拉伸部分的长度尺寸远大于宽度尺寸，以减少横向约束得到比较纯的单向拉伸状态下的力学特性。

（1）试验设备。单轴拉伸试验常用的试验仪器主要包括拉力试验机、拉伸夹具、冲片机、裁刀、厚度计等（图 2-18）。

（2）试验方法。使用单轴拉伸夹具竖直夹持哑铃状试样的上、下夹持区，然后将大变形引伸计夹持在试样的窄条拉伸区域，使其在拉伸过程中的位移量与试样的形变保持一致，调整引伸计初始间距为标距 25 mm，设置拉伸速度后开始试验（图 2-19）。每组 6 个试样，当试样断裂时断裂部位位于引伸计夹口之间即标距内时，试验结果有效，否则该次结果无效并补做。

冲片机　　　　数显厚度计

拉力试验机　　　　冲切裁刀　　　　拉伸夹具

图 2-18　单轴拉伸试验的试验仪器

图 2-19　单轴拉伸试验

（3）拉伸速度。高分子及橡胶类材料常用的拉伸速度根据材料拉伸性能的不同分为两个等级（表 2-3），此类标准主要用于常规质量控制。为了使材料按其潜在的弹性特性进行松弛，充分获取材料滞后性的纯均匀应变数据以满足后续本构关系拟合的需求，需要选取足够慢的速度进行单轴拉伸试验。相关文献推荐采用的拉伸速率为 5～50 mm/min，在本书相应的材料力学性能试验研究中采用 30 mm/min。

表 2-3　高分子防水材料拉伸试验速度

产品类型	拉伸速度/（mm/min）
高延伸率涂料	500
低延伸率涂料	200

（4）试验结果。计算得到的应力应变值为名义应力与名义应变，其中应力值为

$$\sigma_n = P / (B \times D) \tag{2-10}$$

式中，σ_n 为名义应力（MPa），P 为试验机拉力值（N），B 为试样窄条区宽度（mm），D 为试样厚度（mm）。

应变值为

$$\delta_n = (L_1 - L_0) / L_0 \times 100\% \qquad\qquad（2\text{-}11）$$

式中，δ_n 为名义应变，L_1 为引伸计间距（mm），L_0 为引伸计初始间距即试验长度初始标距值（mm）。

2. 平面拉伸试验

基于橡胶类超弹性材料几乎不可压缩的假定，平面拉伸试验实质上是为了获取材料的剪切特性。试样被设计为矩形，要求其长度方向（拉伸方向）的尺寸要远小于其宽度方向的尺寸，这样试样的横向被完全约束住，在拉伸过程中的变薄只发生在厚度方向上。平面拉伸试验中，在试样中部与拉伸方向成 45° 的截面处于一种剪切状态（图 2-20），此时该斜截面上的最大剪应力为 $\tau_{max} = \sigma/2$。

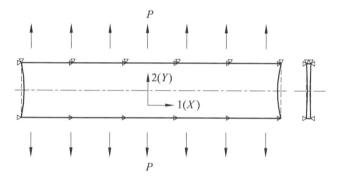

图 2-20　平面拉伸试验示意图

（1）拉伸夹具。平面拉伸的夹具（图 2-21）采用上下两个宽版夹具，夹具宽 150 mm，有效夹持宽度 100 mm，夹片内含多排 90 度钢齿，并由紧固螺栓提供夹持力用以固定试样。

（2）试样形式。试样的试验部分选取长宽比为 1∶10 的矩形薄片，试样拉伸方向总长度为 8 cm，其中中部 1 cm 为试验区，上下 3.5 cm 部分为夹持区，试样宽度尺寸为 10 cm（图 2-22）。试样厚度以实际测量值为准。

图 2-21　平面拉伸试验夹具

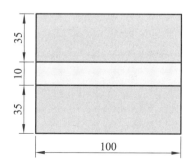

图 2-22　平面拉伸试样尺寸（单位：mm）

（3）试验方法。裁取设计尺寸的材料薄片后，在其长度方向中部 1 cm 区域边界划标距线以明确试验标距区，夹持固定试样并使宽带夹具边缘与标距线重合。由于试样形状上的特点，大变形引伸计无法使用，故而试验结果的位移数据使用横梁位移值进行换算。试验加载速度为 5 mm/min。

（4）试验结果。计算得到的应力应变值为名义应力与名义应变，其中应力值为

$$\sigma_t = P / (B \times D) \tag{2-12}$$

式中，σ_t 为名义应力（MPa），P 为试验机拉力值（N），B 为试样宽度（mm），D 为试样厚度（mm）。

应变值为

$$\delta_t = (L_1 - L_0) / L_0 \times 100\% \tag{2-13}$$

式中，δ_t 为名义应变，L_1 为试验区变形后长度（mm），L_0 为初始标距值（mm）。

3. 双轴拉伸试验

防水材料在实际工程中常处于受压的应力状态，也需要测试材料受压的力学特性。但是单轴压缩试验难以满足需求，原因在于单轴压缩试验采用的圆柱形试样与上、下压缩夹具的接触面存在摩擦力，即使接触面作润滑处理也不能消除摩擦力带来的侧环向约束作用，无法使试样处于受压后侧向自由膨胀的状态，因此采用单轴压缩试验的数据并不可靠。

双轴拉伸试验是将试样制成片状，在试样平面内施加均匀等值的拉力，使试样在侧向均匀自由拉伸变形。从力学状态上看双轴拉伸试验与单轴压缩试验是等效的（图 2-23），两者的应力应变在理论上存在如下关系：

$$\sigma_c = \sigma_b (1 + \varepsilon_b)^3 \tag{2-14}$$

$$\varepsilon_c = 1 / (1 + \varepsilon_b)^2 - 1 \tag{2-15}$$

式中，σ_b 与 σ_c 分别为双轴拉伸名义应力与单轴压缩名义应力，ε_b 与 ε_c 分别为双轴拉伸名义应变与单轴压缩名义应变。

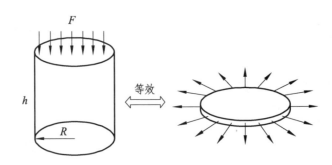

图 2-23 单轴压缩与双轴拉伸试验方法等效原理

双轴拉伸试验方法主要有三种：

（1）采用薄片状方形试样、十字形试样或圆形试样（图 2-24），通过特殊夹具使试样在正交的两个方向（或多个正交方向）同时产生拉伸变形。试验装置主要分为两类：一类是采用单轴拉力试验机，配以特殊设计的菱形夹具使单轴拉力试验机提供的力转换为双轴向的拉力 [图 2-25（a）]；另一类是直接采用多轴拉力试验机，在多个正交方向上同时施加拉力 [图 2-25（b）、图 2-25（c）]。该试验方法的缺点在于难以均匀等大地控制各轴向的拉伸力，且专用的多轴拉伸试验机结构复杂、价格昂贵，不适合实验室普及使用。

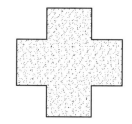

图 2-24   常用双轴拉伸试样

（a）单轴拉力试验机　　　　（b）多轴拉力试验机类型 1　　　　（c）多轴拉力试验机类型 2

图 2-25   双轴拉伸试验方法

（2）采用圆筒形试样，通过气压的方式使圆筒沿径向膨胀，同时将试样以特定的速率在一轴线平面内弯曲，以此使筒壁中部材料处于双轴拉伸的应力状态（图 2-26）。该方法的缺陷在于制样与试验操作难度较大。

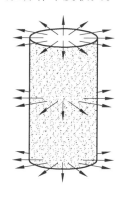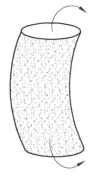

图 2-26   圆筒形试样试验方法

（3）采用圆形薄片或球面状试样，通过气压或者液压的形式使试样鼓胀变形成为球缺体。由于采用均匀气压/液压作为试验力，其优点在于试样在各方向上产生均匀拉伸变形，各轴向拉伸应力值相同，很好地符合试验的预期需求（图2-27）。但该方法的缺点在于需要专用的压力加载设备与夹具试验装置，试验孔径大小的影响有时也不可忽视。

图2-27　土工膜片液胀试验示意图

2.2.2　双轴拉伸试验装置开发

由于适用的双轴拉伸试验设备价格高昂且不易寻找，因此基于液压胀破的原理，开发了一套用于双轴拉伸试验的试验装置。

1. 基本假设及条件简化

本研究开发的试验装置是基于双轴拉伸试验试样变形过程的几何关系和力学原理而设计的，并给出了相应的试验方法和应力应变计算公式。

（1）力学及几何基本假设。

该试验装置的基本原理需要满足两方面的基本假设。一个重要的假设是，试样材料是均质的、各向同性的和不可压缩的（变形过程中体积不变），这是从材料力学及固体力学的角度做出的假设。将问题做合理简化后，就可以在材料力学的范畴内，用相应的力学原理和方法进行问题的求解和分析。

另一个从几何条件的角度做出的假设是，当试样被圆孔形夹具约束并受到均匀的平面外作用力时，在满足力学基本假设的前提下，试样凸出部分的形状将鼓胀变形为球体的一部分（球缺体）。

（2）试样变形过程简化。

设用于加压的测试圆孔半径 r 为固定值，即在加压过程不改变圆孔的孔径。裁剪出如图2-28所示的材料试样，其半径应大于测试圆孔半径 r，以便留出一定的环边夹持固定试样。随后在测试圆孔范围内对试样的底面施加均匀增加的液压 p，直至试样变形破裂。

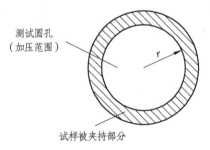

图2-28　试样形状示意图

由于材料的各向同性假设，且试样受力均匀对称，因此在周边受约束时，试样将在 p 的作用下发生均匀的鼓胀外凸，与加压液体一起形成球缺体（可参见图 2-29）。基于试样在变形过程中体积不变的假设，在鼓胀过程中试样的厚度 t 会变薄（等同于受拉时横截面积减小的情况）。随着液压 p 的增加，球缺体的高度 h_1 逐渐变大，球缺体将在试样达到拉伸极限时发生破裂。

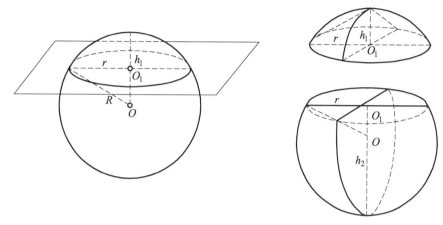

图 2-29　球缺体示意图

根据试样力学特性的不同，球缺体破裂可能处于形成半球体之前（p_1、R_1），也可能在已经形成半球体之后（p_3、R_3）。上述形变过程示意图见图 2-30，可知当球缺体为半球体时（p_2、R_2），有 $R_2=r$。

通过上述模型的构建和试样变形过程的简化，就可以通过试样在变形过程中的一些形状指标和几何关系，便捷地计算出试样在变形过程中的实际厚度值 t，用于试样双轴拉伸过程中真实应力应变的计算。

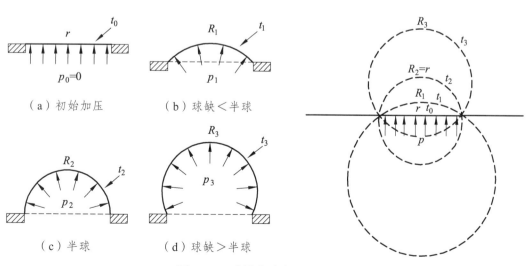

图 2-30　试样胀破变形过程示意图

2. 计算方法原理

截取该球缺体表面（球冠面）上宽度为 d 的四边形微单元体，分析试样中的拉伸应力与液体压力之间的应力平衡关系（如图 2-31 所示）。由试样微单元体拉伸应力 σ 与其法向液压 p 的平衡关系可得

$$pd^2 = 2\sigma(2d\sin\theta)t \qquad (2\text{-}16)$$

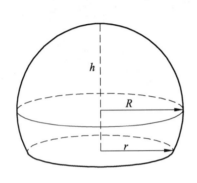

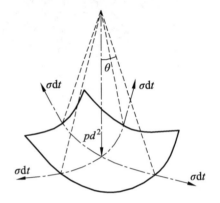

（a）液胀拉伸球冠　　　　　　　　（b）球冠微单元受力状态

图 2-31　球冠面处的变形与受力分析

其中 $\sin\theta = d/2R$，可以得到

$$\sigma = pR/2t \qquad (2\text{-}17)$$

在实际试验中，为了避免液体渗透对试样拉伸性能的影响，需要在试样下放置一层不透水的橡胶膜。因此，在相同加压条件下进行测试，记录了球冠中心点相同挠度下橡胶膜所受液压 p_r。在计算中还需要消除橡胶膜内拉伸应力的影响，由式（2-17）可得到试样中的拉伸应力 σ 为

$$\sigma = \frac{(p - p_r)R}{2t} \qquad (2\text{-}18)$$

由于试样的体积保持不变（不可压缩假设），试样变形过程中的厚度 t 可以通过式（2-19）求得

$$t = \frac{S_0 t_0}{S} = \frac{\pi r^2 t_0}{2\pi Rh} = \frac{r^2 t_0}{2Rh} \qquad (2\text{-}19)$$

式（2-18）和式（2-19）中的 R 值是由图 2-31（a）所示的球缺体几何关系得出的，因此可得到

$$R = \frac{h^2 + r^2}{2h} \qquad (2\text{-}20)$$

将 R 和 t 代入式（2-18），可得到

$$\sigma = \frac{(p - p_r)(h^2 + r^2)^2}{4ht_0 r^2} \qquad (2\text{-}21)$$

试样在变形过程中的应变 ε，可以由球冠面的弧长 l 按式（2-22）计算得到

$$\varepsilon = \frac{(l - 2r)}{2r} \times 100\% \qquad (2\text{-}22)$$

而根据球冠面的几何关系，由式（2-23）可得到

$$\begin{cases} l = \left(\dfrac{6V_s + 2\pi h^3}{3\pi h^2}\right)\arctan\left(\dfrac{3\pi h^2 r}{3V_s - 2\pi h^3}\right) & \text{当} l < r \text{时} \\[4mm] l = \left(\dfrac{6V_s + 2\pi h^3}{3\pi h^2}\right)\arctan\left(\dfrac{3\pi h^2 r}{3V_s - 2\pi h^3}\right) + \dfrac{2V_s}{h^2} + \dfrac{2\pi h}{3} & \text{当} l > r \text{时} \end{cases} \qquad (2\text{-}23)$$

当球缺体破裂时，其拉伸应力 σ 和应变 ε 即为材料达到拉伸极限状态时的拉伸强度和断裂伸长率。

以上各式中变量注释如下：

p——加载液压（MPa）；

p_r——橡胶膜承受的液压（MPa）；

t_0——试样初始厚度（mm）；

t——试样变形后厚度（mm）；

S_0——试样初始表面积（mm^2）；

S——试样变形后表面积（mm^2）；

V——加载液体体积，即球缺体体积 V_s（mm^3）；

d——四边形微单元边长（mm）；

r——测试圆孔半径（mm）；

h——球缺体高度（mm）；

R——球缺体半径（mm）；

l——球冠面弧长（mm）；

σ——试样变形过程中的拉伸应力（MPa）；

ε——试样应变。

3. 试验装置组成

由于取材方便和操作安全，且相对气体具有更小的压缩性，因而选择水作为加压介质，

设计了一种利用水介质和液压胀破方法的双轴拉伸试验装置（图 2-32）。由于试验中施加的是均匀等向的液体压力，因此也可以被视为等双轴或多轴拉伸试验装置。

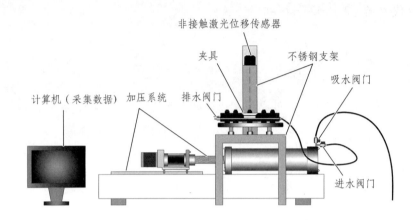

图 2-32　液压胀破双轴拉伸试验装置示意图

该试验装置主要由三部分组成：加压系统、夹持装置和位移采集系统。

（1）加压系统。其核心装置是 TKA-PVS-8 压力/体积控制器及控制软件（图 2-33），该加压系统由一个通用的水压源、体积测量计和储水活塞组成，能够在恒定水头（压力）或恒定流速下提供水压，并同时测量压力值及体积变化。液压执行器垂直安装在挡板上，并直接控制系统中的水压，执行器由液压泵和歧管系统驱动。在测试过程中，储水活塞通过齿轮转动压缩挡板，从而使系统内的水加压。微机控制的液压加载装置可以通过其软件进行控制，实现压力液体的匀速加注，加载方式可以选择定压加载与定速加载两种。试验过程中，通过装置右端快接插头上的软管与环形夹具连接，在加载过程中可以同步进行液压与液体体积数据采集。

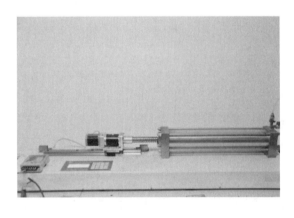

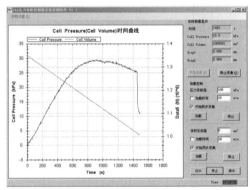

（a）压力/体积控制器　　　　　　　　　（b）控制软件界面

图 2-33　液压加载装置及控制软件

（2）夹持装置。由上、下两个法兰盘组成的环形夹具，水平放置在支架托盘上（图 2-34）。下盘设置有加压室，上盘的圆孔开口为试样变形提供空间。为探究孔径的影响，加工了孔径分别为 5 cm、10 cm、15 cm 的上盘。下盘一端设置有进口阀和软管与加压系统相连，另一端通过出口阀排出液体和泄压。上盘和下盘之间夹有橡胶垫圈，以密封并防止试样被压碎。在安装试样时，在试样底部铺设一层不透水的橡胶膜。可以通过扭矩扳手对上下盘的所有螺栓对称施加拧紧力，以对试样提供均匀的夹持力。

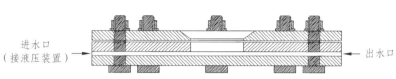

进水口
（接液压装置）→　　　　　　　　　　　　　←出水口

（a）夹具实物　　　　　　　　　　　（b）夹具结构示意图

图 2-34　环形夹具

（3）位移采集系统。将一个非接触激光位移传感器固定在预制不锈钢支架上（图 2-35），通过激光投射和反射的方式记录试样膨胀过程中的中心点挠度，且不会影响试样的变形。激光位移传感器固定在预制的不锈钢支架上，支架上固定一个圆盘状的不锈钢平台。平台下连接三颗调平螺栓，平台中嵌入一个起泡水准圆盘，通过旋钮调平螺栓使试验平台水平。支架一侧有一 L 形悬臂杆，悬臂杆末端用以固定激光位移传感器，保证传感器投射的激光刚好在圆盘中心。

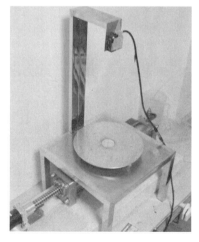

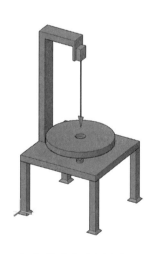

（a）激光位移传感器　　　　　　　　　（b）位移传感器支架

图 2-35　激光位移传感器

经过安装和调试，最终得到的试验装置实物见图 2-36。

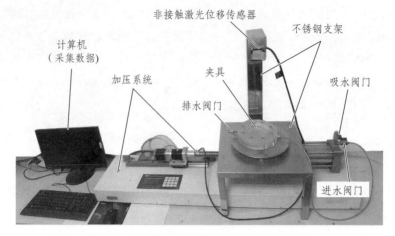

图 2-36　液压胀破双轴拉伸试验装置实物

4. 试验方法步骤

在双轴拉伸试验过程中，需要直接采集的数据分别是：加载过程中的实时液压 p、加载过程中实时液体体积 V、试样鼓胀变形时的球缺高 h，并通过数学方法算得球缺体变形时的半径 R，试膜变形过程中的厚度 t，再计算出试样的应力应变值，获取试样的拉伸强度、断裂伸长率等指标。

液压 p 与液体体积 V 通过液压加载装置可以直接获取，控制软件可以实时绘制液压-体积的折线图。球缺体的高 h 通过激光位移传感器采集，并通过串口线与计算机相连，由计算机端的软件获取数据。通过软件可以设置数据采集与记录储存的频率，由于液压胀破的试验过程通常在 20 min 左右，故设置两次数据采集的间隔时间为 3 s。

试验步骤简述如下：

（1）按规范标准的要求制备试样，并裁取为圆形双轴拉伸试样。同一批次应至少准备 3 个试样。

（2）将与试样等直径的不透水橡胶薄膜放置于夹具下盘中心，再将圆形试样重叠放置在橡胶薄膜上方，保证试样放置后表面平整；将夹具上盘压住橡胶薄膜与试样，并将其盖在下盘上，用 8 颗螺栓将上下盘均匀紧固并保证试样表面无初始应力。

（3）打开液压加载装置，在软件界面预先调整好加载速率；打开激光位移传感器，在软件界面预先设置好数据采集频率；调整夹具位置使得激光位移传感器投射的激光点刚好位于试样圆心处。

（4）先预启动液压加载装置，将该装置的加压部件（包括储水活塞、进水管、夹具等）充满水，然后关闭进出水口阀门，以保证加压系统封闭且已经排除所有空气。

（5）正式启动液压加载装置，同步启动激光位移传感器开始采集位移数据。

（6）观察试样的变形情况，待试样胀破失效后，停止液压加载与数据采集。

采用该装置进行双轴拉伸试验时，试样的变形、破坏示例见图 2-37。

（a）开始加压

（b）球缺＜半球

（c）半球

（d）球缺＞半球

（e）试样破裂

（f）裂口形式

图 2-37　液压胀破试验过程示例

5. 试验结果对比

采用 2.1.4 节中所述的四种防水材料，选用单组分聚氨酯防水涂料、丙烯酸酯防水涂料、聚乙烯丙纶防水卷材三种材料的试样进行了液压胀破试验。聚氯乙烯卷材的拉伸强度过大，已经超出了液压加载装置的压力上限，因此未得到聚氯乙烯卷材的有效双轴拉伸试验数据。

在双轴试验中选用孔径 100 mm 的圆孔夹具，液压拉伸统一设置为 232 mm³/s，其他条件和操作流程均保持一致。试验结束以后，对三种试样的双轴拉伸试验数据进行处理，并与同一材料的单轴拉伸试验结果对比，如图 2-38 所示（单轴拉伸试验数据见图 2-15 所示的应力-应变曲线）。

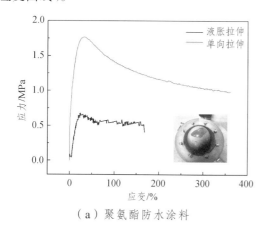
（a）聚氨酯防水涂料

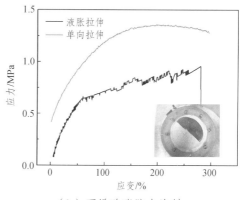
（b）丙烯酸酯防水涂料

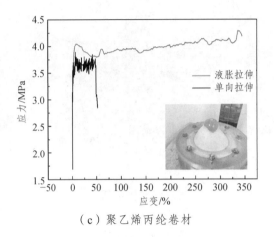

（c）聚乙烯丙纶卷材

图 2-38　防水材料的单轴与双轴拉伸试验应力-应变曲线对比

　　由对比结果可以看出，由于不同的受力条件（图 2-39），以及对试样应力-应变计算方法的不同，也使得两种试验的应力-应变曲线有所差异。其中，最大的区别是聚氨酯涂料和丙烯酸酯涂料在双轴拉伸过程中出现了明显的应变硬化现象。这也说明开发的双轴拉伸试验装置在考察材料的力学特性方面，是有一定适用性的。

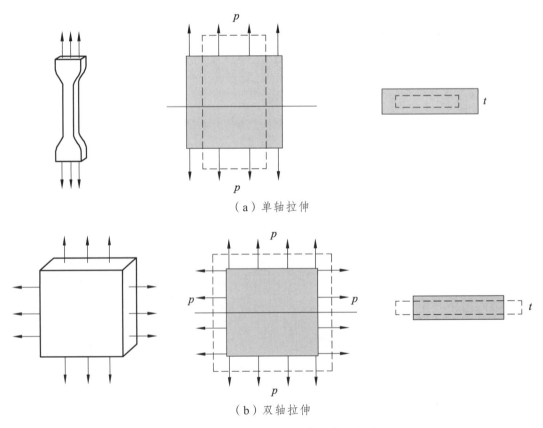

（a）单轴拉伸

（b）双轴拉伸

图 2-39　试样拉伸过程中截面变形方式

2.2.3　防水涂料力学性能实测分析

为对防水材料的力学性能和本构关系做进一步的探索，采用聚合物水泥制备了三种不同力学性能的防水涂料试样，进行了单轴拉伸、双轴拉伸和平面拉伸试验。

1. 试验材料及试样制备

聚合物水泥防水涂料是一款较为常用的防水材料，其防水性能主要是通过水泥等组合粉料和液料（图 2-40）之间的交联固化复合，形成不透水涂膜实现防水效果。通过调整液料和粉料之间的比例，聚合物水泥防水涂料成品的拉伸强度、断裂伸长率及基面黏结强度也会发生变化，便于制备不同力学性能的防水涂料试样。

（a）粉料　　　　　　　　　　　　　　　　（b）液料

图 2-40　聚合物水泥防水涂料原材料

在市场采购了一款聚合物水泥防水涂料，在实验室内按不同的液粉比（1∶0.8、1∶1.2、1∶1.5），配置了三种类型的涂料试样。按《建筑防水涂料试验方法》（GB/T 16777—2008）的要求，进行了大样的制备与养护。之后，根据单轴拉伸、平面拉伸、双轴拉伸试验的要求，分别裁切了相应数量和形状的试样（图 2-41）。

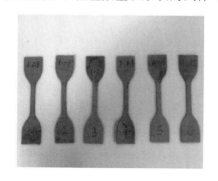
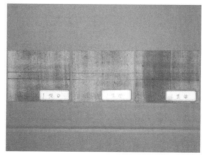

（a）单轴拉伸　　　　　　　　（b）平面拉伸　　　　　　　（c）双轴拉伸

图 2-41　聚合物水泥防水涂料试样制备

2. 试验结果分析讨论

将三种材料的双轴拉伸试验结果数据取平均值后，可得到不同液粉比的聚合物水泥防水涂料试样的各种拉伸强度及断裂伸长率（平均值），见表2-4；并可以绘制得到拉伸试验的应力-应变曲线，如图2-42所示。在获得了这三种基础试验的结果数据以后，可以根据基础力学试验之间的等效关系，对试样的拉伸强度（单轴拉伸结果）、压缩强度（由双轴拉伸试验的结果按式（2-14）换算）和剪切强度（由平面拉伸的结果值乘以0.5）进行计算。需要说明的是，此处双轴拉伸试验的拉伸强度和断裂伸长率的计算结果是真实应力和应变值（应力-应变曲线数据也相同），而单轴拉伸和平面拉伸采用的是名义应力和应变值，暂时未进行换算。

表 2-4 聚合物水泥防水涂料试样基础拉伸试验结果（平均值）

类型	单轴拉伸		平面拉伸		双轴拉伸	
	拉伸强度/MPa	断裂伸长率/%	拉伸强度/MPa	断裂伸长率/%	拉伸强度/MPa	断裂伸长率/%
Ⅰ型（液粉比=1:0.8）	0.90	800%	1.00	754	1.55	269
Ⅱ型（液粉比=1:1.2）	1.27	470%	1.58	374	1.47	231
Ⅲ型（液粉比=1:1.5）	1.63	310%	1.86	304	1.42	135

通过拉伸结果数据对比可以看出，随着粉料添加量比例增大，聚合物水泥防水涂料试样的单轴拉伸强度增大，但断裂伸长率降低，即韧性变差而脆性变强，这个趋势与聚合物水泥防水涂料性能的一般变化规律一致。将平面拉伸的强度结果换算为剪切强度，也可以看到剪切强度值的变化趋势是与单轴拉伸强度相符的，且该材料的剪切强度值为单轴拉伸强度值的50%~60%。从材料的压缩强度结果来看，与上述趋势相反，即随着粉料添加比例增大，压缩强度在降低。但是从材料的脆性角度来看，这也是合理的，即粉料（一般是水泥基材料）添加量比例增大以后，虽然拉伸强度提高了，但是材料变得更脆了。

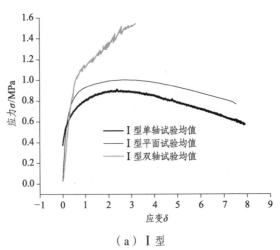

（a）Ⅰ型

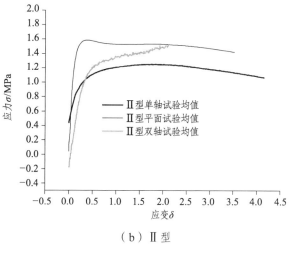

（b）Ⅱ型

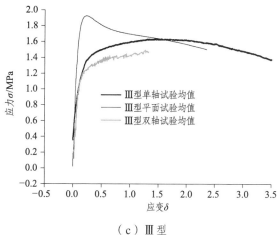

（c）Ⅲ型

图 2-42　聚合物防水涂料试样基础拉伸试验应力-应变曲线

3. 材料本构模型拟合

采用有限元软件 ABAQUS 提供的应变势能函数，基于三种不同类型的聚合物水泥防水涂料试样的拉伸应力-应变曲线数据，尝试进行材料本构模型的拟合。

ABAQUS 对试验数据的处理采用 Savitzky-Golay 方法，这是一种基于多项式模型，在区间内利用最小二乘法进行最佳拟合的方法。ABAQUS 中适用于橡胶类超弹性材料的应变势能函数包括：多项式模型（含 Mooney-Rivlin 模型、Neo-Hookean 模型及 Yeoh 模型等）、多阶的 Ogden 模型、Arruda-Boyce 模型、Marlow 模型以及 Van der Waals 模型。

此处展示了用 Ogden 模型对Ⅰ型材料三种不同拉伸试验曲线的拟合结果。对比一阶、三阶、五阶的 Ogden 模型拟合结果与试验值（图 2-43），可以发现对于Ⅰ型材料，三阶 Ogden 模型的拟合值与试验值吻合程度较高，也说明了拟合方法的可行性。

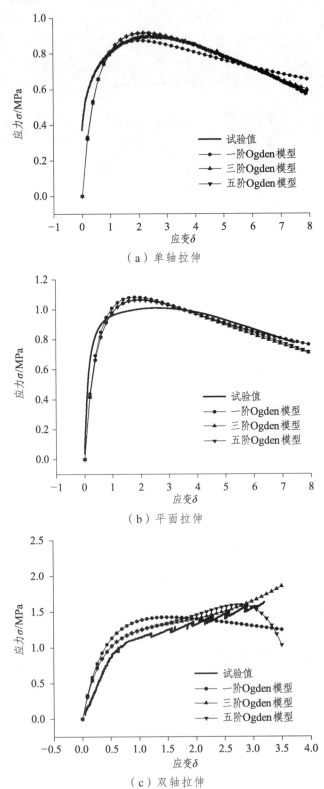

（a）单轴拉伸

（b）平面拉伸

（c）双轴拉伸

图 2-43　材料本构模型拟合结果

2.3　聚合物防水材料力学性能测试与表征

为对隧道喷膜防水材料力学性能的厚度影响因素进行探索，采用北京东方雨虹防水技术股份有限公司提供的双组分（液料+粉料）聚合物防水材料进行了测试与分析。根据工程应用要求与经验，分别制备厚度为 2 mm、3 mm、4 mm 的试样，进行了单轴拉伸试验和双轴拉伸试验。

2.3.1　单轴拉伸试验测试

按厂家提供的制样说明和指导，在实验室内制备的聚合物防水材料试样见图 2-44。为了探究聚合物防水材料在不同拉伸速率下的力学性能滞后性，在单轴拉伸试验时分别采用了 200 mm/min 与 30 mm/min 的拉伸速率。

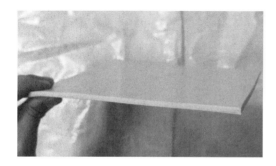
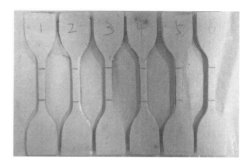

（a）试样大样　　　　　　　　　　　　　（b）哑铃状试样

图 2-44　聚合物防水材料试样

将每组厚度的试验结果取平均值，绘制 σ-ε 曲线，如图 2-45 所示。需要注意的是，由于没有计量和考虑防水材料试样厚度的变化，即拉伸过程中试样的"颈缩效应"，此处给出的应力值为名义应力而非真实应力。该试验结果表明，同一拉伸速率下厚度越小的试样，断裂拉伸强度越大、断裂伸长率越小；对同样厚度的试样，拉伸速率越大则断裂拉伸强度越大、断裂伸长率越小。已知速率越慢越能充分释放材料的力学特性（尤其考虑到很多高分子材料具有黏弹性），因此拉伸速率取值越大，使得材料强度提高，但断裂伸长率降低。

试验中观察到聚合物防水材料试样的拉伸强度随膜厚的增加而降低，在防水材料试样的单轴拉伸强度试验中普遍存在。初步分析，此现象可能跟试样内部分子链段的空间缠绕和舒展难易程度有关。越薄的高分子材料试样，其内部的分子链段受到厚度方向上的相互约束越小，从而越容易在拉伸方向上充分舒展，因此宏观上表现出更高的拉伸强度。但是由于厚度越薄，用于适应拉伸变形的有效材料也越少，因此反而会表现出更低的断裂伸长率。从断裂力学的原理来分析，越厚的试样在厚度方向上受到的约束越大，从力学状态上来说更趋向于平面应变状态，试样内呈现一种受约束的屈服，厚度越大则断裂韧度 K_c 越低（断裂拉伸强度相应减小）。

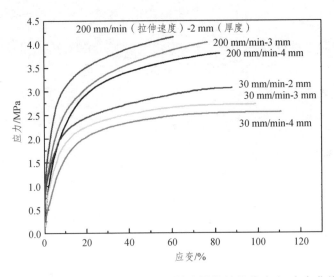

图 2-45　不同厚度聚合物防水材料试样单轴拉伸应力-应变曲线

2.3.2　双轴拉伸试验测试

同样采用厚度为 2 mm、3 mm、4 mm 聚合物防水材料试样,进行了双轴拉伸试验。同时,为了探究孔径变化对应力应变结果的影响,在试验中选取了孔径分别为 5 cm、10 cm、15 cm 的夹具进行对比。

1. 试样破坏过程与形态

试样的双轴拉伸试验过程见图 2-46。随着试验压力的增大,试样中由于制样不均匀引起的局部缺陷会逐步显现,具体表现为其表面出现局部小孔 [图 2-46 (b)]。拉伸变形过程中,防水材料试样的完整性和连续性随应变增加逐渐变差,微观缺陷增多,微裂纹(或孔洞)处出现应力集中现象,试样的裂缝或孔洞沿纵向增大,最终发展为胀破失效。试样在试验过程破裂及拆除夹具后的失效形态分别见图 2-46 (c)、(d)。

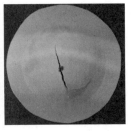

（a）拉伸初始阶段　　　（b）出现局部小孔　　　（c）试样胀破　　　（d）破坏试样形态

图 2-46　聚合物防水材料试样双轴拉伸试验过程及现象

　　试样的典型破坏模式为球冠顶部首先出现纵向裂纹，然后沿经线方向扩展到整个球冠，表明薄弱部位位于试样中心，也验证了相关文献所述的中间部位的变形大于靠近夹具内边缘部位（约束条件影响）的变形。此外，该试验中试样破裂均在球缺体达到半球之前，从而避免了水的重力对位移采集结果造成的误差影响。

2. 试验结果分析讨论

　　图 2-47、图 2-48 给出了 3 种测试孔径和 3 种试样厚度试验条件下的双轴拉伸应力-应变曲线（平均值）。试验结果表明：同一孔径条件下，试样峰值应力（拉伸强度）随着厚度的增加而降低，断裂伸长率则相反；同一厚度条件下，试样峰值应力和断裂伸长率均随孔径的增加而增加。

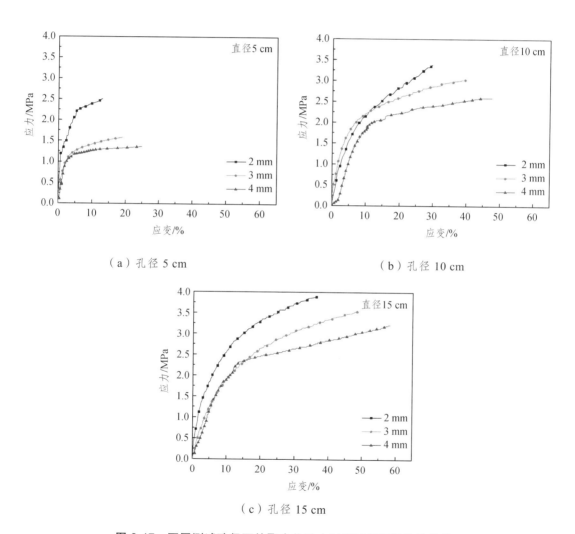

（a）孔径 5 cm　　　　　　　　　　　（b）孔径 10 cm

（c）孔径 15 cm

图 2-47　不同测试孔径下的聚合物防水材料试样双轴拉伸曲线

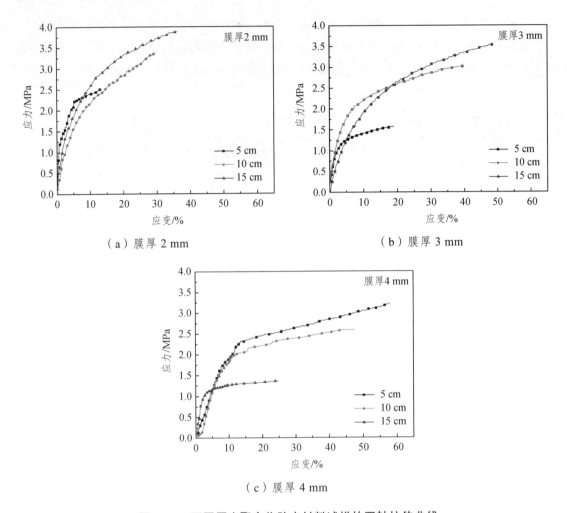

（a）膜厚 2 mm   （b）膜厚 3 mm

（c）膜厚 4 mm

图 2-48   不同厚度聚合物防水材料试样的双轴拉伸曲线

在双轴拉伸试验中,试样厚度对结果的影响,前面已经进行了分析和讨论。同时也发现,对同一厚度的聚合物防水材料试样,随着测试孔径增大,其峰值应力与断裂伸长率均增大,这是试样和夹具尺寸的边界约束效应所致。根据相关文献的研究结果,试样平面尺寸越大(孔径越大)、厚度越薄,则边界约束越不明显,测试结果越接近真实值。理想状态下,测试孔径无限大、试样严格均匀且无限薄,所得结果即为该边界条件下真实应力。然而,实验室条件下,实际上不可能做到孔径无限大;涂料试样制样过程中厚度不均匀、局部瑕疵的情况也难以避免,试样过薄会导致拉伸过程中从其薄弱处过早破坏。因此,综合以上因素,后续选用孔径 15 cm(该试验中的最大孔径)、厚度 3 mm 的试样得到的双轴拉伸试验结果,与单轴拉伸试验的结果进行对比。

3. 拉伸试验结果比较

将单轴拉伸速率 30 mm/min 试验条件下的应力-应变曲线,与双轴拉伸夹具孔径 15 cm 试验条件下的应力-应变曲线进行对比(图 2-49)。结果表明,单轴拉伸与双轴拉伸显示出部分规律的一致性,即随着试样厚度的增加,拉伸强度、割线模量减小,而断裂伸长率增大。

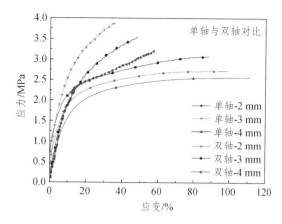

图 2-49　单轴拉伸与双轴拉伸应力-应变曲线对比

　　在工程实践中，可将切线模量为 0.7E（E 为弹性模量）时的应力定义为条件屈服极限。为便于工程应用，表 2-5 中提取了两种拉伸试验的屈服点坐标值进行对比。结果表明，试样厚度从 2 mm 增加到 4 mm，两种拉伸试验的条件屈服应变均增加、条件屈服极限均减小；与单轴拉伸相比，双轴拉伸的条件屈服应变和条件屈服极限均增大。

表 2-5　聚合物防水材料试样的拉伸屈服应变和应力值

试样厚度	2 mm	3 mm	4 mm
单轴拉伸	（4.3%，1.54 MPa）	（5.2%，1.47 MPa）	（8.9%，1.52 MPa）
双轴拉伸	（5.6%，1.95 MPa）	（8.8%，1.89 MPa）	（9.1%，1.82 MPa）

　　图 2-49 也表明，与单轴拉伸试验相比，双轴拉伸试验的结果具有明显的"强化效应"，即在相同应变下，试样应力值较为显著地增强，且较厚试样的"强化效应"相对更大。这一性质从峰值应力比方面也可以看出：厚度为 2 mm、3 mm、4 mm 试样的双轴拉伸与单轴拉伸试验的峰值应力比分别为 1.25、1.26 和 1.31。同时，与单轴拉伸相比，双轴拉伸结果中试样的断裂伸长率显著降低，双轴拉伸与单轴拉伸的断裂伸长率比值从膜厚 2 mm 到 4 mm，分别为 0.41、0.49 和 0.52。

　　两种拉伸试验结果的差异主要归因于边界约束条件的差异。在单轴拉伸过程中，试样中部受拉区域的边界条件处于单向拉伸状态，受到相当大的"颈缩"效应影响发生侧向收缩，而后续阶段的应力-应变响应则受此边界条件的控制。双轴拉伸试验的边界条件表现为在试样中心附近为近似各向同性双轴应力状态，在夹具内边缘处为平面应变双轴应力状态。一般情况下，在轴对称的拉伸试验中，任意一个方向的拉伸应力将会提高其正交方向的拉伸刚度，因此双轴/多轴拉伸试验应力-应变曲线的割线模量相对单轴拉伸试验较高。在应力计算时取试样中心点的应力值作为膜的整体平均值，其计算结果实际上更加接近于试样中心部位的应力分布。同时，双轴/多轴拉伸的正交应力也会使试样变薄，更加容易破坏其微观结构的完整性，从而降低断裂伸长率；在环形夹具内边缘约束条件下，试样的膨胀过程实际上也可以看作由约束部位向远离试样中心的径向拉伸的过程，因此试样中心部位承受各个方向刚度的削弱。这也是双轴/多轴拉伸试验过程中试样更容易出现局部瑕疵，破坏总是始于中心部位，且断裂伸长率总是小于单轴拉伸试验的原因。

此外，两种试验方法的拉伸应力计算公式中所作的假设也有区别：单轴拉伸试验中，由于不考虑试样厚度变化和试样侧端边缘颈缩情况，因此得出的拉伸应力和应变是偏低的"名义值"；而双轴拉伸试验中是可以推导求出试样变形区域平均膜厚的实时变化值，因此其得出的拉伸应力和应变更接近于试样的"真实值"。

4. 材料本构模型拟合

在工程应用中，需要探索特定材料在所选本构模型下的力学行为。对于弹塑性问题，应力-应变关系通常选取为简化的本构模型来表征，以反映材料的力学性能并便于数学计算。从前述拉伸试验结果可知，聚合物防水材料试样单轴和双轴拉伸应力-应变曲线中均出现了明显的弹性和塑性区段，且更接近弹性线性强化模型（图2-13）。该本构模型包括两个阶段：线性弹性阶段和线性强化阶段。在屈服点之前，应力-应变关系为线性弹性；当应力超过屈服极限时，则为线性强化关系。

将单轴和双轴拉伸应力-应变曲线按弹性线性强化模型进行拟合，可得到如图2-50所示的拟合曲线，其中双轴拉伸在强化阶段的拟合精度更高。再用 Origin 软件的"Gadgets"—"Quick Fit"—"Linear（System）"功能，提取出各条折线在线性弹性阶段和应变硬化阶段的直线斜率（变形模量）E_1 和 E_2，结果如表2-6所示。线性强化段直线与 y 轴交点坐标除以 E_1 与 E_2 之差，即可得到两直线交点应变值 ε_s；再将其乘以 E_1 即可得到交点应力值 σ_s。从拟合结果可知，双轴拉伸的"强化效应"比单轴拉伸更明显，具体表现为强化阶段模量 E_2 更大，即在相同应变下，试样内的应力较为显著地增强。

表2-6 聚合物防水材料试样拉伸试验弹性与线性强化阶段模量　　单位：MPa

变形模量	单轴-2 mm	单轴-3 mm	单轴-4 mm	双轴-2 mm	双轴-3 mm	双轴-4 mm
E_1	37.33	25.13	16.25	49.11	26.57	21.71
E_2	1.09	0.78	0.64	4.51	3.24	1.98

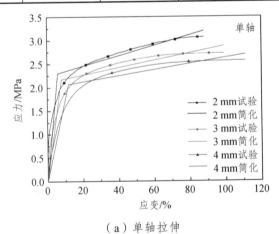

（a）单轴拉伸

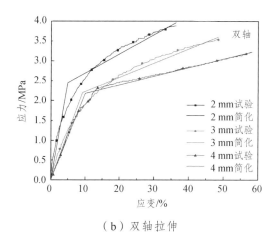

（b）双轴拉伸

图 2-50　聚合物防水材料试样拉伸试验应力-应变曲线拟合

2.3.3　拉伸性能仿真模拟

对 3 mm 厚聚合物防水材料试样的单轴拉伸试验过程进行数值仿真模拟，分析聚合物防水材料拉伸过程中应力、应变分布与破坏规律，并将仿真结果与试验结果进行对比，以验证材料本构模型参数拟合结果的合理性。

1. 数值模型的建立

根据实际试样的尺寸及试验条件，使用 ABAQUS 有限元软件对单轴拉伸 Ⅰ 型哑铃状试样进行二维、三维建模，尺寸如图 2-51 所示。由于夹具夹持部分不参与变形，因此模拟过程中不考虑此部分。在 ABAQUS 中所建立的二维、三维试样模型网格划分结果如图 2-52（a）、（b）所示。

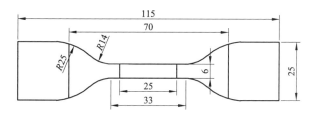

图 2-51　单轴拉伸 Ⅰ 型哑铃状试样尺寸（单位：mm）

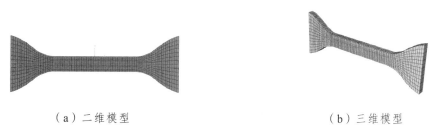

（a）二维模型　　　　　　　　　　　　　（b）三维模型

图 2-52　哑铃状试样模型网格划分

2. 本构模型及材料参数设置

选择弹性和塑性模型并赋予聚合物防水材料相应的参数，以合理有效地反映其实际拉伸力学行为。弹性和塑性模型所需参数包括材料的密度、弹性模量和塑性屈服点等，可通过单轴拉伸试验结果（表 2-7）及其他一些基本物理实验获得。

表 2-7　厚度 3 mm 聚合物防水材料试样单轴拉伸力学指标（拉伸速率 30 mm/min）

项目	密度 /（kg/m³）	最大力 /N	断裂力 /N	弹性模量 /MPa	拉伸强度 /MPa	断裂伸长率 /%	屈服极限 /MPa	屈服应变 /%
平均值	16000	48.96	48.96	23.11	2.72	99.10	1.47	5.2

3. 荷载及边界条件定义

二维模型采用静力、通用的分析步方法，而三维模型采用幅值均匀的动力、显式分析步方法。为与单轴拉伸试验的荷载与边界条件保持一致，在试样其中一端（底部）施加完全固定的边界条件，以对应下夹具对试样的固定；另一端（顶部）施加 30 mm/min 的速度，以对应试验机及上夹具的拉伸速度。在施加荷载前，二维模型需要先将加载边耦合到一点，然后对该点创建点集并施加荷载于该点上，而三维模型的荷载则直接施加在模型面上。单轴拉伸试验——二维与三维仿真模拟荷载与边界条件分别如图 2-53 所示。

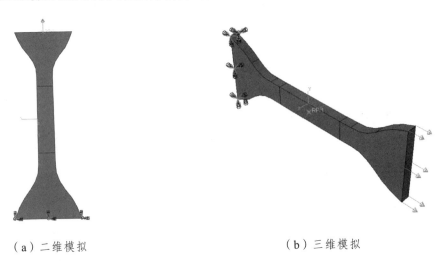

（a）二维模拟　　　　　　　　　　　（b）三维模拟

图 2-53　单轴拉伸试验仿真试样模型荷载与边界条件

4. 数值仿真模拟结果

为试样模型设置了屈服极限和屈服应变，同时设置了断裂应变的柔性塑性和塑性状态下基于位移的线性软化损伤演化。试样拉伸破坏前一分析步的 Mises 应力分布如图 2-54 所示。从拉伸时间历程来看，拉伸开始前各单元应力分布均为 0，随后试样应力与应变均逐渐增大，拉伸过程中最大应力始终分布在试样狭窄部分，且在试样直线段应力分布相等。

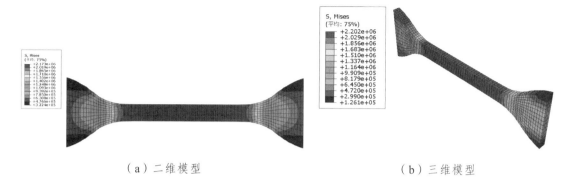

（a）二维模型　　　　　　　　　　　　　（b）三维模型

图 2-54　单轴拉伸破坏前模型内应力分布

　　试样拉伸失效时的应力与应变云图分别如图 2-55、图 2-56 所示。由云图可见，拉伸破坏出现在试样中心部位，伴随有明显的颈缩现象，此时除中心外其他部分应力值迅速减小，可视为拉伸断裂失效。最终失效时，试样中间部位应力值分别达到 2.718 MPa 和 2.706 MPa，应变值分别达到 0.862 和 1.116。其中，三维模型在破坏后已经超过预设断裂应变，这是由于分析步增量无法定位到破坏发生时刻所致。

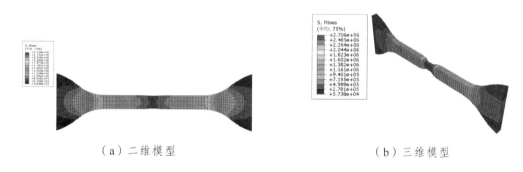

（a）二维模型　　　　　　　　　　　　　（b）三维模型

图 2-55　单轴拉伸失效时模型内应力分布

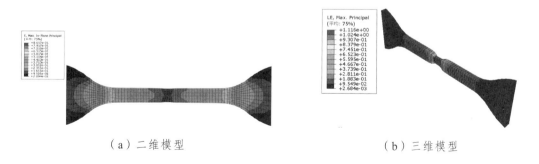

（a）二维模型　　　　　　　　　　　　　（b）三维模型

图 2-56　单轴拉伸失效时模型内最大主应变分布

5. 仿真模拟可行性验证

　　选取试样模型中心处单元建立单元集，然后在分析步中创建历程变量输出，将作用域应用于所选单元集。三维模型输出变量为 Mises 应力和总应变分量，二维模型则增加了最大主应力。计算完毕后提取该单元应力应变数据与实际试验结果对比，以验证本构模型参数拟合结果的合理性和对聚合物防水材料拉伸力学行为预测的可行性。实测单轴拉伸试验值与数值模拟得到的应力-应变曲线对比如图 2-57 所示。由图 2-57 可知，基于弹塑性模型的 ABAQUS 有限元模拟结果与试验所得的应力-应变关系基本吻合，表明弹塑性本构模型的选取是合理的，同时也验证了仿真建模的可行性。

单轴拉伸试验应力-应变曲线与仿真值出现差别有以下原因：试验结果为标距段（25 mm）内的平均应力及应变，而仿真结果提取试样模型中间点应力应变，因此仿真结果应变值偏小；而出现应力差值的原因为，试验结果为名义应力，较真实应力偏大，虽然标距段平均值小于中间点应力值，但试验结果仍然偏大。

另外，在图 2-57（a）中，Mises 应力和最大主应力存在微小差值，且随应力的增大差值增大。而在单轴拉伸中，拉伸应力即为理论最大主应力，两者不重合表明拉伸过程中还存在微小横向应力。拉伸达到峰值应力时，Mises 应力与最大主应力差值最大，但仅为 0.81%。因此，用 Mises 强度准则预测单轴拉伸的屈服破坏是合理的。

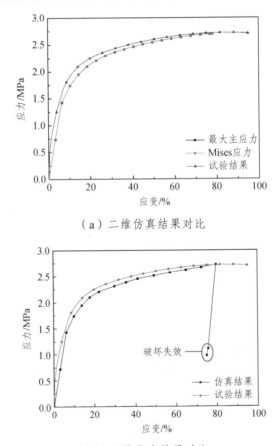

（a）二维仿真结果对比

（b）三维仿真结果对比

图 2-57　单轴拉伸试验与数值仿真应力-应变曲线对比

第3章 复杂应力状态下防水层力学行为

实际工程结构或材料的变形是多种多样的，这些变形将在其内部引发不同的应力状态，而应力状态将直接影响其力学行为，并可能会造成工程结构破坏或功能失效。本章主要基于韧性高分子材料（受力过程中具有塑性变形或出现较为明显的塑性流动）的特点，结合防水层在地下结构工作环境中的各种受力状况，对其在复杂应力状态下力学行为的（包括屈服及初步断裂问题）解析理论和方法进行了介绍，同时也提供了一些工况的解析示例供读者参考。

3.1 弹性变形问题解析方法

材料在受到外力作用时，首先发生弹性变形。弹性变形的特点是具有可逆性，即当外力不超过一定范围时，只要外力去除后，材料能够恢复原有的形状和尺寸。在工程应用中往往希望材料主要处于弹性阶段，使其在受载过程中处于可逆恢复的阶段，从而提高结构的安全性。目前，针对工程结构或材料的弹性变形问题，往往通过材料力学和弹性力学的理论和方法进行解析。

3.1.1 材料力学解析方法

材料力学提供了力学问题的初等理论数学解析方法，以满足工程应用中对材料、构件及结构受力分析的需求。在分析一些常见工程问题时，采用材料力学的方法通常是优先考虑的选择，可以快捷地得到满足工程应用需求的理论解析结果。

1. 材料力学基本假设

材料力学的研究对象为变形固体。在材料的弹性变形阶段，可以基于如下四个假设，将问题的分析和求解过程大大简化：

（1）连续性假设，即认为物体在其整个体积内毫无空隙地充满了物质，因而物体内的一些物理量（如各点的位移等）为连续的，并可用坐标的连续函数来标识它们的变化规律。

（2）均匀性假设，即认为物体在其整个体积内均由同一材料组成。这样，物体内部各点的力学性质都相同，物体的性质不随位置坐标而变，因而可以取出该物体的任意一微小部分来加以分析和进行材料试验，其结果可以适用于物体的其他部分。

（3）各向同性假设，即认为物体在各个方向上具有相同的性质。这样物体的力学性质不随方向而变，称为各向同性。

（4）小变形假设，即当变形与构件（或结构）的原始尺寸相比甚为微小时，在研究构件（或结构）的平衡和运动时，仍可按构件（或结构）的原始尺寸进行计算。此外，由于变形微小，所以在进行构件的变形分析时，可以部分简化。

以上四个假设往往也是其他一些力学，如弹性力学、塑性力学、连续介质力学等的共同假设。此外，有时还要对某些具体问题作一些补充假设或简化，以便使一些复杂的力学问题能够得到简单、符合实际，又适合工程计算要求的结果。

2. 复合应力计算方法

虽然受力构件的实际变形形式是多种多样的，但通常可以归结为比较简单的五种基本变形形式，即拉伸、压缩、剪切、扭转、弯曲（图 3-1）。两种或两种以上的基本变形组成的变形形式称为组合变形，组合变形分析实际上也是复合应力的计算。

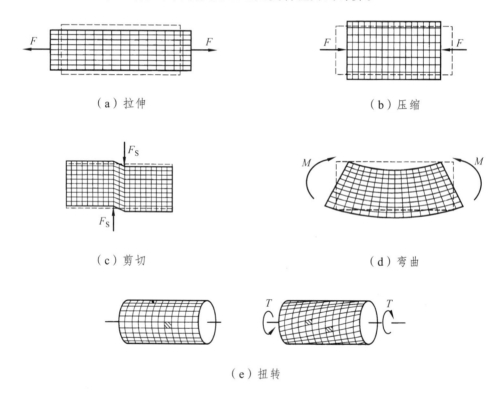

（a）拉伸 　　　　　　　　　　（b）压缩

（c）剪切 　　　　　　　　　　（d）弯曲

（e）扭转

图 3-1　五种基本变形形式

针对以上五种基本变形问题，材料力学已经给出了对应的解析结果，相应的内力、应力分布及应力状态见表 3-1。在求解实际问题时，在满足小变形和线弹性假设的前提下，可基于叠加原理对构件在各种基本变形条件下各截面处的应力、变形和应变分别进行求解，之后再进行叠加，以降低问题分析的难度和繁琐程度。

表 3-1 基本变形的内力、应力分布及应力状态

变形类型	内力及应力分布	应力状态	应力圆
拉伸	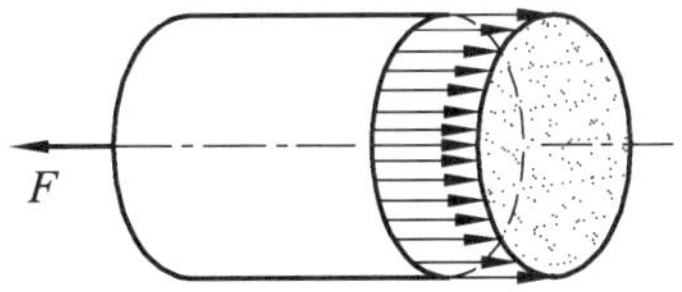	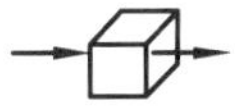 $\sigma_1 = \dfrac{F}{A}$ $\sigma_2 = \sigma_3 = 0$	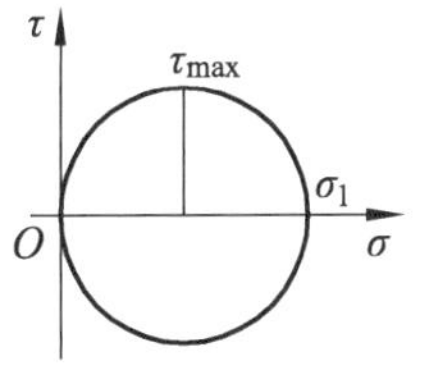
压缩	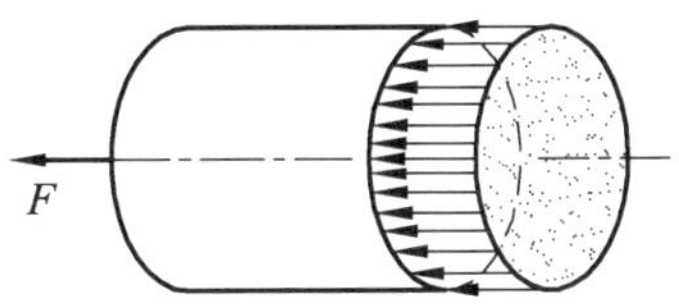	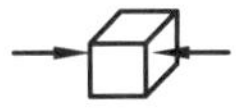 $\sigma_1 = \sigma_2 = 0$ $\sigma_3 = -\dfrac{F}{A}$	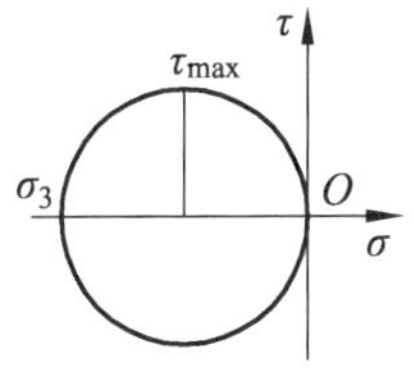
扭转（纯剪）	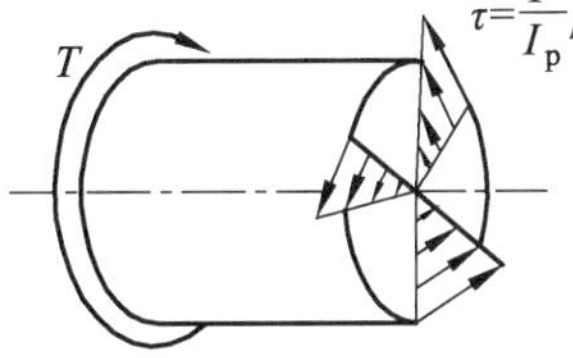 $\tau = \dfrac{T}{I_p}\rho$	 $\sigma_1 = \tau$ $\sigma_2 = 0$ $\sigma_3 = -\tau$	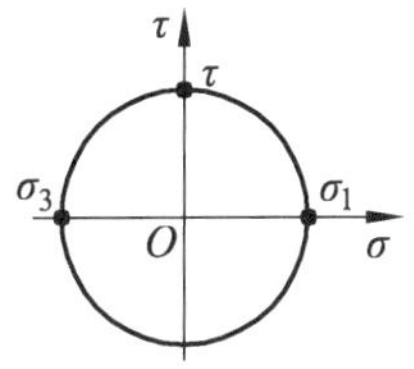
弯曲	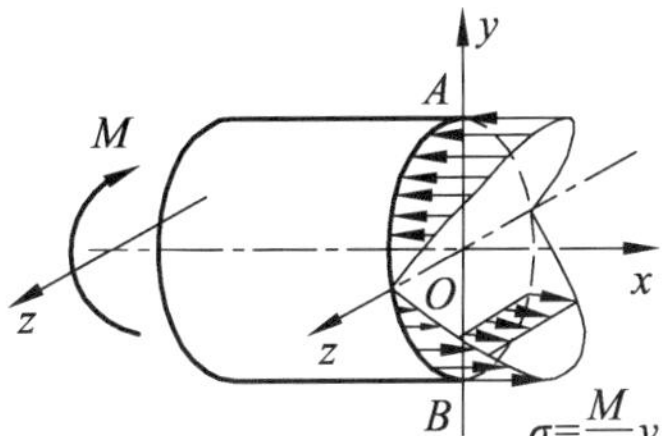 $\sigma = \dfrac{M}{I_z}y$	$\sigma_1 = 0$ $\sigma_2 = 0$ 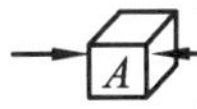 $\sigma_3 = -\dfrac{M}{W_z}$ 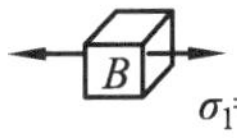 $\sigma_1 = \dfrac{M}{W_z}$ $\sigma_2 = \sigma_3 = 0$	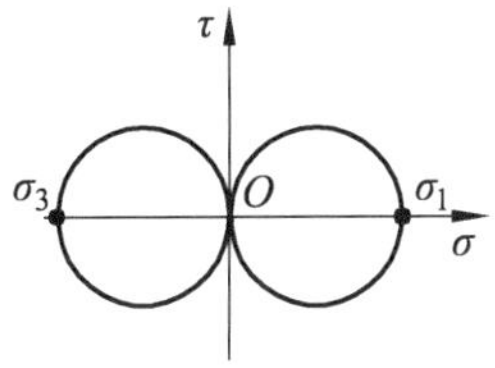

应注意到，在实际工程中防水层的厚度相比结构尺寸来说很小，且防水层的厚度也远远小于其平面尺寸，因此有时可以将其视为薄膜（厚度很小的板）。厚度很小的薄膜抗弯扭能力很弱，认为其抗弯刚度等于 0，可以在解析过程中根据需要对相关问题进行合理简化，降低求解难度。

3. 简单拉伸问题分析

以简单拉伸问题为例（以对应防水材料拉伸力学性能的常见测试方法），简要说明材料力学的解析方法。对于等直杆简单拉伸问题，可以把杆件的形状和受力情况进行简化：设外力的合力作用线与杆件的轴线重合，杆件产生沿轴线方向的伸长。通过如此的简化，可以得到如图 3-2 所示的计算简图。

图 3-2　简单拉伸杆件计算简图

（1）轴向应力计算。

基于平截面假设（图 3-3），可以推断出杆件的内力均匀地分布在横截面上，即横截面上各点的拉应力 σ 相同，其方向与 F 的方向一致（垂直于横截面）。如已知杆件的横截面面积为 A，则由小变形假设，可以得到拉应力 σ 的计算公式为

$$\sigma = \frac{F}{A} \tag{3-1}$$

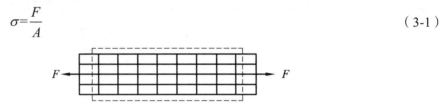

图 3-3　简单拉伸杆件的平截面假设示意图

（2）轴向变形计算。

等直杆在轴向拉力作用下的轴向绝对伸长 Δl 均匀发生于长度 l 上，为了消除长度 l 的影响，将绝对伸长 Δl 除以原长 l，可以得到轴向相对变形或轴向线应变（又称伸长率）ε 的计算公式为

$$\varepsilon = \frac{\Delta l}{l} \tag{3-2}$$

根据胡克定律可知，在弹性范围内，杆的变形 Δl 与所加的拉力 F 和杆件的长度 l 成正比，而与杆件的横截面面积 A 成反比。同时，引入比例常数 E（拉伸模量，又称为杨氏模量），则可以得到

$$\Delta l = \frac{Fl}{EA} \tag{3-3}$$

将式（3-1）和式（3-2）代入式（3-3）中，则可以得到

$$E = \frac{\sigma}{\varepsilon} \tag{3-4}$$

（3）横向变形及泊松比计算。

假设杆件横截面为正方形，其初始宽度为 m（图 3-2），受轴向拉伸变形后的横向绝对收缩为 Δm，同样为消除杆件横截面尺寸的影响，其横向线应变 ε' 为

$$\varepsilon' = \frac{\Delta m}{m} \tag{3-5}$$

大量的材料力学试验结果表明，横向线应变 ε'（拉伸时为负值）与轴向线应变 ε 之比的绝对值为一常值 ν（泊松比），即

$$v = \left| \frac{\varepsilon'}{\varepsilon} \right| \tag{3-6}$$

当没有体积变化时，v=0.5（如橡胶材料约为 0.47）；其他材料拉伸时，v<0.5。

当物体受到剪切力作用而发生变形时，剪切力 F_s 平行于受力平面，如图 3-4 所示。受力平面（其面积为 A）上的切应力 τ 为

$$\tau = \frac{F_s}{A} \tag{3-7}$$

切应变 γ 为

$$\gamma = \tan\theta \tag{3-8}$$

材料的剪切模量 G 为

$$G = \frac{\tau}{\gamma} \tag{3-9}$$

泊松比 v 与拉伸模量 E 和剪切模量 G 之间存在如下关系：

$$E = 2G(1+v) \tag{3-10}$$

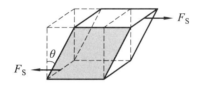

图 3-4　简单剪切问题示意图

至此，通过材料力学的基本假设和简化，给出的实用分析方法和计算公式，已经可以对材料的简单拉伸问题进行基本分析和求解。由以上推导过程可以知道，面向工程应用的拉伸性能测试和计算方法实质是基于材料力学的简化结果。但应注意到材料力学体系所用到的变形固体的四个假设，以及胡克定律仅适用于小变形的弹性阶段，因此上述公式并不适用于材料发生塑性变形后的受力分析。

3.1.2　弹性力学解析方法

如前所述，材料力学中引入了较多的假设和简化，虽然计算公式简单实用，但也具有一定的局限性。尽管都是针对线弹性问题的求解，弹性力学却采用较为精确的数学模型求解，并可以度量材料力学解的可靠性与精确度。因此，此处仍然对简单拉伸力学问题，用弹性力学方法进行材料力学公式的校验。

1. 弹性力学基本假设

经典弹性力学除了引入了材料力学所述的四个假设之外，还有一个无初应力假设，即在

外力作用以前,物体内各点应力均为零,而弹性力学只研究由外加载荷作用引起的附加应力。满足上述基本假设的固体力学理论,称为线弹性理论,简称弹性理论或弹性力学,其解具有唯一性。

2. 基本方程及边界条件

弹性力学通过对平衡状态、几何形态和物理特性等方面的分析,建立了三维条件下的基本方程并给出了边界条件。弹性力学的基本方程组一般地控制了物体内部的应力、应变和位移之间相互关系的普遍规律,而定解条件(边界条件)则具体地给出了每一个边值问题的特定规律,将每一个具体的问题反映在各自的边界条件上。

(1)平衡方程:

$$\begin{cases} \dfrac{\partial \sigma_x}{\partial x} + \dfrac{\partial \tau_{xy}}{\partial y} + \dfrac{\partial \tau_{xz}}{\partial z} + F_{bx} = 0 \\[2mm] \dfrac{\partial \tau_{yx}}{\partial x} + \dfrac{\partial \sigma_y}{\partial y} + \dfrac{\partial \tau_{yz}}{\partial z} + F_{by} = 0 \\[2mm] \dfrac{\partial \tau_{zx}}{\partial x} + \dfrac{\partial \tau_{zy}}{\partial y} + \dfrac{\partial \sigma_z}{\partial z} + F_{bz} = 0 \end{cases} \tag{3-11}$$

或

$$\sigma_{ij,j} + F_{bi} = 0 \quad (i, j = x, y, z) \tag{3-12}$$

(2)几何方程:

$$\begin{cases} \varepsilon_x = \dfrac{\partial u}{\partial x}, \gamma_{xy} = \dfrac{\partial u}{\partial y} + \dfrac{\partial v}{\partial x} \\[2mm] \varepsilon_y = \dfrac{\partial v}{\partial y}, \gamma_{yz} = \dfrac{\partial v}{\partial z} + \dfrac{\partial w}{\partial y} \\[2mm] \varepsilon_z = \dfrac{\partial w}{\partial z}, \gamma_{zx} = \dfrac{\partial w}{\partial x} + \dfrac{\partial u}{\partial z} \end{cases} \tag{3-13}$$

或

$$\varepsilon_{ij} = \dfrac{1}{2}(u_{i,j} + u_{j,i}) \quad (i, j = x, y, z) \tag{3-14}$$

(3)本构方程(应力-应变关系,即广义胡克定律):

$$\begin{cases} \varepsilon_x = \dfrac{1}{E}\left[\sigma_x - \nu(\sigma_y + \sigma_z)\right], \gamma_{xy} = \dfrac{1}{G}\tau_{xy} \\[2mm] \varepsilon_y = \dfrac{1}{E}\left[\sigma_y - \nu(\sigma_x + \sigma_z)\right], \gamma_{yz} = \dfrac{1}{G}\tau_{yz} \\[2mm] \varepsilon_z = \dfrac{1}{E}\left[\sigma_z - \nu(\sigma_x + \sigma_y)\right], \gamma_{zx} = \dfrac{1}{G}\tau_{zx} \end{cases} \tag{3-15}$$

或

$$\varepsilon_{ij}=\frac{1+\nu}{E}\sigma_{ij}-\frac{\nu}{E}\delta_{ij}\sigma_{ii}\quad(i,j=x,y,z)\tag{3-16}$$

如果用应变表示应力，则有

$$\begin{cases}\sigma_x=2G\left(\varepsilon_x+\dfrac{\nu}{1-2\nu}\varepsilon_{ii}\right),\tau_{xy}=G\gamma_{xy}\\[2mm]\sigma_y=2G\left(\varepsilon_y+\dfrac{\nu}{1-2\nu}\varepsilon_{ii}\right),\tau_{yz}=G\gamma_{yz}\\[2mm]\sigma_z=2G\left(\varepsilon_z+\dfrac{\nu}{1-2\nu}\varepsilon_{ii}\right),\tau_{zx}=G\gamma_{zx}\end{cases}\tag{3-17}$$

或

$$\sigma_{ij}=\frac{E}{1+\nu}\varepsilon_{ij}+\frac{E\nu}{(1+\nu)(1-2\nu)}\delta_{ij}\varepsilon_{ii}\tag{3-18}$$

（4）在研究小变形平衡问题的范围内，弹性力学的解要具有唯一性，必须满足边界上给定的应力边界条件

$$\begin{cases}P_x=\sigma_x l_1+\tau_{xy}l_2+\tau_{xy}l_3\\P_y=\tau_{xy}l_1+\sigma_y l_2+\tau_{yz}l_3\\P_z=\tau_{zx}l_1+\tau_{zy}l_2+\sigma_z l_3\end{cases}\tag{3-19}$$

即

$$P_i=\sigma_{ij}n_j\quad(\text{在}\ S_\sigma\text{上})\tag{3-20}$$

或位移边界条件　$u=\bar{u},v=\bar{v},w=\bar{w}$（在 S_u 上）$\tag{3-21}$

即

$$u_i=\bar{u}_i\quad(\text{在}\ S_u\text{上})\tag{3-22}$$

式（3-11）~ 式（3-22）中的变量和符号、相关定义和说明可参见弹性力学相关教材及参考书籍。

（5）极坐标系与直角坐标系的转换。

有时工程中所遇到的平面问题，如圆环、圆盘、扇形等对象物体，在极坐标系中进行求解更为方便。极坐标系与直角坐标系的转换关系如图 3-5 所示，可以表示为

$$\begin{cases}x=r\cos\theta\\y=r\sin\theta\end{cases}\tag{3-23}$$

$$\begin{cases}r^2=x^2+y^2\\\theta=\arctan\dfrac{x}{y}\end{cases}\tag{3-24}$$

在极坐标系中，平衡方程是根据图 3-6 所示的单位厚度微单元上力的平衡关系推导得到

的，再将极坐标系和直角坐标系的转换关系代入其中，就可以得出用极坐标系应力分量 σ_r、σ_θ、$\tau_{r\theta}$ 表示的平衡方程。其余基本方程也可以采用类似方法，较为方便地转换得到。极坐标系下基本方程的转换过程此处不展开说明，仅通过图 3-6 对极坐标系中各应变分量的方向定义进行示意。

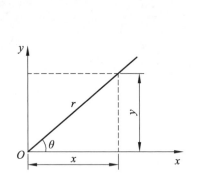

图 3-5　极坐标系与直角坐标系关系

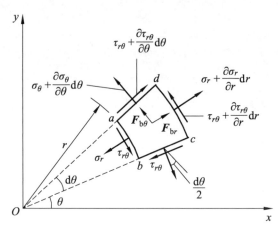

图 3-6　极坐标系中微单元的平衡关系

3. 问题提法和基本解法

根据具体问题边界条件类型的不同，弹性力学常把边值问题分为以下三类：

第一类边值问题：给定物体的体力和面力，求在平衡状态下的应力场和位移场，即所谓边界应力已知的问题。

第二类边值问题：给定物体的体力和物体表面各点的位移，求在平衡状态下的应力场和物体内部的位移场，即所谓边界位移已知的问题。

第三类边值问题：在物体表面上，一部分给定面力，其余部分给定位移（或在部分表面上给定外力和位移关系）的条件下求解上述问题，即所谓混合边值问题。

当物体处于弹性状态时，有 3 个平衡方程、6 个几何方程、6 个本构方程，共计 15 个方程，其中包括 6 个应力分量、6 个应变分量和 3 个位移分量，共计 15 个未知函数。因此，弹性力学问题可归结为在已知边界条件下，求解 15 个基本方程的问题。在求解以上边值问题时有三种不同的处理方法：

（1）位移法，即用位移作为基本未知量来求解边值问题。此时将一切未知量和基本方程都转换为用位移表示。

（2）应力法，即用应力作为基本未知量来求解边值问题。此时将一切未知量和基本方程都转换为用应力表示。

（3）混合法，即以物体各点的一部分位移分量和一部分应力分量作为基本未知量，混合求解。

4. 平面应力问题分析

将图 3-2 所示的材料力学简单拉伸问题转入弹性力学常用的直角坐标系 $Oxyz$ 中（图 3-

7）。综合其几何形态和受力特征来看，这是一个平面应力问题，且边界应力已知，因此可用应力法求解。

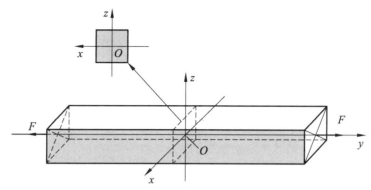

图 3-7　弹性力学直角坐标系中的简单拉伸杆件计算简图

（1）确定体力和面力。

在杆件上：两端有外力作用，其合力为 F，设 F 在杆件端面（面积为 A）上均匀分布；杆件四个侧面不受力，即侧面的面力为 0；此处不考虑杆件的重力，即体力可以略去不计。

（2）确定问题的边界条件。

在杆件的端面部位，$l_1=l_3=0$，$l_2=1$，因此式（3-19）可以简化为 $F=\sigma_y l_2 A=\sigma_y A$，即 $F=\sigma_y=F/A$。

在杆件的上、下侧面部位，$l_1=l_2=0$，$l_3=1$，因此从式（3-19）可以得到 $\tau_{xy}=\tau_{yz}=\sigma_z=0$。同理，在杆件的前、后侧面部位，$l_2=l_3=0$，$l_1=1$，可以得到 $\tau_{xy}=\tau_{zx}=\sigma_x=0$。

（3）用应力法求解。

用应力法解弹性力学问题，可归结为求满足平衡方程、应力协调方程及边界条件的应力分量的数学问题。在上一步骤中，已经通过边界条件求出了各应力分量，在本步骤中将用逆解法验证是否满足基本方程。

将上一步所求得的各应力分量代入平衡方程及应力协调方程［式（3-25）］中，可以满足。由弹性力学解的唯一性可知，所求得的各应力分量就是本问题的唯一应力解。

$$
\begin{cases}
\sigma_{ij,j}=0 \\
\nabla^2 \sigma_{ij}+\dfrac{1}{1+\nu}\sigma_{,ij}=0
\end{cases}
\tag{3-25}
$$

（4）求位移解。

将应力分量解代入本构方程中，可以得到各应变分量解为

$$
\begin{cases}
\varepsilon_x=\dfrac{1}{E}\left[\sigma_x-\nu\left(\sigma_y+\sigma_z\right)\right]=-\dfrac{\nu\sigma_y}{E}=-\dfrac{\nu F}{EA} \\[2mm]
\varepsilon_y=\dfrac{1}{E}\left[\sigma_y-\nu\left(\sigma_x+\sigma_z\right)\right]=\dfrac{\sigma_y}{E}=\dfrac{F}{EA} \\[2mm]
\varepsilon_z=\dfrac{1}{E}\left[\sigma_z-\nu\left(\sigma_x+\sigma_y\right)\right]=-\dfrac{\nu\sigma_y}{E}=-\dfrac{\nu F}{EA} \\[2mm]
\gamma_{xy}=\gamma_{yz}=\gamma_{zx}=0
\end{cases}
\tag{3-26}
$$

将以上结果代入几何方程中，可以得到位移矢量沿 x、y、z 三个坐标方向的位移分量为

$$\begin{cases} u = -\dfrac{\nu F}{EA} x \\[2mm] v = \dfrac{F}{EA} y \\[2mm] w = -\dfrac{\nu F}{EA} z \end{cases}$$

（3-27）

以上推导结果与材料力学给出的计算公式实质等效，也验证了材料力学解的可靠性。同时，弹性力学方法还能建立数学模型对物体的三维应力、应变进行方便地求解。但是，应注意到，无论是材料力学解还是弹性力学解，均只能反映试样在弹性（小变形）阶段的力学与变形特性。而一旦试样进入塑性阶段，由于胡克定律已经不能有效表征材料的塑性变形行为，且应力加载路径多样化，因此就会存在解不唯一的情况。

3.1.3 应力状态理论

即使在简单变形条件下，构件内部截面上的应力分布情况也可能是变化的。虽然用材料力学或弹性力学方法可以求解出构件截面上的一般应力，但是还需要研究不同方位角度截面上的应力及其相互关系（应力状态），以便深入了解构件内的应力情况并正确分析构件的强度。

1. 应力状态类型

在实际问题的力学解析中，有时候能得到构件某一截面上的应力分布，但是这对了解构件内部的应力状态来说，还是不够的。如杆件的简单拉伸问题，虽然可以很容易求出其轴向方向上的应力值，但是对其不同角度的任意斜截面上的应力大小和方向尚不清楚，无法确定其危险截面上的应力状态。对于韧性高分子材料来说，由于其剪切模量 G 往往小于拉伸模量 E，因此在很多情况下拉伸屈服是由其斜截面上的剪应力决定的而不是由拉伸应力来决定的。

为了研究一点的应力状态，通常是在所研究点的周围用六个界面截取出一个无穷小正六面体单元体（图 3-8），这个无穷小的单元体就代表这个点。在研究这个单元体的应力状态时，可以认为在它各个面上的应力为均匀分布，并且每对互相平行的面上的应力，其大小和性质完全相同。在进行平面问题分析时，可以将这个单元体简化为无穷小的正方形平面单元。切应力等于零的面称为主平面，作用在主平面上的正应力 σ_1、σ_2、σ_3（$\sigma_1 \geqslant \sigma_2 \geqslant \sigma_3$）称为主应力。类似地，也可以得到主切平面和主切应力。

按照不等于 0 的主应力数量，可把一个点的应力状态划分为三类：单向应力状态、二向应力状态（平面应力状态）和三向应力状态（空间应力状态）。二向应力状态和三向应力状态统称为复杂应力状态。

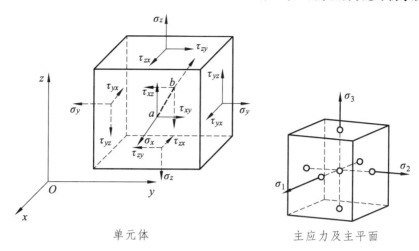

图 3-8　单元体、主应力及主平面

2. 应力状态图解法

在受拉直杆中任意斜截面上，在同一个点处各不同方位截面上应力的大小和方向都随方位角 α 的不同而改变。因此，需要经过不同方位角的试算，才能最终确定该点处主应力和主切应力大小和方向，过程较为烦琐。为了对截面上的应力状态进行快速求解，材料力学中给出了实用的应力圆图解方法。在大部分的工程应用场景中，这个方法已经能较好地满足问题分析的需要。

（1）二向应力状态的应力圆。

以下以图 3-9 所示的单元体斜截面为例，介绍应力圆的图解方法。在以横坐标表示 σ、纵坐标表示 τ 的空间中，当 σ_α 和 τ_α 随着 α 的改变而连续变化时，其关系式可用一个应力圆来表示，圆周上一点的坐标就代表单元体的某一界面上的应力情况。如果已知单元体上的一般应力 σ_x 和 τ_x、σ_y 和 τ_y，则可以用以上应力值在这个坐标系中绘制出一个应力圆，其圆心坐标为 $\left(\dfrac{\sigma_x+\sigma_y}{2},0\right)$，半径为 $\sqrt{\left(\dfrac{\sigma_x-\sigma_y}{2}\right)^2+\tau_x^2}$。应力圆上的点与单元体的截面有着一一对应关系。

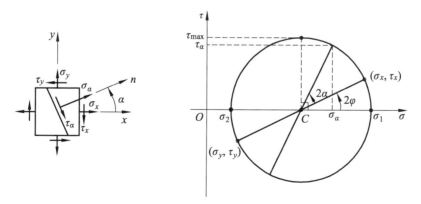

图 3-9　二向应力状态下的应力圆

由图 3-9 中的几何关系，可以得出单元体主应力 σ_1、σ_2 的大小为

$$\begin{cases} \sigma_1 = \dfrac{\sigma_x + \sigma_y}{2} + \sqrt{\left(\dfrac{\sigma_x - \sigma_y}{2}\right)^2 + \tau_x^2} \\ \\ \sigma_2 = \dfrac{\sigma_x + \sigma_y}{2} - \sqrt{\left(\dfrac{\sigma_x - \sigma_y}{2}\right)^2 + \tau_x^2} \end{cases} \qquad (3\text{-}28)$$

同样，在应力圆上还可以求得最大切应力 $\tau_{\max}$ 和最小切应力 $\tau_{\min}$ 的数值为

$$\begin{cases} \tau_{\max} = \dfrac{\sigma_1 - \sigma_2}{2} \\ \\ \tau_{\min} = -\dfrac{\sigma_1 - \sigma_2}{2} \end{cases} \qquad (3\text{-}29)$$

主平面法线 n 的角度 α、切应力的作用面法线角度也可以很容易地从应力圆中量测得到，其中最大切应力 $\tau_{\max}$ 所在的截面与主平面成 45° 角。

对于单向应力状态，可以看作是二向应力状态的特例，其应力圆的形式、相关应力的计算和角度的确定更为简单。

（2）三向应力状态的应力圆。

三向应力状态下的应力圆绘制方法与二向应力状态的应力圆类似。在三个主应力 σ_1、σ_2、σ_3 已知时，可以绘制得到如图 3-10 所示的应力圆。

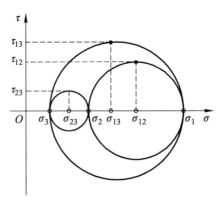

图 3-10　三向应力状态下的应力圆

从图中可以得出主切应力 τ_{13}、τ_{12}、τ_{23} 的大小为

$$\begin{cases} \tau_{13} = \dfrac{\sigma_1 - \sigma_3}{2} \\ \\ \tau_{12} = \dfrac{\sigma_1 - \sigma_2}{2} \\ \\ \tau_{23} = \dfrac{\sigma_2 - \sigma_3}{2} \end{cases} \qquad (3\text{-}30)$$

在主切应力作用面上的正应力为

$$\begin{cases} \sigma_{13} = \dfrac{\sigma_1 + \sigma_3}{2} \\[2mm] \sigma_{12} = \dfrac{\sigma_1 + \sigma_2}{2} \\[2mm] \sigma_{23} = \dfrac{\sigma_2 + \sigma_3}{2} \end{cases} \qquad (3\text{-}31)$$

通过应力圆的图解方法，可以较为方便地从一般应力求解出主应力，并随即可以求出不同角度斜截面上的应力，从而对材料屈服和强度问题进行分析。对一般的工程问题或较为简单的应用场景来说，采用材料力学及弹性力学的原理和方法，容易得到其一般应力解（对一些简单问题甚至可以直接得到主应力解），然后结合应力圆图解法求解出其他应力分量，就能为工程问题的进一步分析提供基础的数据。

3.2　塑性及断裂问题分析方法

从物体受力开始直至破坏，通常会经历弹性变形、塑性变形和断裂这三个主要阶段。在得到了构件各点的应力及应力状态以后，就要对其在什么条件下会发生屈服（及失效）进行分析，以确定其极限荷载或变形，这往往是工程应用中最为关心的问题，但这通常会涉及塑性力学和断裂力学范畴内的屈服判断、强度计算及断裂失效等复杂问题的分析。

3.2.1　塑性力学分析方法

大量的拉伸应力-应变曲线表明，在很多高分子材料发生屈服时，试样并没有立刻破坏，而是有一定的应力或应变富余。虽然通常认为材料屈服的时候就已经失效，但是判断材料在何时会出现屈服，对于工程应用而言又是一个重要的问题。材料在塑性变形阶段的力学特性，需要从塑性力学的角度去进行分析，其中的重点是给出塑性变形阶段材料的屈服准则（何时发生屈服）和本构关系（应力-应变关系）。

1. 常用屈服准则

针对材料的破坏形式（脆性断裂和塑性屈服）所提出的关于材料在复杂应力状态下发生强度破坏的假说，通常被称为强度理论或屈服准则。常见高分子防水材料的拉伸测试结果表明，大部分的材料试样会首先发生塑性屈服（或很明显的塑性变形），之后才出现断裂破坏，因此工程中往往较为关注其屈服的发生条件。

（1）特雷斯卡（Tresca）屈服条件。

特雷斯卡屈服条件又称为最大剪应力理论或第三强度理论。之所以称为第三强度理论，是为了与表征脆性断裂的第一强度理论（最大拉应力理论）和第二强度理论（最大拉应变理论）对应。

该理论认为最大剪应力 $\tau_{\max}$ 是引起材料屈服的主要因素，或者说最大剪应力 $\tau_{\max}$ 是材料屈服的准则。在一般情况下，特雷斯卡屈服条件可写成下式：

$$\begin{cases} \sigma_1 - \sigma_2 = \pm 2k_1 \\ \sigma_2 - \sigma_3 = \pm 2k_1 \\ \sigma_3 - \sigma_1 = \pm 2k_1 \end{cases} \tag{3-32}$$

式中，k_1 为材料常数，可由单轴拉伸试验确定。将材料屈服极限 σ_s 代入式（3-32）中的第一式，可以求出

$$k_1 = \frac{\sigma_s}{2} \tag{3-33}$$

也可以通过纯剪试验测定结果得到

$$k_1 = \tau_s \tag{3-34}$$

因此，由式（3-33）和式（3-34）可得

$$\tau_s = \frac{\sigma_s}{2} \tag{3-35}$$

即在单轴拉伸情况下，当材料中的最大剪应力 $\tau_{max} = \sigma_s/2$ 时，就会出现屈服。由于该理论未考虑中间主应力 σ_2 的影响，使得所得结果偏安全（与试验结果的差异最高约 15%）。而判断材料是否屈服，是一点处全部应力综合的结果，而不是应力中某一部分的作用结果，因此只考虑一个最大剪应力是片面的。

该屈服条件对剪切模量 G 小于拉伸模量 E 的韧性材料具有一定的适用性，如在许多防水涂料的拉伸试验中，软而韧的试样断口线与拉伸方向大约为 45°夹角，就是较为明显的剪切破坏形态。图 3-11 展示了韧性高分子材料拉伸到屈服极限时试样表面出现的"剪切滑移变形带"，这表明 45°斜面上的剪应力首先达到材料的剪切强度而发生了屈服。

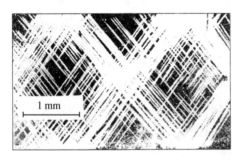

图 3-11 高分子材料剪切屈服

针对简单拉伸问题，也可以用前述应力圆的方法来分析。在图 3-12 所示的受拉直杆中，任意截取一个斜截面，其法线 n 与受拉方向成逆时针转角 α（°）。在该斜截面上，有正应力 σ_α 和剪应力 τ_α 作用。由绘制的应力圆可知，当转角 $\alpha=45°$时，该斜截面上的最大剪应力 $\tau_{max} = \sigma_1/2$。当直杆屈服时，$\sigma_1 = \sigma_s$，此时 $\tau_{45°} = \sigma_s/2$。

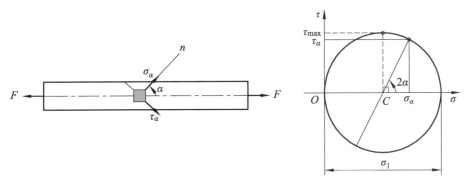

图 3-12　单轴拉伸问题的任意转角截面及应力圆

（2）米泽斯（Mises）屈服条件。

米泽斯屈服条件又称为畸变能理论或第四强度理论。该理论认为与物体中一点的应力状态对应的畸变能达到某一数值时，该点便屈服。米泽斯认为形状改变能密度是引起材料屈服的主要因素，材料某一节点发生强度破坏的条件是该点应力达到单轴拉伸时屈服点应力，其与三个主应力均有关，是被广泛应用的一种塑性定律。

米泽斯屈服条件可以表达为

$$\left(\sigma_1 - \sigma_2\right)^2 + \left(\sigma_2 - \sigma_3\right)^2 + \left(\sigma_3 - \sigma_1\right)^2 = 6k_2^2 \tag{3-36}$$

式中，k_2 为材料常数。与特雷斯卡屈服条件类似，该常数可以通过单轴拉伸和纯剪试验确定，并从其结果中可以得到

$$\tau_s = \frac{1}{\sqrt{3}}\sigma_s \tag{3-37}$$

根据这一屈服条件，材料的单轴拉伸屈服极限 σ_s 为剪切屈服极限 τ_s 的 $\sqrt{3}$ 倍。

针对一些材料在复杂应力状态下的试验结果，米泽斯屈服条件有时比特雷斯卡屈服条件更接近试验结果。在有限元计算软件中，通常可将 Mises 应力值与试验结果屈服点的应力值进行对比，判断材料是否屈服。

（3）其他屈服条件简介。

材料的屈服条件或强度准则的研究经历较长的时间，至今还在不断发展和完善。除了以上所介绍和提及的最大拉应力理论、最大拉应变理论、最大剪应力理论、畸变能理论，还有其他一些适用于不同类型材料的屈服条件。比如，适用于混凝土和岩土工程材料的莫尔-库仑（Mohr-Coulomb）强度理论、德鲁克-普拉格（Drucker-Prager）准则，以及在双剪理论上进一步发展起来的统一强度理论等。

随着材料学科和技术的不断发展，目前工程材料的成分、结构、性能日益复杂，在对每种材料适用屈服条件的选择上仍然需要进行更多的探索和积累。此外，也需要注意到各种屈服条件的适用前提，如传统四大强度理论和统一强度理论只适用于各向同性材料，对于各向异性材料和复合材料则有专门的适用准则。

2. 统一强度理论

统一强度理论是我国学者俞茂宏教授从双剪理论进一步发展起来的，构建了该理论的力学模型（图 3-13），并用一个数学模型表达式把各种强度破坏准则进行了统一。统一强度理论不仅具有重要的理论意义，还具有很大的工程应用价值，目前已经逐步在工程中得到较为广泛的应用。在本章的防水层受力工况分析中，将重点采用统一强度理论对防水层的屈服问题进行探讨。

（1）强度理论基本概念。

图 3-14（a）是三维应力空间八个象限的不同应力组合示意图。同一材料在不同应力作用下的强度各不相同，如图 3-14（b）所示，点 A 为单向拉伸强度、点 B 为单向压缩强度、点 S 则为一个方向拉伸另外两个方向压缩时的材料强度。因此，材料在应力空间八个象限的应力下的强度相差很大。强度理论是判断材料在复杂应力下是否破坏的理论，其所研究的普遍性问题主要是复杂应力作用下的屈服和破坏规律，即如何将其变化规律用数学公式表述出来。

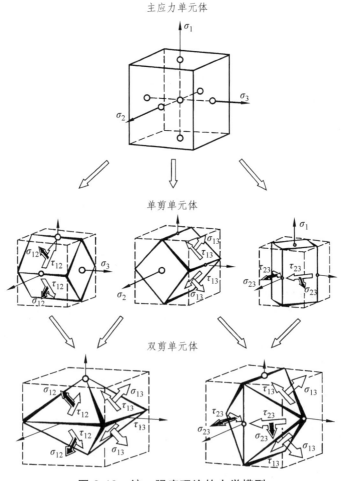

图 3-13　统一强度理论的力学模型

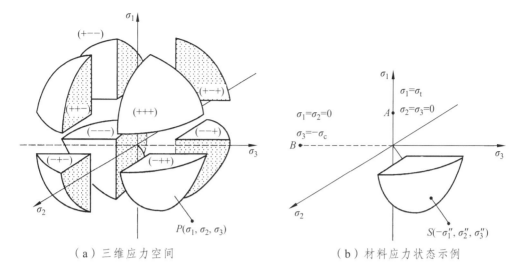

（a）三维应力空间　　　　　　　　　　　（b）材料应力状态示例

图 3-14　空间应力状态

（2）统一强度理论的数学模型。

以主应力进行表述的统一强度理论的数学模型表达式为

$$\begin{cases} f = \sigma_1 - \dfrac{\alpha}{1+b}(b\sigma_2 + \sigma_3) = \sigma_t, & 当\ \sigma_2 \leqslant \dfrac{\sigma_1 + \alpha\sigma_3}{1+\alpha} \\ f' = \dfrac{1}{1+b}(\sigma_1 + b\sigma_2) - \alpha\sigma_3 = \sigma_t, & 当\ \sigma_2 \geqslant \dfrac{\sigma_1 + \alpha\sigma_3}{1+\alpha} \end{cases} \tag{3-38}$$

式中，$\alpha = \sigma_{拉}/\sigma_{压} = \sigma_t/\sigma_c$ 为材料的拉压强度比；b 为统一强度理论中引进的破坏强度准则选择参数，是反映中间主切应力及相应面上的正应力对材料破坏影响程度的参数。

对于拉压强度相同的材料，$\alpha = \sigma_t/\sigma_c = 1$，此时，统一强度理论简化为可以直接应用于拉压强度相同的材料的统一屈服准则：

$$\begin{cases} f = \sigma_1 - \dfrac{1}{1+b}(b\sigma_2 + \sigma_3) = \sigma_s, & 当\ \sigma_2 \leqslant \dfrac{\sigma_1 + \sigma_3}{2} \\ f' = \dfrac{1}{1+b}(\sigma_1 + b\sigma_2) - \sigma_3 = \sigma_s, & 当\ \sigma_2 \geqslant \dfrac{\sigma_1 + \sigma_3}{2} \end{cases} \tag{3-39}$$

对于拉压强度相同的材料，参数 b 与材料的剪切强度 τ_s 和拉伸强度 σ_s 之间有如下关系：

$$b = \frac{2\tau_s - \sigma_s}{\sigma_s - \tau_s} = \frac{2\bar{\alpha} - 1}{1 - \bar{\alpha}}, \quad \bar{\alpha} = \frac{\tau_s}{\sigma_s} \tag{3-40}$$

（3）统一强度理论的各种特例。

已有的强度理论可以由统一强度理论的数学表达式得出，以简化材料在复杂应力状态下的屈服判断和强度计算。

对拉压强度相等的材料（$\alpha = 1$）：取 $b = 0$（此时 $\tau_s = 0.5\sigma_s$），可以得出单剪强度理论（第三强度理论）；取 $b = 1/2$（此时 $\tau_s = 0.6\sigma_s$），则可以得出与第四强度理论逼近的结果。

对拉压强度不相等的材料（$\alpha \neq 1$）：取 $b = 0$，可以得出广义单剪强度理论（即莫尔-库仑强度理论）；取 $b=1$（此时 $\tau_s=0.667\sigma_s$），则可以得出广义双剪强度理论。

如果令 $\alpha=0$，则可以得出第一强度理论（最大拉应力准则）；如 $b=1$、$\alpha=2\nu$（ν 为材料泊松比），则得出第二强度理论（最大拉应变准则）。

3. 简单拉伸问题分析

分别采用第 2 章所述的 4 个简化本构模型（代表 4 种不同塑性特性的材料），对直杆的简单拉伸问题进行塑性阶段的相关分析。此处仅考虑一次加载过程，不考虑卸载和重复加载情况，即材料只发生初始屈服。同时，材料力学和弹性力学的基本假设在此处也同样适用和满足。需要注意到，塑性力学还引入了其他一些假设，以保证理论体系的严密性。例如，材料是非黏性的，即材料的力学性质（或本构关系）与时间因素无关（不出现蠕变或松弛）；材料是无限韧性的，即认为材料不出现脆性断裂；对高分子类柔性较好的材料，拉伸条件下的塑性变形不考虑体积变化；此外，还有稳定材料假设、杜拉克公设、伊留辛公设等。

（1）理想塑性材料的弹塑性分析。

设杆件材料发生屈服时的荷载（弹性极限荷载）为 P_e，则由弹性力学的推导结果及理想弹塑性材料的本构关系，可以得到图 3-7 所示杆件的弹性阶段和塑性阶段应力为

$$\begin{cases} \sigma_y=\dfrac{F}{A}, & \text{当材料处于弹性阶段时} \\[2mm] \sigma_y=\sigma_s=\dfrac{P_e}{A}, & \text{当材料进入塑性阶段时} \end{cases} \tag{3-41}$$

因此，可知该杆件的塑性极限荷载 P_s 等于弹性极限荷载 P_e。

类似可以得出杆件在刚发生屈服时的应变为

$$\begin{cases} \varepsilon_y=\dfrac{P_e}{EA}=\dfrac{\sigma_s}{E}=\varepsilon_s \\[2mm] \varepsilon_x=\varepsilon_z=-\dfrac{\nu\sigma_s}{E}=-\nu\varepsilon_s \end{cases} \tag{3-42}$$

可知杆件在拉伸方向上的弹性极限位移 $\delta_e=P_el/EA=\sigma_sl/E=\varepsilon_sl$。此后，杆件进入屈服阶段并发生塑性流动，即在应力不变的情况下，变形可"无限"地增长。

容易知道，理想刚塑性材料的弹性极限荷载 P_e 和塑性极限荷载 P_s 与理想弹塑性材料相同。两种材料的弹性极限位移差值仅为 δ_e，当材料发生较大的塑性流动时，这个差值甚至可以忽略不计（图 3-15）。

图 3-15 两种理想塑性材料的荷载-位移曲线

（2）线性强化材料的弹塑性分析。

当材料是弹性线性强化材料，其他条件同上，此时杆件上的应力为

$$
\begin{cases}
\sigma_y = \dfrac{F}{A}, & \text{当材料处于弹性阶段时} \\
\sigma_y = \sigma_s = \dfrac{P_e}{A}, & \text{当材料达到弹性极限时} \\
\sigma_y = \dfrac{P_e}{A} + E_t(\varepsilon - \varepsilon_s), & \text{当材料进入塑性阶段后}
\end{cases}
\tag{3-43}
$$

参照理想弹塑性材料的结果可知，弹性线性强化材料杆件在拉伸方向上的弹性极限位移 $\delta_e = \varepsilon_s l$，与理想弹塑性材料相同。

当材料继续发生塑性变形时，杆件在拉伸方向上的位移 δ_y 为

$$
\delta_y = \varepsilon_y l = \left(\frac{\sigma_s}{E} + \frac{\sigma - \sigma_s}{E_t} \right) l = \varepsilon_s l + \frac{\sigma - \sigma_s}{E_t} l = \delta_e + \frac{\sigma - \sigma_s}{E_t} l
\tag{3-44}
$$

假设发生塑性变形时的 $E_t/E = a$、$F/P_e = b$（此时 b 大于 1），代入式（3-44）中，有

$$
\delta_y = \delta_e + \frac{\sigma - \sigma_s}{E_t} l = \delta_e + \frac{b-1}{a} \cdot \frac{\sigma_s l}{E} = \delta_e \left(1 + \frac{b-1}{a} \right)
\tag{3-45}
$$

如果只考察塑性阶段的位移增量 $\Delta\delta_y$，则有

$$
\Delta\delta_y = \delta_y - \delta_e = \frac{b-1}{a} \delta_e
\tag{3-46}
$$

假设荷载加载到定值 $2P_e$，即取 $b=2$，考虑不同强化模量 E_t（分别取 $a=0.1$、0.2、0.5）对塑性位移增量的影响，由式（3-46）可以得到对应的塑性位移增量分别为 $10\delta_e$、$5\delta_e$ 和 $2\delta_e$。

由此可见，弹性线性强化材料在进入塑性阶段后，其变形量受到强化模量 E_t 的影响较大。同时，虽然材料不会进入完全的塑性流动状态，但此时的变形量也可能会有较快的增长（取决于强化模量 E_t 的大小）。

同样可以知道，刚性线性强化材料的弹性极限荷载 P_e 与弹性线性强化材料相同。两种材料的弹性极限位移差值仅为 δ_e，当材料的弹性变形区间很短时，其塑性变形将远远大于弹性极限位移，这个差值可以忽略不计（图 3-16），以简化问题的分析。

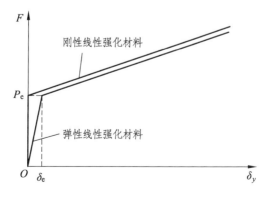

图 3-16　两种线性强化材料的荷载-位移曲线

（3）简单拉伸问题大变形分析。

在小变形的前提下（即使材料进入塑性阶段）开展简单拉伸问题弹塑性分析，即忽略了试样横截面面积的变化（反映在应力和应变结果上，即为名义应力和名义应变），可简化问题的分析。但是在实际的拉伸过程中，试样的横截面面积将会不断减小，同时试样的标距也会不断变长。名义应力-应变曲线和真实应力-应变曲线在小应变时相差很小，因此面向工程使用时，如果主要评价材料的线弹性力学性能（比如一些具有承载要求的混凝土结构或金属构件），则采用名义应力和名义应变并没有大的影响。但是对于韧性高分子材料，由于其具有较大的塑性变形，采用名义应力-应变描述其拉伸特性有时则是不合适的，可能会出现显著的误差。

在塑性力学中，定义了真应力 $\tilde{\sigma}$ 和对数应变 $\tilde{\varepsilon}$ 来对名义应力和应变进行修正：

$$\begin{cases} \tilde{\sigma}=\sigma(1+\varepsilon) \\ \tilde{\varepsilon}=\ln(1+\varepsilon) \end{cases} \tag{3-47}$$

真应力 $\tilde{\sigma}$ 和对数应变 $\tilde{\varepsilon}$ 主要适用于试样在发生颈缩之前的阶段。当试样进入颈缩状态时会出现较大的局部变形，并且变形位置的应力状态会发生很大的变化，因此还应对颈缩以后的应力-应变曲线再次修正（图 3-17）。

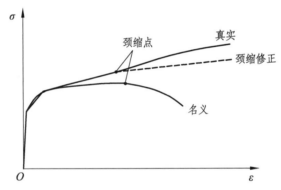

图 3-17　名义应力-应变曲线与真实应力-应变曲线

从图中曲线对比来看，真实应力-应变曲线能反映材料进入塑性阶段后的应变硬化特征，这与名义应力-应变曲线的塑性特征有着很大的不同。但是真实应力-应变曲线的绘制比较复杂，尤其是考虑颈缩修正的情况时。有时为了简化问题的分析，也可以用 $\tilde{\sigma}$-ε 曲线来表征材料的拉伸力学特性。但是研究人员应注意到这几类曲线之间的特征和力学原理上的差异，在使用中应根据研究对象的力学特征合理选用应力-应变曲线类型进行问题的分析。

3.2.2　断裂问题分析原理

材料发生屈服以后，如变形进一步发展，则可能会出现微观损伤（裂纹），并最终发生断裂破坏。研究裂纹的扩展及引起的失效问题，需要用到断裂力学的理论和研究方法进行分析。传统断裂力学主要分为线弹性断裂力学与弹塑性断裂力学，线弹性断裂力学是用弹性力学的线性理论研究含裂纹体在载荷作用下的力学行为和失效准则，其应用限于小范围屈服的条件，弹塑性断裂力学则适用于大范围屈服条件。在一些工程应用场景中，也会涉及防水层断裂问题的分析，以便采取技术措施去避免或延长防水层的破坏过程。但总体上来说，工程中更加关注其在屈服临界点前后的状态，因此主要关注小范围屈服的问题。

1. 裂纹的基本类型

在传统断裂力学中，将断裂的过程分为裂纹萌生与扩展两个阶段，通过研究裂纹尖端的应力与开裂位移间的关系以及裂纹断裂能释放率等来描述结构的开裂过程。

在断裂力学中，将材料受到外力作用而产生的开裂行为依据其受载及开裂形式的不同分为三种类型：张开型（Ⅰ型）、滑开型（Ⅱ型）以及撕开型（Ⅲ型）（图 3-18）。张开型裂纹受到垂直于开裂面的外力作用，裂纹界面受法向应力作用开裂，开裂位移垂直于裂纹界面。滑开型裂纹与撕开型裂纹分别受到不同方向的与界面平行的剪切力作用而开裂，开裂位移处于开裂界面平面内。实际结构的开裂通常由三种单纯应力作用下的开裂模式组合而成，属于复合型开裂。

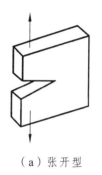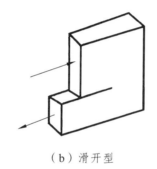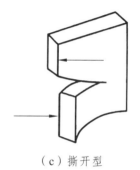

（a）张开型　　　　　　　　　（b）滑开型　　　　　　　　　（c）撕开型

图 3-18　裂纹的基本类型

2. 裂纹临界平衡判据

含裂纹体在任何外载荷下，在其裂纹尖端都会由于局部高应力而出现塑性变形，因此对裂纹尖端的应力场和应变场的研究就非常重要。在线弹性断裂力学中引入了应力强度因子 K 与应变能释放率 G 来判断裂纹的扩展，其中裂纹强度因子又称 K 判据，用以描述裂纹尖端应力分布的强弱程度，与外荷载呈线性关系；应变能释放率又称 G 判据，用来描述开裂面上产生新的单位裂纹面积所需要的能量。

应力强度因子 K 是构件几何特征、裂纹尺寸与外载荷的函数，表征了裂纹尖端所受载荷和变形的强度，是裂纹扩展趋势或者扩展推动力的度量。K 可在如图 3-19 所示的含中心裂纹无限大板（裂纹的长度为 $2a$）模型上建立裂纹端部的极坐标系，用受双向拉伸载荷情况、无穷远处受均匀剪力作用情况和受离面剪力情况求解得到。三种类型裂纹的应力强度因子的一般表达式为

$$K_i = Y\sigma\sqrt{\pi a} \ (i = \mathrm{I}, \mathrm{II}, \mathrm{III})\tag{3-48}$$

式中，σ 为名义应力，a 为裂纹尺寸，Y 为形状系数。

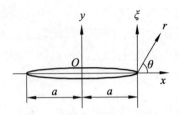

图 3-19 含中心裂纹无限大板

对 I 型裂纹，根据线弹性断裂力学求解结果可知，其张开后为一椭圆，其长轴为 a，短轴 $b=2\sigma a/E$。

在图 3-19 所示裂纹右侧尖端点的极坐标系中，当 $\theta=0$ 时，其尖端各应力分量为 $\sigma_x = \sigma_y = \dfrac{K_{\text{I}}}{\sqrt{2\pi r}}$，$\tau_{xy} = 0$，其中 $K_{\text{I}} = \sigma\sqrt{\pi a}$。但应注意到，在线弹性断裂力学中，在裂缝尖端点（$r=0$）处，应力趋于无限大，即应力呈现奇异性，将与实际情况不符。

能量释放率 G 又称为裂纹扩展力，是裂纹扩展一个单位长度时所需要的力，它与 K 之间有确定的关系，如对 I 型裂纹来说有

$$G = \frac{K_{\text{I}}^2}{E'} \tag{3-49}$$

式中，$E' = E$(平面应力)$= \dfrac{E}{1-v^2}$(平面应变)。

3. 裂纹尖端塑性区

前已提及，采用线弹性理论得到的裂纹尖端应力和应变场有奇异性。实际上，当裂纹尖端附近的应力增大时，材料将发生屈服，产生一个弹性分析无效的塑性区（图 3-20）。此时，就需要引入屈服准则对线弹性的结果进行修正，就可以确定塑性区的形状。以 I 型裂纹为例，用米泽斯准则和特雷斯卡准则进行修正后得到的裂纹尖端处的塑性区形状见图 3-21。

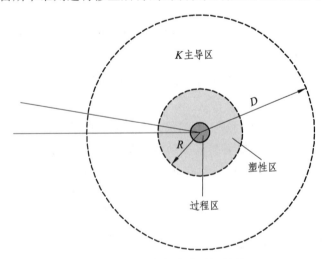

图 3-20 裂纹尖端附近场结构

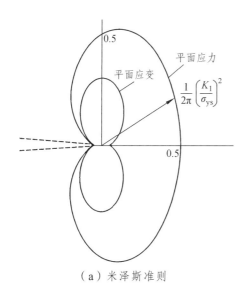
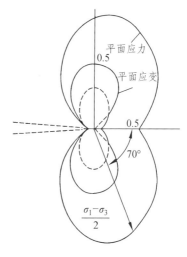

（a）米泽斯准则　　　　　　　　　　　（b）特雷斯卡准则

图 3-21　引入屈服准则后的 I 型裂纹塑性区形状

4. 断裂判据（准则）

断裂准则是裂纹发生起裂扩展及失稳扩展的判断条件。对脆性断裂和准脆性断裂来说，可以采用与静强度准则相同的原则，以应力强度因子的临界值 K_c 或能量释放率临界值 G_c（都称为材料的断裂韧度）来度量材料对裂纹扩展的抗力，但它们需要通过实验测定。当裂纹推动力 K 达到 K_c 时，裂纹即开始起裂，并快速扩展而突然断裂（称为 K 准则）。对于薄板或韧性较好的材料，随载荷增加，裂纹存在一段稳定扩展阶段，然后再快速扩展，此时可以采用表观断裂韧性准则，即 $K \geqslant K_{app}$，其中 K_{app} 为表观断裂韧度。

当裂缝尖端塑性区已经大到不能忽略时，必须采用弹塑性断裂力学的判据，包括 J 积分断裂准则、能量释放率准则、裂纹张开位移 COD 准则、阻力曲线法等。弹塑性断裂力学中常用的方法为 J 积分法，J 积分方法基于能量守恒原理，其计算采用等效积分区域法，通过散度理论将 J 积分等效为一个含有裂纹计算的区域积分。但该方法计算过程过于烦琐，且用于分析裂纹的开展较为困难。

3.3　地下结构防水层受力工况

在隧道及地下结构中，防水层在服役期间可能多是处于两种或三种组合变形条件下的复杂应力状态。对于防水层的受力分析，可以从基本的力学原理出发，对这些基本变形形式及组合下的受力状况进行分析，以探讨防水层在复杂应力状态下的力学行为与基本力学特性。

3.3.1 防水层常见受力工况

在隧道及地下工程中，高分子防水材料通常铺设在结构的外侧，形成一个严密的外包防水层。防水层的外侧还可能有回填土或围护结构。因此，防水层在服役期间至少将受到土、水压力或外部荷载的作用，同时可能还有基层开裂、防水层局部起泡（剥离）或结构张开等引起的应力和变形。基于目前业界所提倡的"皮肤式"防水理念，成型后的防水层往往与结构混凝土形成黏结紧密的状态，本小节将主要对此种结合形式下的防水层受力工况进行分析和讨论。

1. 仅受压力荷载工况

在隧道及地下工程中，很多时候的受力状况表现为平面应变问题，即在结构的纵向方向上往往不出现位移（但通常还存在应力），这就使得问题的分析得到一定的简化。以图3-22所示的明挖地下结构为例，可沿结构纵向选取一个截面进行平面问题的分析。

由于结构埋置于地下，因此在结构的外侧将至少有如图中所示土、水压力的作用，这部分的压力将首先作用在结构的外包防水层上，这是常见且最基本的受力情况。此外，底板部分的防水层还会承受结构重力等荷载。假设结构刚度足够大（此时不发生变形），顶板、侧墙、底板及转角处的防水层单元体受力状况见图3-22，防水层均处于受限条件（一定边界约束条件）下的受压状态，包括"单向压缩"和"双向压缩"。但是，需要注意到，此处只反映外部荷载作用情况，并不反映防水层内部的实际应力状态。

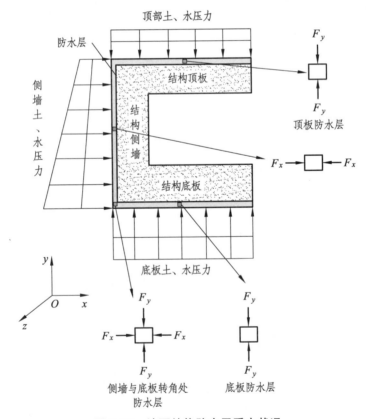

图 3-22 地下结构防水层受力状况

2. 基层结构缝张开工况

在运营期间，结构可能会由于温度、基础不均匀沉降等因素，导致结构出现伸缩、错动变形，同时会对附着在结构表面的防水层的受力状况产生影响。因此，结构变形缝部位通常会预留一定的变形宽度（此处往往会填充泡沫板等材料），以适应结构在运营期间发生的可能变形。

可以选取一个含有变形缝结构截面（如顶板部位）进行防水层的受力状况分析，见图3-23。以变形缝两侧的结构张开情况为例，此时变形缝部位的防水层将受到由于基层结构张开引起的拉应力，同时还有顶部的外部荷载，因此防水层将处于"拉+压"组合的受力状况。

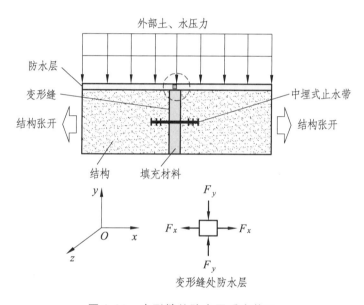

图 3-23 变形缝处防水层受力状况

3. 防水层局部起泡工况

在基层混凝土含水率较高的情况下，当外界温度升高混凝土内水分蒸发形成蒸汽，在基面与防水层的界面上有微小裂缝或是蜂窝麻面处局部汇聚挤压，从而使防水层局部鼓胀起泡并可能与基层脱开（图3-24）。当外界温度降低，水蒸气再起凝结为水滴成为结露水，由于防水层已经发生了一定的塑性变形，故与基面局部形成空囊状。这种空囊状的部位极易成为水分汇集的地方，当外界温度再次升高则水蒸气含量更大，受到气压与液压共同作用，防水层发生鼓胀受拉出现局部失效。

同样由圣维南原理可知，防水层起泡区也存在一个有限的影响范围。对起泡区及远离起泡区的防水层单元体进行受力分析，可知它们分别处于"拉+压"组合和"单向压缩"的受力状况。

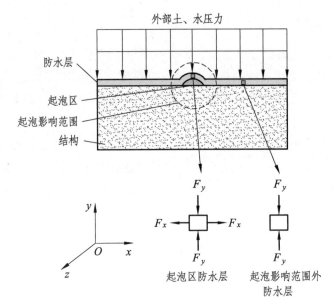

图 3-24　防水层局部起泡时受力状况

4. 基层结构开裂工况

在图 3-22 所示的工况基础之上，进一步考虑防水层受到基面开裂影响的情况。基面开裂所导致的防水层破坏，是由于防水层与基面之间存在一定的黏结，当基面混凝土或砂浆发生开裂时，黏附于基层表面的防水层受拉应力作用而被拉伸。这种拉伸状态为一种原位拉伸，即初始长度为零或者接近于零时的拉伸，或称为"零延伸"状态（图 3-25）。因为防水层牢固黏附于基层表面，当裂缝发生时，裂缝处的防水材料表现为零延伸，防水层即随着裂缝开裂而拉坏。

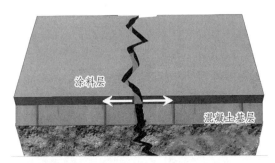

图 3-25　基面开裂所导致的防水层拉坏

可以选取一个结构截面（如顶板部位）进行防水层的受力状况分析，见图 3-26。由圣维南原理可知，基层开裂对防水层受力造成的影响范围是有限的。对基层起始开裂部位（开裂影响范围内）及远离开裂处的防水层单元体进行受力分析，可知它们分别处于"拉+压"组合和"单向压缩"的受力状况。其中在基层初始开裂阶段，由于裂缝宽度很小（认为接近于 0），此时开裂部位处的防水层仍然可以在竖向方向上达到受力平衡。但是当基面裂缝宽度继续发展时（防水层底部出现自由变形的临空面），防水层的应力状态将发生弹塑性力学和断裂力学等的复杂变化过程，同时还会出现防水层局部屈服和剥离等现象。

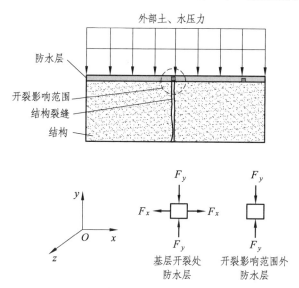

图 3-26　基层开裂时防水层受力状况

相比图 3-23 所示的结构变形缝张开的情况，当考虑防水层基面开裂时，实验室测得的标准单向拉伸力学性能并不能完全反映防水层的实际抗开裂能力。虽然工程中采用了"零延伸"的观点，基本上从宏观的角度对这个问题进行了初步的解释。但也有部分试验和理论研究工作表明，防水层的抗裂拉伸性能主要由防水层的厚度、与基面的黏结强度及材料本身的拉伸性能所共同决定。

在西南交通大学所开展的模拟 CSL 简支梁压弯力学性能的试验中（图 3-27），观察到了如下情况：在对中间含有双面黏结型防水层的复合梁加载过程中，梁在两侧支座部位开始逐步出现由下往上发展的剪压裂缝，一直延伸到梁的顶部加载点。在这个过程中，裂缝会贯穿防水层所在的部位，但是夹在梁中间的柔性防水层并没有完全按预期出现所述的"零延伸"断裂状态。在一些裂缝贯穿的部位，防水层仍然保持了较好的完整性，然而也有一些部位的防水层在混凝土裂缝宽度继续扩展后，最终出现了断裂（图 3-28）。

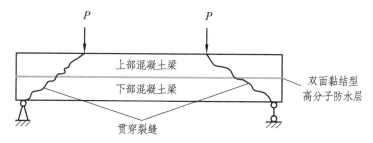

图 3-27　含有防水层的复合梁压弯试验示意图

从这个现象来看，防水层与混凝土接触界面处的应力状态变化是一个非常复杂的过程，并不能完全用"零延伸"状态来简单解释。中间的柔性防水层，由于其能吸收一定裂缝发展过程中的冲击能量（发生屈服及塑性变形），所以并不会在裂缝到达防水层的第一时间就马上出现开裂，而一直要到防水层局部实际应力超过其塑性极限才会发生断裂。在实际工程中，也经常能在桥面防水层等部位观察到类似现象，即在层状结构体系中，中间的柔性层能对基层裂缝的发展起到一定的缓冲作用。这个问题，需要用塑性力学和断裂力学的原理和方法来进一步分析和探讨。

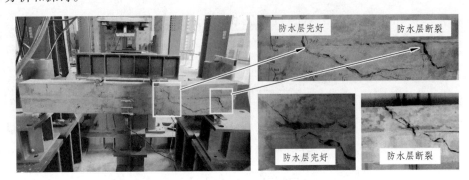

图 3-28　含有防水层的 CSL 梁构件压弯试验现象

3.3.2　防水层复杂受力工况

在上述 4 种工况中，只考虑了防水层单侧与结构混凝土黏结、结构稳定（不变形）或简单变形时的情况，用基本的力学原理和解析方法就能对防水层的应力状态和力学行为进行分析。但是在实际工程中，防水层的受力状况可能远比上述工况复杂得多，且在很多时候还必须要结合结构的变形和受力来统一分析。结合本书的研究重点，此处对防水层隧道衬砌结构的一些受力工况进行讨论。

在本书的 1.2 节中，已经对隧道衬砌结构的类型和力学特性进行了初步的讨论。目前，针对喷膜防水层是否应与隧道初支、二衬紧密黏结以发挥支护结构整体协同受力的讨论和工程案例越来越多，在此处先做一些初步的分析。与前面 4 种工况相同，仍然基于隧道结构在纵向上无变形的假定，可将此情况简化为平面问题后进行分析。

选取隧道 CSL 结构局部，并简化为如图 3-29 所示的双层梁，其中由上层梁（隧道初支）承受围岩压力。假设上下两层梁能完全协同受力和变形，此时可以将该双层梁视为一根完整的梁。再进一步对该双层梁模型的边界条件进行简化：把围岩压力简化一个集中荷载后，可将梁简化为一个具有集中荷载作用的简支梁模型（图 3-30）。之所以做这样的简化，是因为可以将其转化为一个材料力学经典的三点压弯问题，以便从材料力学的基本原理和已有解析结果上进行简明的讨论。该模型肯定与实际工程中的 CSL 结构有差异，相关的探讨将在本书后续章节中展开。

对图 3-30 所示的矩形横截面梁受集中力作用的三点压弯问题，材料力学已经给出了相应的理论解析结果。图中梁下方分别为梁高度方向上 A、B、C、D、E 点处不同截面的应力，即五个点的横截面的正应力和切应力、主应力、最大切应力。A、B、C、D、E 五个点实际上可以表示防水层的不同设置部位，这五个点不同的应力状态即能基本反映防水层设置在不同高度处的应力状态。从图 3-30（a）所示的正应力和切应力结果来看，设置在梁中的防水层可能会出现"单向拉伸""单向压缩""剪切""压+剪"和"拉+剪"等不同的应力状态。再考虑到实际工程中喷射混凝土基面往往粗糙、凹凸不平的影响，防水层与衬砌结构的协同受力过程中，还将受到界面复杂应力变化的影响。

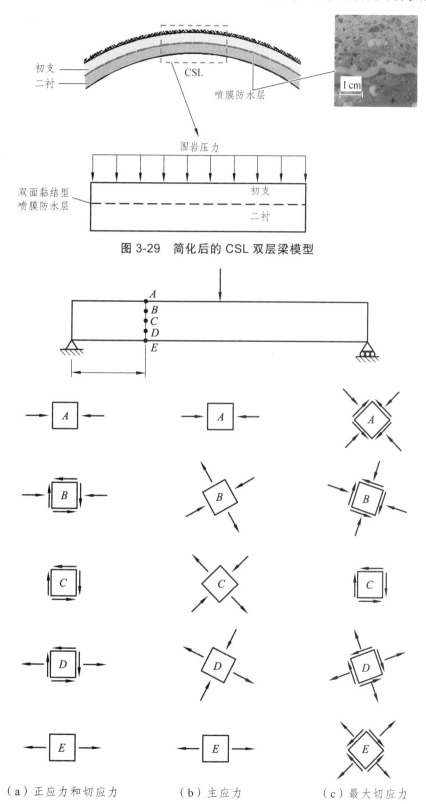

图 3-29　简化后的 CSL 双层梁模型

（a）正应力和切应力　　　　（b）主应力　　　　（c）最大切应力

图 3-30　受集中力作用的单层简支梁模型及应力分布

通过以上的初步分析可知，由于工程类型、结构形式以及设置部位的不同，防水层在结构中可能会处于拉、压、剪作用及其不同组合下的受力状况，通常会出现复杂的三向应力状态。因此，仅靠单轴拉伸试验的结果并不能全面反映防水材料在实际工程中的工作状态和性能表现。目前，针对施工阶段和服役期间防水层的应力状态和力学行为开展的研究工作还较少。

3.4 地下结构防水层力学行为

在分析了防水层的受力工况以后，可以尝试用力学的原理和方法对地下结构中防水层在工作环境中的力学行为进行一定的分析。在解析过程中，应满足材料力学、弹性力学、塑性力学等基本假设和基本方程，以保证推导过程的严密性。此处从 3.3 节中选取了几种常见工况进行了初步的探讨，希望能起到抛砖引玉的作用。

3.4.1 防水层仅受压力荷载工况

从 3.3.1 节所讨论的防水层各种常见工况来看，"单向压缩"是防水层在工程中最基本的一种受力状况。此处所说的"单向压缩"，是指在一定边界条件约束下（由结构及围岩界面围成的有限空间内）的单向压缩，并不是完全无约束的单向压缩。在讨论防水层的其他受力工况时，也同样需要明确适用的边界条件。

1. 几何条件简化和力学模型建立

选取图 3-22 中所示的顶板部位防水层，用如图 3-31 所示的模型表示，并做出如下的简化和约定，以构建如图 3-32 所示的计算简图。

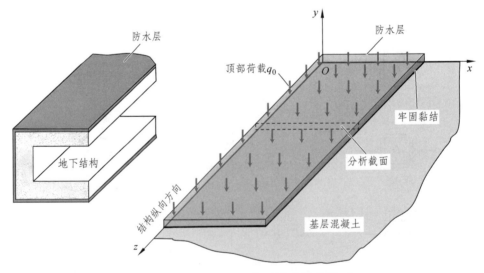

图 3-31　地下结构顶板防水层简化模型

（1）防水层铺设在基面混凝土上方，假设底面与基面牢固黏结且在受力过程中也不发生脱离。因此，可将防水层的底部视为固定约束边界条件，不发生位移。

（2）防水层顶部作用有来自顶板上部的土体和地下水荷载 q_0，设荷载在防水层顶部均匀分布。

（3）防水层视为各向同性材料，并在压缩过程中不发生体积变化（泊松比 $\nu=0.5$），同时可以略去防水层的自重（体力）不计。

（4）在确定本问题为平面应变问题的前提下（z 方向上无变形），可以在防水层内沿结构纵向（z 方向）任意取一个截面进行分析。

（5）防水层内不产生 x-z 平面内的变形（只有 y 方向上的变形），因此可用滑动支座约束所选取的防水层侧面边界。

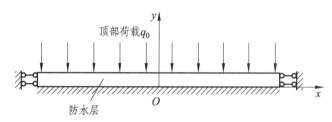

图 3-32　顶板防水层单向压缩工况计算简图

2. 求解应力和应变分量

从问题的特点分析可知 $\varepsilon_x=\varepsilon_z=0$，$\tau_{xy}=\tau_{yz}=\tau_{xz}=0$。由在 y 方向上力的平衡条件可以得到 $\sigma_y=q_0$。将以上已知参数代入广义胡克定律，很容易就可以得出 $\sigma_x=\sigma_y=\sigma_z=-q_0$，$\varepsilon_y=0$。由结果可知，防水层内各点均处于静水压应力状态，此时应力圆将退化为 σ 坐标轴上的一个点，且有 $\sigma_1=\sigma_2=\sigma_3=-q_0$。

3. 屈服条件判断

假设防水层材料的拉压强度相同（$\sigma_t=\sigma_c$），并选用 $\alpha=1$、$b=0$（此时 $\tau_s=0.5\sigma_s$）时的统一强度理论对其屈服问题进行分析。

将 $\sigma_1=\sigma_2=\sigma_3=-q_0$ 和 $\alpha=1$、$b=0$ 代入统一屈服准则的第一式或第二式（均满足判断条件），可得

$$f = \sigma_1 - \sigma_3 = \sigma_s = 0 \tag{3-50}$$

此时，对应的是最大剪应力理论（第三强度理论），由该结果可知：对不可压缩（体积不变）的材料，在受限空间内受压时将不会出现屈服。从工程的角度，主要关注防水层的完整性和对防水功能损失的影响。因此，没有对其极限荷载进行分析。

4. 工程应用讨论

根据屈服判断的条件，假设防水层与基面接触紧密且四周空间边界稳定，则防水层在受限空间内承受单向均匀压缩荷载时将不会发生屈服。当然，这个结果是在做了诸多假设和简

化以后的理想化结果。在实际工程中，防水材料拉压强度是否真正相等、材料生产或防水层施工过程中的质量缺陷、基面平整性及防水层与基面的黏结牢固程度、荷载分布的均匀性等方面的因素，均有可能会使上述结果出现偏差。不过，这个结果也给予我们一定的提示：在工程实际中，应注意防水层与结构基面和回填土的密贴性，尽可能地给防水层提供一个较好的工作环境，以保持防水层良好的工作性能。

如果将计算简图中的滑动支座撤掉（在 x 方向允许自由变形），并在防水层与基面之间铺设一层隔离层（撤掉底部约束），在 z 方向上仍然是平面应变，计算简图则变为图3-33，主应力计算结果为 $\sigma_1=0$，$\sigma_2=-0.5q_0$，$\sigma_3=-q_0$。再用同样的统一强度理论公式进行屈服条件判断，可以得到 $q_0=\sigma_s$，说明如果不对防水层的变形条件进行约束，则当压缩应力达到材料的屈服极限时，防水层即会屈服。即使保留计算简图中防水层底部的固定约束边界条件，在满足小变形假设的前提下，其结果也一样。

制作含有柔性高分子防水层的混凝土立方体试块，进行抗压试验（图3-34）。在试验中观察到防水层发生了明显的塑性变形，被从夹缝中间大量挤出。试验后敲开试块发现，中间的防水层也已经被挤进混凝土试块开裂的缝隙中。这个情况与讨论结果一致，即如果防水层有发生变形的空间，则在受到挤压作用时就会出现塑性变形，导致防水层破坏。

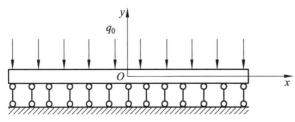

图3-33　顶板防水层单向压缩工况计算简图（修改边界条件后）　　图3-34　复合试块抗压试验

3.4.2　防水层基层结构缝张开工况

选取如图3-23所示的结构变形缝范围的防水层进行受力求解和分析。与上一个工况相比，最大的区别是此时由于两侧基层结构的张开，导致防水层受到水平的拉力作用，同时防水层顶部还有荷载作用，因此其受力状况是"拉+压"的组合变形。

1. 几何条件简化和力学模型建立

可采用与上一个工况类似的简化和约定来构建本工况的力学模型，并满足材料力学、弹性力学的基本假设，仍然是一个平面应变问题。但是区别在于，变形缝部位的防水层底部不设置位移约束条件，而是作用一个由填充材料给的向上的反力，与顶部荷载 q_0 平衡。此外，防水层的两端还有由于结构张开而引起的层内拉应力 p，并在层内均匀分布。由此可以构建如图3-35所示的计算简图。

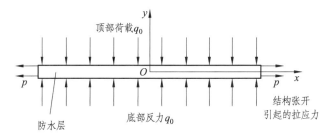

图 3-35　结构变形缝张拉工况计算简图

2. 求解应力和应变分量

按叠加原理，可将图 3-35 的计算简图视为图 3-36 所示的两部分荷载作用组合，分开求解后将结果进行相加。

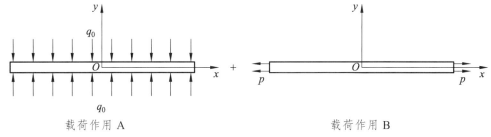

图 3-36　结构变形缝张开工况荷载作用叠加

对荷载组合 A，可根据上一个工况的计算结果得到 $\sigma_x=0$，$\sigma_y=-q_0$，$\sigma_z=-0.5q_0$（注意此结果尚未转化为主应力，以便与荷载组合 B 的结果相加）。对荷载组合 B，根据弹性力学的原理同样易得 $\sigma_x=p$，$\sigma_y=0$，$\sigma_z=0.5p$。

将两部分的求解结果进行相加，并按大小进行排列，就可得到此工况下的主应力为 $\sigma_1=p$，$\sigma_2=0.5(p-q_0)$，$\sigma_3=-q_0$。可以画出应力圆（图 3-37），并求得主切应力为

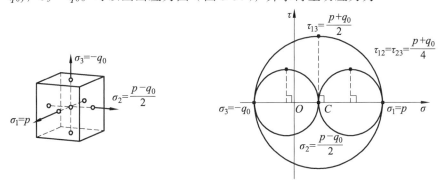

图 3-37　工况 2 载荷作用 A+B 作用时的应力圆

$$\begin{cases} \tau_{12}=\dfrac{1}{2}(\sigma_1-\sigma_2)=\dfrac{p+q_0}{4} \\[2mm] \tau_{23}=\dfrac{1}{2}(\sigma_2-\sigma_3)=\dfrac{p+q_0}{4} \\[2mm] \tau_{13}=\dfrac{1}{2}(\sigma_1-\sigma_3)=\dfrac{p+q_0}{2} \end{cases}$$

3. 屈服条件判断

选用与上一个工况分析中同样的统一强度理论（即最大剪应力理论），且 $\alpha=1$、$b=0$，对其屈服问题进行分析。此时可以得到

$$f = \sigma_1 - \sigma_3 = p + q_0 = \sigma_s \tag{3-51}$$

随后可以得出该工况的最大剪应力理论屈服判断条件为 $p + q_0 > \sigma_s$。

同时，由式（3-51）可以得到变形缝处防水层在弹性阶段所能承受的最大 p 为

$$p = \sigma_s - q_0 \tag{3-52}$$

从以上结果可以看出，变形缝部位防水层的屈服由竖向外部荷载和结构张开引起的拉应力共同控制。其中，外部荷载 q_0 往往相对明确，是可以在设计阶段通过计算或工程经验确定下来的，因此可知该工况的决定性因素就是结构张开引起的拉应力 p。

对于工程来说，一般情况下，都希望材料能在弹性阶段保持良好的工作性能，因此通常都将发生屈服视为材料的失效条件。因此，目前的解析结果已经可以满足工程应用的基本需求。

4. 工程应用讨论

通过对本工况的应力状态求解分析，可以对防水层在工程结构的变形缝部位的设置提供一些指导。

（1）对竖向荷载 q_0 的讨论。由式（3-52）可知，q_0 也在一定程度上会对变形缝防水层的屈服造成影响。一旦作用在变形缝部位防水层上的竖向荷载过大，超过了材料的屈服极限（此处假设拉伸和压缩条件下的屈服极限相等），则防水层就会提前进入屈服，丧失工作能力，根本没有能力继续抵抗结构张开引起的拉应力。如果预计到防水层将在竖向荷载较大的情况下工作，应选用拉伸强度大于竖向荷载 q_0 的材料，以避免出现过早的屈服和失效问题。

（2）对拉伸应力 p 的讨论。这个拉应力是由于两侧结构张开所引起的，其原因多种多样，可能包括温度变化、基础不均匀沉降等。这个由结构变形引起的荷载往往是非常大的，如果仅靠防水层的约束去控制结构的张开是不现实的，只有让防水层预留适应结构一定变形的空间，才能减少或消除防水层中的拉应力，避免出现拉伸破坏。在工程实际中，往往在变形缝部位设置防水加强层和放置泡沫棒，或者在两侧的满粘防水层底部设置一定范围的空铺层，其目的就是希望当结构出现大的张开时，防水层能更加从容地适应结构的变形，减小防水层中的拉应力。

3.4.3　防水层局部起泡工况

对照图 3-24 所示的工况，选取起泡区范围的防水层进行受力求解和分析。

1. 几何条件简化

对防水层起泡部位的形状及尺寸进行如下简化和约定，以便可以从理论上进行求解。

（1）假设基面与防水层之间存在一个半径为 r 的圆形起泡区（此处防水层与基面黏结失效，见图 3-38），且起泡区具有周边固定约束的边界条件，即防水层受到底部水汽压力作用发生鼓胀变形过程中，起泡区范围外的防水层继续保持与基面的紧密黏结。

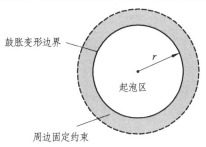

图 3-38　防水层起泡区及位移边界

（2）假设起泡区防水层在水汽压力的作用下发生均匀的鼓胀外凸，其外形为球冠状（可参见图 3-39）。

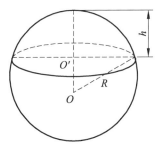

图 3-39　球冠示意图

2. 建立力学模型

已知在起泡区防水层的顶部作用有来自土压及水压等外部荷载 q_0，下部作用有造成防水层外凸变形的鼓胀压力 p。可将其变形过程简化如下（参见图 3-40）：

（1）在起始阶段，$p \approx 0$，顶部荷载 q_0 将由防水层传递给下方的混凝土基层，以实现力的平衡。

（2）鼓胀压力 p 逐渐增大，当 p 大于顶部荷载 q_0 时（此时 $p=q_0+\Delta p$），起泡区防水层发生鼓胀凸起变形。

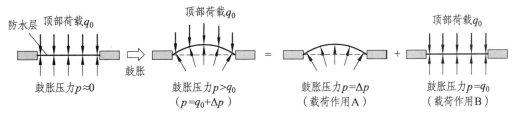

图 3-40　防水层局部起泡区荷载作用叠加

在满足小变形和线弹性的条件下，可以用叠加原理将起泡区防水层的受力拆分为如图 3-40 所示的载荷作用 A、B 两部分的力学模型。

3. 求解载荷作用 A 的应力

用一个水平截面截取防水层凸起的球冠，假设防水层内应力均匀分布，则厚度为 t 的防水层截面上作用有向下的应力 σ_A（图 3-41），其合力为 $\sigma_A \cdot 2\pi r t$。

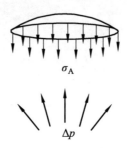

图 3-41　球冠受力分析

球冠内表面作用有 Δp，其合力等于 Δp 乘以球冠的投影面积，为 $\Delta p \cdot \pi r^2$。由力的平衡条件可得 $\sigma_A = \dfrac{r\Delta p}{2t}$。

由于结构和荷载的对称性，可知防水层各点都受到二向均匀拉应力的作用。因此，$\sigma_1 = \sigma_2 = \sigma_A = \dfrac{r\Delta p}{2t}$，$\sigma_3 = 0$。用应力圆法（图 3-42）可以求出三个主切应力为

$$
\begin{cases}
\tau_{12} = \dfrac{1}{2}(\sigma_1 - \sigma_2) = 0 \\[2mm]
\tau_{23} = \dfrac{1}{2}(\sigma_2 - \sigma_3) = \dfrac{r\Delta p}{4t} \\[2mm]
\tau_{13} = \dfrac{1}{2}(\sigma_1 - \sigma_3) = \dfrac{r\Delta p}{4t}
\end{cases}
$$

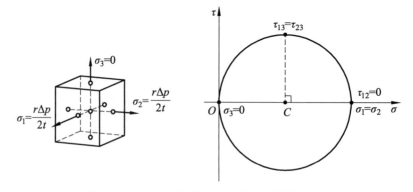

图 3-42　工况 3 载荷作用 A 作用时的应力圆

4. 求解载荷作用 B 的应力

基于起泡区防水层周边固定约束的边界条件和压缩过程中体积不变（泊松比 $\nu = 0.5$）的假

设，可知此时处于静水压应力状态，因此防水层内各点的 $\sigma_1=\sigma_2=\sigma_3=-q_0$。由于结构、荷载的对称性，则无剪应力（即 $\tau_{12}=\tau_{13}=\tau_{23}=0$），此时应力圆退化为 σ 坐标轴上的一个点（图 3-43）。

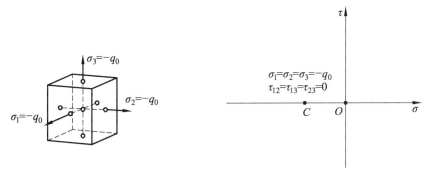

图 3-43 工况 3 载荷作用 B 作用时的应力圆

5. 求解载荷作用 A+B 的应力

由叠加原理可以求出载荷作用 A 与载荷作用 B 同时作用下，防水层内单元体的主应力为 $\sigma_1=\sigma_2=\dfrac{r\Delta p}{2t}-q_0$，$\sigma_3=-q_0$。可以画出应力圆（图 3-44），并求得主切应力为

$$\begin{cases} \tau_{12}=\dfrac{1}{2}\left(\sigma_1-\sigma_2\right)=0 \\[2mm] \tau_{23}=\dfrac{1}{2}\left(\sigma_2-\sigma_3\right)=\dfrac{r\Delta p}{4t} \\[2mm] \tau_{13}=\dfrac{1}{2}\left(\sigma_1-\sigma_3\right)=\dfrac{r\Delta p}{4t} \end{cases}$$

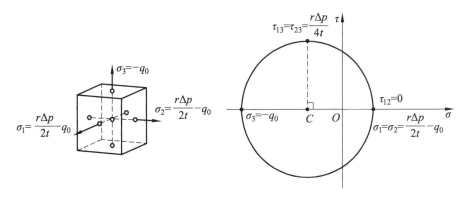

图 3-44 工况 3 载荷作用 A+B 作用时的应力圆

6. 屈服条件判断

假设防水层的拉压强度相同，可选用 $\alpha=1$ 时的统一强度理论对其屈服问题进行分析。此处用 $b=0$（此时 $\tau_s=0.5\sigma_s$）时对应的最大剪应力理论（第三强度理论）进行分析。

选用与前两个工况分析中同样的统一强度理论（即最大剪应力理论），且 $\alpha=1$、$b=0$，对其屈服问题进行分析。假设防水层鼓胀阶段中的 $\Delta p<q_0$，用统一屈服准则的第一式，可得

$$f = \sigma_1 - \sigma_3 = \frac{r\Delta p}{2t} = \sigma_s \qquad\qquad (3\text{-}53)$$

式（3-53）是最大剪应力理论的屈服判断条件：当 $\frac{r\Delta p}{2t} \geqslant \sigma_s$ 时，材料开始屈服。

同时，由式（3-53）也可以得到起泡区防水层在弹性阶段所能承受的最大 Δp 为

$$\Delta p = \frac{2t\sigma_s}{r} \qquad\qquad (3\text{-}54)$$

但是，应注意到许多高分子防水材料（尤其是涂料类）具有较好韧性的实际情况，材料达到屈服点时并不一定就意味着完全失效，可能还有一定的应变硬化阶段（如线性强化材料）和安全储备空间。因此，应根据工况的受力状况和应力状态、材料塑性阶段的本构模型（应力-应变曲线）和塑性极限荷载、塑性变形对其功能损失的影响程度等进行综合评价。但这样的工作毫无疑问是难度很大且非常耗时耗力的，还需要研究人员不断投入和积累，以建立便捷和经济的评价方法。

7. 工程应用讨论

从式（3-53）可以看出：提高材料的屈服极限 σ_s 和增大防水层的厚度 t，对防水层抵抗局部起泡时的力学性能有利，可以减缓或避免防水层发生屈服；而基层水汽压（$q_0 + \Delta p$）过高以及起泡区（防水层与基面黏结不良的缺陷部位）范围过大时，则会使得防水层过早进入屈服状态，对其长期工作性能不利。

由式（3-54）可知，如果希望提高防水层所能承受的基层水汽鼓胀压力 Δp，则应增加防水层的厚度 t、提高防水材料的屈服极限 σ_s。

将式（3-54）变换为

$$t = \frac{r\Delta p}{2\sigma_s} \qquad\qquad (3\text{-}55)$$

由此可知，在设计防水层的设置厚度 t 时，如果考虑到基层条件或防水层质量较差（基层起泡压力越大、起泡区范围越广），则应增加防水层的厚度；如果防水材料的屈服极限 σ_s 越大，则可以在合理范围内适当降低防水层的厚度。应注意这个结果是在弹性状态下得到的，与第 2 章中的双轴拉伸试验结果的规律有一定差异（此处未考虑边界约束条件、试件尺寸效应及防水层内塑性区变化的影响）。

通过上述推导和讨论可知，采用力学基本原理和简便方法对高分子防水层的受力进行分析，一方面可以有效求解常见工况下高分子防水层的复杂应力状态，同时，利用理论解析结果也可以对高分子防水材料的应用提供参考和指导。但需要注意到，以上的推导均是在满足材料力学和弹塑性力学基本假设的前提下开展的，并且对模型做了一定的简化，因此所得到的结果跟工程实际情况可能会存在一定差异。

3.4.4　防水层基层结构开裂工况

在受到外部荷载作用、温度变化等因素的影响时，结构可能会出现不可预期的开裂。当防水层与基面紧密黏结时，在基层结构开裂的部位，局部防水层中也会出现很大的应力集中，可能会造成防水层的断裂。由于基面开裂造成防水层损伤的问题较为复杂，在本示例中暂用基本的力学原理进行初步讨论。

1. 简化力学模型建立

如图 3-26 所示的工况，同样可以选取一个截面进行模型的建立，并可采用与第一个工况相同的简化几何条件，之后再将基层结构开裂的过程简化如下（图 3-45）：

（1）裂缝开裂瞬间，设其缝宽 D 为一个很小的值（$D_0 \approx 0$）。

（2）在裂缝扩展（D 逐渐变大，但 D 远小于防水层厚度 t）的过程中，裂缝两侧的防水层与基层混凝土保持牢固黏结，不出现剥离。

（3）假设由基层结构开裂和扩展所引起的拉应力 p 在防水层内均匀分布，防水层顶部荷载 q_0 在裂缝扩展过程中保持不变（但可以认为引起基层开裂的拉应力 p 远远大于 q_0）。

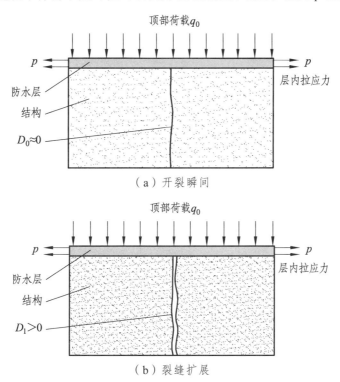

图 3-45　基层结构开裂过程

在基层结构开裂及裂缝扩展时，重点关注裂缝中央部位防水层的应力状态，因此可以在此部位取一个细部考察，并对防水层在拉伸过程中的形态变化做出如下假设：

（1）由于前面所做的裂缝扩展过程中缝宽 D 远小于防水层厚度 t 的假定，可假设防水层横截面在拉伸过程中只有底部发生向上的凸起变形（收缩），而顶部一直保持平直，即此时其影响只出现在与基面牢固黏结的防水层底部。

（2）根据断裂力学的相关研究结果，可合理假设防水层底部自由面收缩后的外形为椭圆弧形（其长轴 a 沿基层裂缝方向，短轴 b 沿垂直裂缝方向）。

在拉应力 p 远远大于 q_0 时，可忽略开裂及裂缝扩展过程中顶部荷载对防水层内应力的影响。此外，暂时先忽略防水层与基层混凝土之间的物理力学性质差异和黏结界面的影响，采用断裂力学中的受轴向拉伸单边裂纹试样力学模型（图 3-46），进一步将该问题进行简化。由该模型可知，这个裂纹类型属于 I 型。

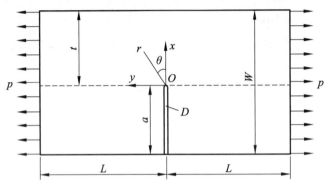

图 3-46　防水层基层结构开裂工况力学模型

2. 求解应力分量

采用线弹性断裂力学中的 I 型裂纹尖端处的应力分量计算公式（读者可自行查阅断裂力学相关参考书），并将 $\theta=0$（裂纹延伸方向）代入其中，可以得出

$$\begin{cases} \sigma_x = \sigma_y = \dfrac{YK_1}{\sqrt{2\pi r}} = \dfrac{Y\sigma\sqrt{\pi a}}{\sqrt{2\pi r}} = Yp\sqrt{a/2r} \\ \tau_{xy} = 0 \end{cases} \tag{3-56}$$

式中，Y 为断裂力学应力强度因子 K 一般表达式中提及的形状系数，此处不展开具体的推导，视为一个常数。

当 r 趋于无穷小的时候，将逼近裂纹尖端点，此时通过断裂力学 K 准则计算得到的 σ_x、σ_y 将趋于一个很大值。注意此时出现了应力的奇异性，在现实中是不可能的。但是，这个计算结果也说明了，无论如何，在裂纹尖端都将出现很大的应力集中，驱动裂纹进一步发展。

3. 屈服及断裂分析

由式（3-56）可知，在裂纹尖端附近会出现高应力区。因此，在尖端周围一个小范围内，材料必然会发生屈服。对于韧性较好的材料，随载荷增加，当裂纹推动力 K 达到 K_c 时，裂纹将出现一段稳定扩展阶段，然后再快速扩展，即对高分子防水材料来说，在裂纹尖端附近首先是快速进入屈服状态，其塑性区边界外则被广大弹性区所包围。

此时引入合适的屈服准则对结果进行修正，就可以确定塑性区的形状。在本工况中，采用特雷斯卡屈服准则和米泽斯准则，当 $\theta=0$ 时都可以得到裂纹尖端在其延伸方向上的塑性区边界点为

$$\begin{cases} r_p(0) = \dfrac{YK_{\text{I}}^2}{2\pi\sigma_s^2} & \text{（平面应力）} \\[3mm] r_p(0) = \dfrac{YK_{\text{I}}^2}{2\pi\sigma_s^2}(1-2\nu)^2 & \text{（平面应变）} \end{cases} \tag{3-57}$$

平面应变条件下（如板的无约束边缘处），塑性区的范围还将受到泊松比的影响，通常比平面应力条件下（厚板的中部）的塑性区范围要小（图 3-47）。

但要注意到，对高韧性材料，实际上不可能满足小范围屈服条件，其屈服范围应比采用式（3-57）计算得到的更大。由于大范围的屈服会使得裂纹在起裂前产生钝化，在一定程度上也会延缓裂纹的扩展，这可能是本章前述的 CSL 梁压弯试验中，防水层并不会在基层结构开裂瞬间也同步发生伴随开裂的原因。同时，CSL 梁压弯试验中也观察到，厚度较大的防水层在试验过程中抗开裂的能力似乎更强，说明防水层的厚度也是影响其抗基层开裂能力的一个因素。防水层越厚则止裂能力越强，这个可以从能量转换的角度进行初步的解释：厚度越大、韧性越好的防水层吸收基层裂纹扩展的动能就越多，可以将部分动能转化为了防水层的应变能，起到了延缓防水层内部裂纹扩展的作用。

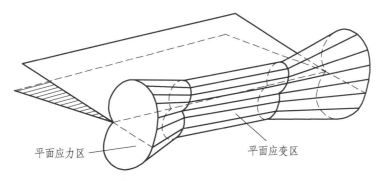

平面应力区　　　　　　　平面应变区

图 3-47　三维塑性区示意

对于高韧性材料，即使用线弹性断裂力学进行计算，包括用屈服准则进行修正以后，也会对其裂纹尖端区域的应力场分析带来显著的误差。此时，应采用弹塑性断裂力学，采用 J 积分断裂准则、能量释放率准则等进行计算和判断。由于该问题的复杂性，且目前许多断裂准则的参数还需要通过试验来确定，此处暂不深入探讨。

4. 工程应用讨论

在本工况中，仅仅是基于断裂力学的原理，对基层结构开裂时防水层的塑性及断裂力学行为进行了定性的分析和讨论。其中，对几何模型、力学模型也做了一定的简化和假设，因此尚不能完全对工程中的实际现象进行充分和全面的合理解释。此处仅对防水层与基层之间的界面条件变化做了一些初步的延伸讨论。

如果将图 3-46 所示模型中的防水层与基层混凝土之间的接触界面状态改为无黏结条件，并视防水层在拉伸变形过程中可以自由伸展而不受到基层的约束，此时就可以改为如图 3-48 所示的新模型。在这个新模型中，实际上可以将防水层单独拿出来做计算分析，而无需考虑基层结构开裂造成的影响，此时就变成了防水层仅受压力荷载（工况 1）的情况。从工况 1 的分析结果可知，防水层的屈服仅与顶部荷载 q_0 有关，而无需考虑基层混凝土结构开裂所带来的一系列复杂的局部应力集中和裂纹在防水层内快速扩展等问题。由这个分析结果可以思考：是否在结构容易出现开裂的部位，采取一定的措施消除防水层与结构之间的黏结（如铺设无纺布作为隔离层），对保持防水层本身的完整性和安全性更为有益？

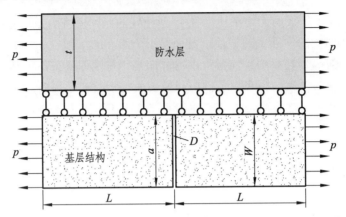

图 3-48　防水层基层结构开裂工况力学模型（修改防水层-结构界面条件后）

　　继续延伸这个话题做一些讨论。目前，业界越来越强调防水层与基层结构之间的密贴和黏结，以达到"皮肤式"防水的效果（图 3-49）。这样做是有很多显而易见的好处的，比如可以增强防水层的防窜水能力，避免后期出现大范围的漏水点，造成运营期间堵漏治理的难度上升和成本增加。但是，基于本工况的分析结果可知，防水层如果与基层之间黏结牢固，那么将来跟随基层结构开裂而破坏失效的风险就越高。

图 3-49　"皮肤式"防水效果

　　不过，基于 CSL 梁压弯试验中观察到的现象，即使防水层与结构基面紧密黏结，也不一定就会在结构开裂瞬间就形成"零延伸"状态而马上开裂。结合本工况中断裂力学的一些理论分析，也说明柔性防水材料的一些性质，比如较高的材料韧性，以及采取一定的工程技术措施，比如降低界面黏结程度、增加防水层厚度，都能在一定程度上起到改善其抗基层开裂能力的作用。目前在地下工程中，尚未对防水材料提出这个指标的明确要求，对相关影响因素及规律的认识还不够全面。因此，还需要通过不断深入研究和工程应用积累，加深对这个问题背后机理的理解，以便在良好的防水效果和保证防水层完好性的两个目标之间，达到良好的平衡。

防水层-结构界面力学特性及表征

第4章

在 CSL 结构中存在着不可忽视的防水层-结构的结合界面，其力学特性对于 CSL 结构的整体力学特性，往往有着直接的影响。由于界面问题的复杂性和特殊性，虽然目前在界面力学方面已有了一些研究进展，但是完全沿用界面力学方法分析复杂界面问题，对工程应用来说过于复杂，存在很多困难。而传统的材料力学、弹塑性力学，在分析一些复杂界面问题的时候，又显得有一些力不从心。因此，目前很大程度上还需要依靠试验的手段，对界面问题进行宏观层面的研究和相关参数的测定，并结合有限元的方法进行仿真模拟，以满足工程问题的分析需求。

4.1 界面问题的研究方法

从界面力学的角度，把两种不同或相同的材料，利用某种结合方法连接在一起使用的结构或组合材料，称为结合材料，而其结合部统称为界面。界面的形成包含物理黏结或化学反应，因而其力学行为和机理也较为复杂。

4.1.1 界面问题的基本特征

研究界面问题，首先要了解不同材料之间的结合方式及界面形成的机理等基本特征，以便建立简化的力学模型开展界面问题的研究。

1. 界面的形成机理

根据聚合物喷膜防水层的形成方式和化学特性，其与混凝土结构基面的结合机理，可采用胶黏剂（聚合物基体）黏结机理，又称为胶接机理，来进行解释。目前，人们对黏结机理已经有了较为深入的研究，被大家所公认的黏结机理有以下七种（部分理论示意图见图 4-1），用于解释黏结现象的本质：

（1）机械结合理论。黏结面并非完全光滑，混凝土表面存在凹凸不平的空隙和沟痕，黏结剂在固化的过程中，浸润到这些空隙和沟痕中，从而产生了啮合力。这种机械结合的本质为嵌缝材料与管片之间的摩擦力。

（2）吸附理论。吸附理论本质为分子间的作用力，也就是范德华力和氢键的黏结。其认为黏结是类似吸附现象的表面过程，在此过程中，黏结剂的大分子通过链段的运动逐渐向表面迁移，黏结剂的极性基团与黏结物表面的极性基团相互靠近，当基团之间的距离小于 0.05 nm 时，它们相互吸引产生分子间作用力。

（3）相互扩散理论。当黏结剂能够溶解和溶胀黏结物时，黏结剂分子和被黏结物分子在分子热运动下相互扩散，使一种物质的分子扩散到另外一种物质的表层里，而另外一种物质的分子也扩散到这一物质中。若黏结过程发生相互扩散现象，黏结界面消失，两种材料相互"交织"，牢固地结合起来。

（4）化学结合理论。此理论认为黏结剂与黏结物表面发生化学反应，在黏结界面产生了键能很大的化学键，使两种材料结合起来。

（5）静电吸附理论。在两种不同物质的接触过程中，产生了正负双电层，由于静电的相互吸附产生黏附力。干燥环境中金属表面快速脱离胶层过程中，放电、放声的现象证实了静电作用的存在。

（6）极性理论。这种理论认为黏结剂的黏合作用与两种物质的极性相关，极性材料与极性材料黏合，非极性材料与非极性材料黏合。

（7）弱界面层理论。该理论认为当被黏物、被黏合材料及环境中的低分子物或杂质，通过渗析、吸附或聚集过程，在部分或全部界面内产生这些低分子物富集区，就是弱界面层。当受外力作用时，破坏过程必然发生在弱界面层。

以上各种理论都有一定的适用性，但又不能完全解释各种黏结现象。因此，为了深入揭示黏结现象的本质，需要结合研究对象的特性，运用各种黏结理论进行综合分析，采用适用的机理去解释材料之间的黏结行为及界面形成过程。

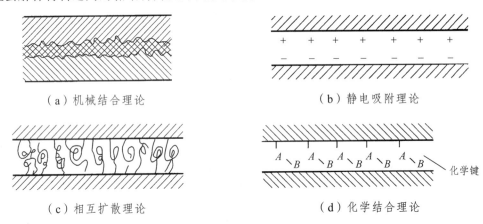

（a）机械结合理论　　　　　　　　　（b）静电吸附理论

（c）相互扩散理论　　　　　　　　　（d）化学结合理论

图 4-1　几种胶接理论示意图

通过黏结形成的材料物性间断面或不连续面，即为力学意义上的界面。实际上在结合部（界面层）是存在界面相（材料组织不同于母材的中间材料）的。由于胶黏机理的不同，有时也很难完全把界面层简化为一个没有厚度的面进行对待。

2. 防水层-结构结合界面特征

对于 CSL 结构而言，由于中间防水层具有一定的厚度且材料行为相对稳定，可将其称为中间层或夹层。由于中间层的力学特性有别于界面层，导致在对其界面问题进行力学处理时，必须要考虑中间层的影响。

　　将实际的结合部简化为力学意义上的界面的过程，称为界面的力学模型建模。在界面力学中，对界面层和界面相（界面层内的中间材料或黏结剂）的力学处理，往往有如图 4-2 所示的几种方式。当界面层较薄时，简化为一个界面 [图 4-2（a）、（b）]；当界面层较厚时，在其中心位置附近会形成一个物性相对稳定的中间层，此时应当做两个界面处理 [图 4-2（c）]。在隧道工程中，由于防水层本身还起到重要的防水作用，是一个不可忽视的构造层次，因此这个"中间层"是否可以进行简化还是一个有待探讨的问题。

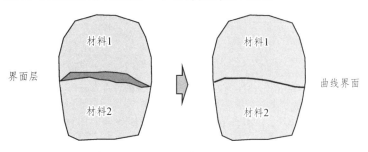

（a）明显呈曲面形状的界面建模

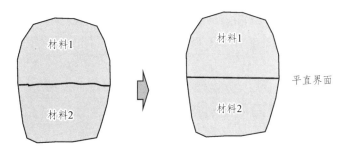

（b）界面层极薄且基本为平面的界面建模

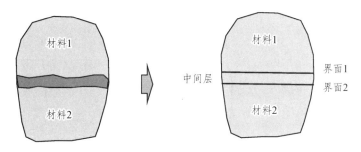

（c）界面层较厚且具有稳定中间层的界面建模

图 4-2　界面的力学模型

3. 黏结的破坏形式

　　常见的黏结接头部位的破坏形式，如图 4-3 所示。在图 4-3（a）中，胶黏剂与被黏物之间形成了界面脱离，称为界面破坏或黏附破坏。图 4-3（b）所示的为内聚破坏，在这种破坏中包括被黏材料发生内聚破坏（当黏结强度及胶黏剂的强度大于被黏材料的本体强度时），也包括胶黏剂层自身发生内聚破坏（当被黏材料的本体强度及黏结强度大于胶黏剂的本体强度时）。除界面破坏和内聚破坏之外，还有第三种情况，即为混合破坏，也就是既有界面破坏也有内聚破坏 [图 4-3（c）]。

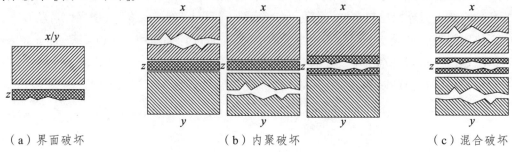

（a）界面破坏　　　　　　（b）内聚破坏　　　　　　（c）混合破坏

图 4-3　黏结的破坏形式

（注：x 和 y 代表被黏物，z 代表胶黏剂）

从防水层的功能定位来说，其发生内聚破坏就意味着防水层的失效。而一旦混凝土发生内聚破坏，往往又意味着出现了会削弱结构承载能力的破坏。因此，比较理想的状态，应该是在一定的应力条件下出现防水层与结构的脱离，而不应是防水层或结构内部的破坏。从这个角度上来说，业界一直强调的 CSL 结构的协同受力能力，也应建立在合理的前提条件下，即防水层至少应能保证自身的完整性而不损伤其防水功能，同时，混凝土衬砌也不应出现损伤其承载能力的内聚破坏。

4.1.2　界面问题的力学模型

从界面力学的角度，界面可以分为三种形式，如图 4-4 所示。

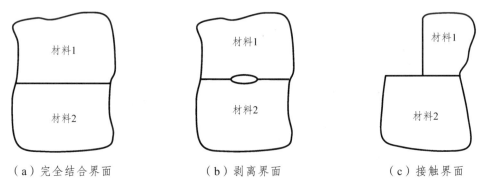

（a）完全结合界面　　　　　　（b）剥离界面　　　　　　（c）接触界面

图 4-4　界面的三种形式

（1）完全结合界面。指界面结合效果满足完全结合，界面上不存在任何瑕疵，界面点应力位移可以满足

$$P_{i1} = -P_{i2} , u_{i1} = u_{i2} , i=1,2,3 \tag{4-1}$$

式中，P 为面力。

界面应力的相互关系又可以表示为

$$P_i = \sigma_{ij} n_j \tag{4-2}$$

式中，u_i 为 i 方向的位移；下标 i、j 为母材参数。

（2）剥离界面。指完全自由无约束的界面类型，可以是脱离母材后的界面，也可以是存在瑕疵处的界面。该处面力满足

$$P_{i1} = P_{i2} = 0 , i = 1, 2, 3 \tag{4-3}$$

对剥离界面又可以描述为

$$\sigma_{y1} = \tau_{xy1} = 0 , \sigma_{y2} = \tau_{xy2} = 0 \tag{4-4}$$

为保证上式成立，需满足剥离区 y 方向开口位置 $\delta = v_1 - v_2 \geq 0$。针对具体材料，可以根据结合情况采用相对合适的界面模型。

（3）接触界面。该界面类型中，母材实际并未充分结合。接触界面在经过一定位移后可以分为三个区域，分别为黏着区、滑移区和开口区。在非大变形条件下可以满足下式中的应力与位移条件。

$$P_{i1} = -P_{i2} , u_{n1} = u_{n2} , \sigma_{n1} = \sigma_{n2} \leqslant 0 , \tau_{t1} = \tau_{t2} = \pm f \sigma_n \tag{4-5}$$

$$\sigma_{y1} = \sigma_{y2} \leqslant 0 , v_1 = v_2 , \tau_{xy1} = \tau_{xy2} = \pm f \sigma_y \tag{4-6}$$

式中，下标 n、t 为法向、切向物理量，f 为接触面动摩擦系数。

由于界面可以看作是母材之间的边界与相互约束的部位，因此也可以用其他模型来代替。在具体应用过程中有弹簧模型和界面单元模型两种形式。其中，弹簧模型主要有两个缺点，一是模拟过程需要与试验结果相互证明，简化模型虽然应用方便，但是分析过程较为复杂；二是应用弹簧模型时即默认破坏发生在界面层，因而在需要判断结合材料破坏发生部位时应用此模型难以实现。界面单元模型更加适合于有限元分析，这种界面单元模型内置于有限元软件中，可以方便地对其设置属性，相当于将界面与材料属性相结合，同时与界面的形成过程属性与材料属性的关联相契合。在大型通用有限元软件中一般都有接触分析功能，如地铁车站主体结构、岩土体、围护结构三者之间的相互接触等，用户可自行设定接触条件进行计算分析。

4.1.3　界面问题的特殊性

传统力学中的强度概念一般是不能准确概括界面的力学特性的，这是因为界面在发生破坏时考虑的因素较多。在不考虑界面特殊性的情况下，界面强度可以用界面法向发生破坏时的应力（剥离强度）和切向发生破坏时的应力（剪切强度）来表述。

然而，在考虑界面奇异点（即在界面的节点处应力无限大，可视为应力集中的节点）和材料残余应力的情况下，界面破坏与损伤就不能完全用界面强度来表征了。界面问题的特殊性之一在于奇异点的存在，其形式如图 4-5 所示。其表征方法不仅与强度有关，也与界面或材料的韧性有关，想要描述界面的力学特性，需要建立相应的力学模型。

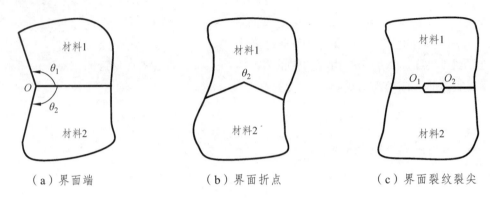

（a）界面端　　　　　　　（b）界面折点　　　　　　（c）界面裂纹裂尖

图 4-5　产生应力奇异的界面形式

在奇异点附近，界面应力和位移可表示为如下形式。

$$\sigma_{ij} = \sum_{k=1}^{N} \frac{K_k f_{ijk}(\theta)}{r^{1-\lambda_k}}, u_i = \sum_{k=1}^{N} K_k r^{\lambda_k} F_{ik}(\theta) \tag{4-7}$$

式中，r 为界面点与奇异点距离，λ_k 为奇异性特征根，F、f 为角函数，N 为奇异点个数。

界面的破坏通常起始于这些奇异点，因而界面问题不能用材料力学中基于最大应力的评价方法进行处理。在界面奇异点处发生的破坏往往演化为界面裂纹的问题，而对应的力学模型则需要建立相应的起裂准则；另外，界面不同于均质材料，虽然没有厚度却具备自身的力学特性，且其力学特性与结合材料各部分的性质有关。这使得界面的力学特性研究不能简单套用与材料相关的模型与方法，因而其破坏形式与机理也变得极为复杂。

4.2　界面本构模型与损伤表征

如前所述，由于界面问题的特殊性，对界面破坏的分析需要引入假想界面裂纹，并构建相应的起裂准则、损伤演化与破坏准则来对界面损伤与破坏过程进行评价。为了准确地描述结合材料损伤的形式，研究人员提出了界面损伤模型，模型所基于的力学理论基础包括断裂力学、损伤力学、界面力学等。与此同时，一些基于工程实用角度提出的界面本构模型，在对界面/结构面问题进行合理简化以后，也能较好地反映界面/结构面的宏观力学特性，因此也有一定的适用性。

4.2.1　双线性内聚力模型

1. 内聚力模型的概念

内聚力模型是研究复合材料界面受力行为的重要工具，已被证明能够描述和计算界面问题，包括界面应力奇异性与韧性，因此也具有相应的力学研究背景。它与数值计算方法相结合，已成功地应用于复合材料界面受力性能模拟。

如何确定合理的界面力学模型，并借助有限元方法准确地预测界面上的受力行为，定量化地描述界面断裂过程的微观力学性能，对研究复合材料结构或试样的力学特性具有重要的理论意义和工程价值。与界面问题中的裂纹相对应，内聚力模型的关键在于裂纹尖端处尺寸很小的塑性区，该区域又被称为内聚力区域（图 4-6）。

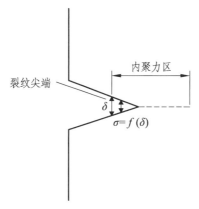

图 4-6　裂纹尖端的内聚力区域

虽然内聚力模型是基于唯象理论的数值计算工具，但是已有学者在塑性力学与损伤力学的框架下对双线性内聚力模型进行了理论证明，表明内聚力模型具有较为坚实的力学基础。内聚力模型的实现方法是将开裂面上的应力表示为开裂面张开位移的函数，这种应力与张开位移之间的关系称为张力-位移关系。

综合来看，内聚力模型有下列优点：

（1）避免了裂纹尖端应力奇异性问题。

（2）与连续介质损伤模型相比，需要的参数较少。

（3）容易与有限元方法相结合，且计算时算法稳定性好。

（4）界面的软化乃至最终破坏是开裂面不连续位移持续增长的直接结果，无须单独定义界面的破坏准则。

（5）可用于研究裂纹萌生、扩展、联合、断裂的全过程。

2. 内聚力模型本构关系

对应于不同描述对象，内聚力模型又可分为双线性、三线型、指数型、多项式型等。其中，双线性内聚力模型计算高效、便于应用，其张力-位移关系曲线如图 4-7 所示。曲线的上升阶段被称为界面的"内聚行为"，其斜率又叫作内聚刚度，内聚行为对应于曲线的线弹性上升阶段。牵引力达到峰值的点可视为损伤起始点，该点牵引力与分离位移分别为损伤起始应力与位移。此后曲线逐渐下降，对应于界面刚度的逐渐减小，这一阶段称为界面损伤阶段，直至牵引力为零时，可认为界面完全失效，对应位移为完全损伤位移。

双线性张力-位移关系又对应于该模型的本构关系，本构关系的构建过程基于图 4-7 所给出的曲线关系。

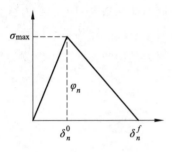

（a）法向张力-位移关系

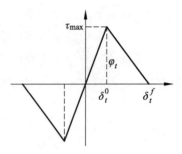

（b）切向张力-位移关系

图 4-7　双线性张力-位移关系

双线性张力位移关系的控制方程为

$$
T_{\mathrm{n}} = \begin{cases} \dfrac{\sigma_{\max}}{\delta_{\mathrm{n}}^{0}} \delta & \left(\delta \leqslant \delta_{\mathrm{n}}^{0}\right) \\[3mm] \dfrac{\delta_{\mathrm{n}}^{f} - \delta}{\delta_{\mathrm{n}}^{f} - \delta_{\mathrm{n}}^{0}} \sigma_{\max} & \left(\delta > \delta_{\mathrm{n}}^{0}\right) \end{cases}
\tag{4-8}
$$

$$
T_{\mathrm{t}} = \begin{cases} \dfrac{\tau_{\max}}{\delta_{\mathrm{t}}^{0}} \delta & \left(\delta \leqslant \delta_{\mathrm{t}}^{0}\right) \\[3mm] \dfrac{\delta_{\mathrm{t}}^{f} - \delta}{\delta_{\mathrm{t}}^{f} - \delta_{\mathrm{t}}^{0}} \tau_{\max} & \left(\delta > \delta_{\mathrm{t}}^{0}\right) \end{cases}
\tag{4-9}
$$

式中，T_{n} 为裂纹尖端法向应力值，T_{t} 为裂纹尖端切向应力值，$\sigma_{\max}$ 为裂纹尖端法向最大应力值，$\tau_{\max}$ 为裂纹尖端切向最大应力值，δ_{n}^{0} 为裂纹法向张开位移，δ_{t}^{0} 为裂纹切向张开位移，δ_{n}^{f} 为裂纹法向最终开裂位移，δ_{t}^{f} 为裂纹切向最终开裂位移。

在界面损伤演化过程中，法向和切向的能量释放率 φ_{n}、φ_{t} 等同于张力-位移曲线下与坐标轴围成的面积，可表示为

$$
\varphi_{\mathrm{n}} = \frac{1}{2} \sigma_{\max} \cdot \delta_{\mathrm{n}}^{f}
\tag{4-10}
$$

$$
\varphi_{\mathrm{t}} = \frac{1}{2} \tau_{\max} \cdot \delta_{\mathrm{t}}^{f}
\tag{4-11}
$$

式中，φ_{n} 为法向裂纹面的能量释放率，φ_{t} 为切向裂纹面的能量释放率。

在有限元软件中，界面内聚力行为可以通过界面内聚力单元直接定义，又可将其定义为包含面与面接触的内聚力行为。面-面接触的内聚力行为中，从面（结构与材料刚度较大的面）上的点由主面（结构与材料刚度较小的面）上的相同点控制。在 ABAQUS 有限元软件中，界面内聚行为（即线弹性阶段）的张力-位移关系可以描述为

$$
\boldsymbol{t} = \begin{Bmatrix} t_{\mathrm{n}} \\ t_{\mathrm{s}} \\ t_{\mathrm{t}} \end{Bmatrix} = \begin{bmatrix} K_{\mathrm{nn}} & K_{\mathrm{ns}} & K_{\mathrm{nt}} \\ K_{\mathrm{ns}} & K_{\mathrm{ss}} & K_{\mathrm{st}} \\ K_{\mathrm{nt}} & K_{\mathrm{st}} & K_{\mathrm{tt}} \end{bmatrix} \begin{Bmatrix} \delta_{\mathrm{n}} \\ \delta_{\mathrm{s}} \\ \delta_{\mathrm{t}} \end{Bmatrix} = \boldsymbol{K}\boldsymbol{\delta}
\tag{4-12}
$$

式中，t 为界面上的名义应力，t_n 为界面法向的名义应力，t_s 为第一剪切方向的名义应力，t_t 为第二剪切方向的名义应力，δ_n 为界面法向的分离位移，δ_s 为第一剪切方向的分离位移，δ_t 为第二剪切方向的分离位移，$\boldsymbol{K}$ 为接触界面的刚度矩阵。

3. 界面损伤起始准则

当张力达到峰值或分离位移达到损伤初始位移时，界面刚度开始发生折减，具体的定义方法有多种。有限元软件 ABAQUS 中预置了比较成熟的双线性内聚力模型定义方法，其中损伤状态的起始可采用多种法则进行定义。

（1）最大名义应力准则：定义损伤起始条件为法向或两个切向名义应力与最大接触应力比为 1，具体可描述为

$$\max\left\{\frac{\langle t_n \rangle}{t_n^0}, \frac{t_s}{t_s^0}, \frac{t_t}{t_t^0}\right\} = 1 \tag{4-13}$$

（2）最大分离准则：定义损伤起始条件为法向或两个切向分离位移与最大分离位移比为 1，具体可描述为

$$\max\left\{\frac{\langle \delta_n \rangle}{\delta_n^0}, \frac{\delta_s}{\delta_s^0}, \frac{\delta_t}{\delta_t^0}\right\} = 1 \tag{4-14}$$

（3）二次名义应力准则：定义损伤起始条件为法向和两个切向名义应力与最大接触应力比平方和为 1，具体可描述为

$$\left\{\frac{\langle t_n \rangle}{t_n^0}\right\}^2 + \left\{\frac{t_s}{t_s^0}\right\}^2 + \left\{\frac{t_t}{t_t^0}\right\}^2 = 1 \tag{4-15}$$

（4）二次分离准则：定义损伤起始条件为法向和两个切向分离位移与最大分离位移比平方和为 1，具体可描述为

$$\left\{\frac{\langle \delta_n \rangle}{\delta_n^0}\right\}^2 + \left\{\frac{\delta_s}{\delta_s^0}\right\}^2 + \left\{\frac{\delta_t}{\delta_t^0}\right\}^2 = 1 \tag{4-16}$$

式中，t_n^0 为界面法向的最大接触应力；t_s^0 为第一剪切方向的名义应力；t_t^0 为第二剪切方向的名义应力；δ_n^0 为界面法向的分离位移；δ_s^0 为第一剪切方向的分离位移；δ_t^0 为第二剪切方向的分离位移；$\langle\,\rangle$ 为 Macaulay 括号，$\langle x \rangle = \dfrac{(x - |x|)}{2}$ 表明压应力不影响界面起始损伤。

4. 界面损伤演化规律

损伤演化可以用失效过程消耗能量或损伤演化本质参数 D（又称损伤状态变量）来表征，D 在损伤演化阶段从 0 单调增加到 1，当 $D=0$ 时单元未发生损伤，当 $D=1$ 时单元失效破坏。在双线性内聚力模型中，损伤演化形式如图 4-8 所示。

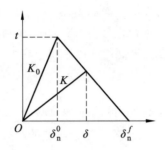

图 4-8　损伤演化形式

根据损伤参数 D 的定义，可将其表示如下：

$$D = 1 - \frac{K}{K_0} \qquad （4-17）$$

而损伤状态变量又与损伤过程中界面刚度、张力和位移有关，这些变量之间的关系可以分别表示为

$$K_0 = \frac{t}{\delta_n^0} \qquad （4-18）$$

$$K = \frac{\delta_n^f - \delta}{\delta\left(\delta_n^f - \delta_n^0\right)} \qquad （4-19）$$

以上两式代入式（4-17），可将损伤状态变量 D 与分离位移 δ 的关系描述为

$$D = \frac{\delta_n^f\left(\delta - \delta_n^0\right)}{\delta\left(\delta_n^f - \delta_n^0\right)} \qquad （4-20）$$

由损伤状态变量 D 与界面刚度 K 的关系可知，内聚力模型中的损伤本质上是一种材料刚度的退化。同时，内聚力模型的法向在受压情况下是不考虑损伤的，即法向的压力对法向刚度不产生损伤。结合式（4-17）与式（4-19），可以得到界面损伤演化过程中的刚度表达式为

$$K_i^* = K_i^0\left(1 - D\right) \qquad （4-21）$$

式中，K_i^* 为损伤过程中的刚度，而无损伤时刚度 K_i^0 为定值。因此，损伤过程仅取决于损伤状态变量 D 的表达式，即式（4-20）。

5. 界面损伤失效准则

前文提到最终失效准则通过线性软化的内聚力法则定义，该法则将界面失效行为的起因看作三个变量共同作用（其中一个或两个变量值可以为零），分别为法向应力和两个切向方向应力。与之对应，将界面破坏分为三种形式：纯Ⅰ型、纯Ⅱ型和纯Ⅲ型。这三种形式往往共同出现，破坏失效意味着三种形式的混合行为达到失效准则。

失效准则包括 B-K 准则和幂函数准则。其中，基于幂函数准则下的破坏形式，是以参数 α（大于 0）定义的混合破坏准则，其描述见式（4-22）。幂函数准则下最终破坏时的位移值为

$$\delta_{\mathrm{m}}^{f}=\frac{2(1+\beta)^{2}}{\delta_{\mathrm{m}}^{0}}\left[\left(\frac{K_{\mathrm{n}}}{G_{\mathrm{Ic}}}\right)^{\alpha}+\left(\frac{K_{\mathrm{t}}\beta^{2}}{G_{\mathrm{IIc}}}\right)^{\alpha}\right]^{-1/\alpha} \tag{4-22}$$

式中，β 为剪切位移所占总位移比值，界面剪切试验中该值取为 1，δ_{m}^{0} 为损伤起始位移。

以上即为通过分离位移控制的界面失效准则，而通过能量释放率控制的失效准则是通过完全失效所消耗的能量来定义的。

4.2.2　岩土材料抗剪强度理论

内聚力模型虽然可以较为准确地对界面的力学行为进行解释和模拟，但是由于需要确定的参数较多，因此其在实际使用中也存在诸多不便。在岩石力学和土力学的研究工作中，针对岩土体、岩体结构面、岩土体-结构界面的力学性质也提出了一些面向工程的实用本构模型和强度理论，可以从宏观层面较为准确地对结构面的力学特性进行表征和分析，对于防水层-结构界面的力学特性研究也有一定的启发。因此，此处简要地对适用的强度理论进行介绍。

1. 岩土体抗剪强度理论

对土的抗剪强度开展的研究工作已经历史悠久，目前比较简单、实用的土体抗剪强度理论包括库仑定律、莫尔-库仑强度理论。

（1）库仑定律。

法国科学家库仑根据砂土、黏性土的剪切试验结果，提出沿用至今的土体抗剪强度表达式为

$$\tau_{\mathrm{f}}=c+\sigma\tan\varphi \tag{4-23}$$

式中，τ_{f} 为土的抗剪强度（kPa），σ 为作用在剪切面上的法向总应力（kPa），φ 为土的内摩擦角（°），c 为土的黏聚力（kPa）。其中，c 的含义为法向应力为零时的抗剪强度，对于无黏性土，$c=0$。

式（4-23）被称为土的抗剪强度库仑定律，其中，c 和 φ 被称为总应力强度指标。将库仑定律表示在 $\tau_{\mathrm{f}}\text{-}\sigma$ 坐标系中为一条直线（图 4-9），称之为库仑强度线。它表明，土的抗剪强度与滑动面上的法向应力呈直线关系。

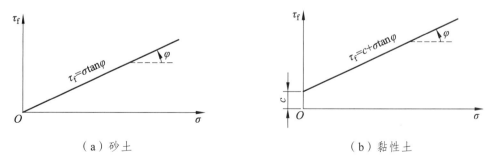

（a）砂土　　　　　　　　　　　　　（b）黏性土

图 4-9　抗剪强度与法向应力之间的关系

库仑定律表明，土的抗剪强度本质是土粒之间粗糙度、土的密实性以及颗粒级配等因素作用的结果。黏性土的抗剪强度由两部分组成，一部分是摩阻力（与法向应力成正比），另一部分是土粒之间的黏聚力，它是由黏土颗粒之间的胶结作用和静电力效应等因素引起的。

库仑定律依然适用于采用直接剪切试验方法测得的岩石抗剪强度判别。岩石直剪试验常采用平推法（图 4-10），首先将制备的试件放入剪切盒内，其次对试件施加法向荷载 P，最后在水平方向上逐级施加水平剪切力 T，直至试件破坏。获取不同法向应力 σ 下的抗剪强度 τ_f，将其绘制在 τ_f-σ 坐标系中，可以得到如图 4-9 所示的一条拟合直线，并求出岩石抗剪强度参数 c 和 φ 的值。

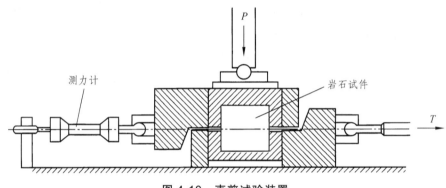

图 4-10　直剪试验装置

当作用在剪切面上的剪应力超过峰值抗剪强度 τ_p 后，随着变形增加剪应力迅速减小，岩石发生剪切破坏，在较小的剪应力作用下岩石沿剪切面滑动（图 4-11）。能使岩石沿破坏面保持滑动并趋于稳定时的剪应力称为岩石的残余抗剪强度 τ_r，其与作用在剪切面上的正应力成正比。

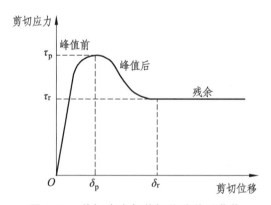

图 4-11　剪切应力与剪切位移关系曲线

由于库仑定律简单实用，强度参数有明确物理意义，同时也为岩体、结构面、界面等的剪切强度表征提供了重要的借鉴，因此该定律在工程上被广泛沿用至今。

（2）莫尔-库仑强度理论。

莫尔在库仑定律的基础上，进一步提出材料的剪切破坏面上的剪应力（即抗剪强度）是该面上法向应力的函数。该函数在 τ_f-σ 坐标系中是一条曲线，称为莫尔破坏包络线，或称为抗剪强度包线。在一般应力水平下，土的莫尔强度破坏包线通常可以近似地用直线代替，该直线方程就是库仑公式。由库仑公式表示莫尔破坏包线的强度理论，称为莫尔-库仑强度理论。

莫尔-库仑强度理论认为，如果土中某点任一平面上的剪应力等于土体的抗剪强度时，则该点处于极限平衡状态。判别土体单元是否发生剪切破坏，取决于某一平面上作用的剪应力是否满足库仑抗剪强度公式。同时，如果给定了土体的抗剪强度参数以及土体中某点的应力状态，则可将抗剪强度包线与莫尔圆画在同一张坐标图上（图 4-12）。

当图 4-12 中的应力莫尔圆Ⅰ位于抗剪强度包线之下，表示该点任一平面上的剪应力均小于土的抗剪强度，因此不会发生破坏；当应力莫尔圆Ⅱ与抗剪强度包线相切，表示切点 A 所代表的平面上的剪应力正好等于土的抗剪强度，该点则处于极限平衡状态，此时的莫尔圆被称为极限应力圆；当应力莫尔圆Ⅲ与抗剪强度曲线相割，表示该点某些平面上的剪应力已大于土的抗剪强度（实际上不存在），土体已被剪坏。

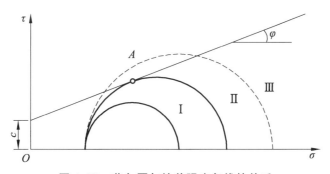

图 4-12　莫尔圆与抗剪强度包线的关系

当土中一点达到极限平衡状态时的莫尔圆如图 4-13 所示，其中破裂面与最大主应力面的夹角为

$$\alpha_f = 45° + \frac{\varphi}{2} \tag{4-24}$$

对于黏性土，由图 4-13 中的几何关系，可以得到

$$\begin{cases} \sigma_1 = \sigma_3 \tan^2\left(45° + \dfrac{\varphi}{2}\right) + 2c\tan\left(45° + \dfrac{\varphi}{2}\right) \\ \sigma_3 = \sigma_1 \tan^2\left(45° - \dfrac{\varphi}{2}\right) + 2c\tan\left(45° - \dfrac{\varphi}{2}\right) \end{cases} \tag{4-25}$$

对于无黏性土，因为 $c=0$，因此有

$$\begin{cases} \sigma_1 = \sigma_3 \tan^2\left(45° + \dfrac{\varphi}{2}\right) \\ \sigma_3 = \sigma_1 \tan^2\left(45° - \dfrac{\varphi}{2}\right) \end{cases} \tag{4-26}$$

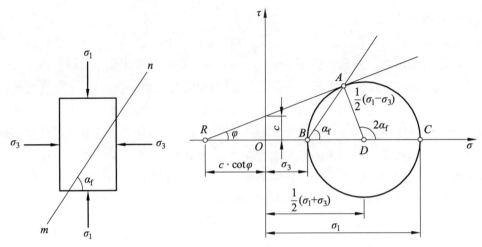

图 4-13　土体中一点达到极限平衡状态时的莫尔圆

2. 岩体结构面抗剪强度

在实际工程中，岩体是由岩块和结构面共同组成的地质体（图 4-14）。结构面是地质历史发展过程中，在岩体内形成的具有一定结构延伸方向和长度，厚度相对较小的地质界面或地质带，包括断层、裂隙、节理、层理、劈理等。抗剪强度是结构面的重要力学性质之一，而大量的试验结果表明，结构面的抗剪强度一般也可用库仑准则描述，其表达式为

$$\tau = \sigma_n \tan\varphi_j + c_j \tag{4-27}$$

式中，φ_j 为结构面的内摩擦角（°），c_j 为结构面的黏聚力（MPa），σ_n 为作用在剪切面上的法向总应力（MPa），τ 为结构面的抗剪强度（MPa）。

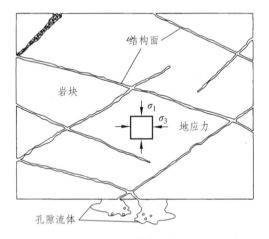

图 4-14　岩体结构面

（1）平直结构面的抗剪强度。

结构面的类型较多，其中，对于平直结构面，其抗剪强度与结构面的粗糙度密切相关。粗糙度越大，抗剪强度越大，峰值越明显；反之，抗剪强度越小，且无明显峰值，残余强度

与峰值强度基本相同。平直结构面的抗剪强度计算公式为

$$\tau = \sigma_n \tan\varphi_{jp} + c_{jp} \tag{4-28}$$

$$\tau_r = \sigma_n \tan\varphi_{jpr} \tag{4-29}$$

式中，φ_{jp}、c_{jp} 分别为平直结构面的内摩擦角和黏聚力（光滑结构面的 $c_{jp}=0$），τ_r、φ_{jpr} 分别为平直结构面残余抗剪强度和残余内摩擦角。

（2）岩体的剪切变形曲线。

含有结构面岩体的剪切变形较为复杂。根据剪应力-切向位移曲线（$\tau\text{-}u$ 曲线）的形状及残余强度 τ_r 与峰值强度 τ_p 的比值，可将岩体剪切变形曲线分为如图 4-15 所示的 3 类。

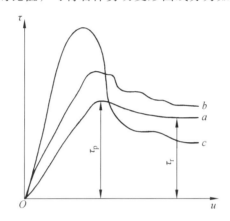

图 4-15　岩体剪切变形曲线类型

① 沿软弱结构面剪切时（曲线 a）：峰值前变形曲线平均斜率小、破坏位移大；峰值后随位移增大，强度损失很小或不变，$\tau_r/\tau_p \approx 1.0 \sim 0.6$。

② 沿粗糙结构面、软弱岩体及强烈风化岩体剪切时（曲线 b）：峰值前变形曲线平均斜率较大，峰值强度较高；峰值后随剪切位移增大，强度损失较大，有明显的应力降，$\tau_r/\tau_p \approx 0.8 \sim 0.6$。

③ 剪断坚硬岩体时（曲线 c）：峰值前变形曲线斜率大，曲线具有较清楚的线性段和非线性段；峰值强度高，破坏位移小，一般约为 1 mm；峰值后随位移增大，强度迅速降低，残余强度较低，$\tau_r/\tau_p \approx 0.8 \sim 0.3$。

（3）规则锯齿形结构面的抗剪强度。

规则锯齿形结构面模型如图 4-16 所示，结构面的起伏差为 h、起伏角为 i，受法向力 N 和切向力 T 作用。

当法向力较小，岩体沿结构面滑动时，其背坡面被拉开，法向力全部由爬坡面承担。通过滑移面上力的平衡条件，可以推导得到规则锯齿形结构面的抗剪强度表达式。当规则锯齿形结构面的黏聚力 $c_{jb}=0$ 时，其抗剪强度应力表达式为

$$\tau = \sigma_n \tan(\varphi_{jb} + i) \tag{4-30}$$

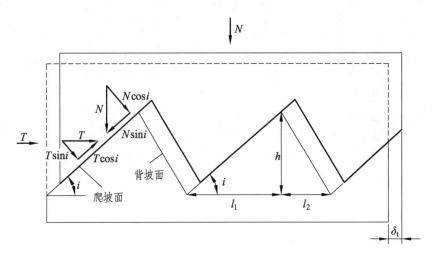

图 4-16　规则锯齿形结构面模型

由式（4-30）可知，在法向应力较小时，由于结构面上有凸台的存在，结构面的内摩擦角比滑移面内摩擦角 φ_{jb} 增大了一个起伏角 i。该公式的意义在于，它考虑了结构面粗糙状态对剪切特征的影响，这种粗糙状态增大了结构面滑动过程中的内摩擦角。

随着法向应力增大，凸台爬坡困难，当法向应力达到某极限值时，凸台被剪断，此时结构面残余强度 τ_r 为

$$\tau_r = \sigma_n \tan\varphi_{jbr} + c_{jbr} \tag{4-31}$$

式中，φ_{jbr}、c_{jbr} 分别为规则锯齿形结构面的残余抗剪强度参数。

规则锯齿形结构面剪切破坏过程中的剪应力与法向应力的关系曲线见图 4-17，可见其是一个双线性模型。

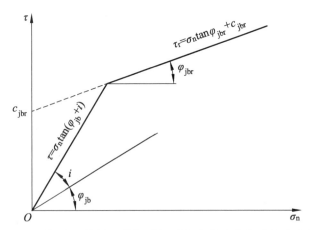

图 4-17　规则锯齿形结构面剪切破坏过程中剪应力与法向应力的关系

3. 土体-构筑物界面耦合模型

在工程中存在大量的土体-构筑物接触面，在两者的相互作用体系中接触面的力学特征对

构筑物的承载力和稳定性具有至关重要的影响。在研究接触面附近很薄的一层土体时，为方便起见，在数学上通常会忽略其厚度，用界面模型来描述构筑物与土体之间的非线性关系。目前，已提出的关于土体-构筑物的界面本构模型较多，包括双曲线模型、指数函数模型、弹塑性模型、幂函数模型、损伤本构模型等，但以上模型主要考虑界面的宏观变形特征，而忽略了界面细观破坏过程中土体黏聚力的损伤及摩擦力的演化。因此，也有学者提出了考虑界面细观变形过程的黏聚-损伤-摩擦耦合模型（图 4-18）。

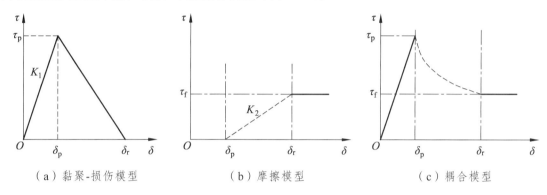

（a）黏聚-损伤模型　　　　　（b）摩擦模型　　　　　（c）耦合模型

图 4-18　界面的黏聚-损伤-摩擦耦合模型

（1）黏聚-损伤模型（黏聚力-水平位移关系）是一个双线性模型［图 4-18（a）］。在初始阶段随着位移的增加剪切应力线性增大，至剪切应力到达最大值 τ_p，其对应的剪切位移为 δ_p。随着剪切位移的发展，剪切应力开始线性降低直至 0，其对应的剪切位移为 δ_r。在黏聚-损伤模型中完整地反映了界面细观黏聚力的演化过程，从其开始发挥作用到最大值，直至最后完全破坏变为 0。

（2）摩擦模型［图 4-18（b）］。由于在界面变形的初始阶段，剪切带处于弹性阶段，界面没有摩擦力作用，因此在摩擦模型中摩擦的演化是从剪切位移为 δ_p 开始的，进一步随着界面相对位移的增加，界面的静摩擦力逐渐发挥作用。当剪切位移到达 δ_r 时，界面所有宏观连接的物质已经完全剪断（黏聚作用完全破坏），界面开始相对滑动，界面的静摩擦力转变为动摩擦力 τ_f 或残余应力 τ_r，并随着位移进一步增加而趋于稳定。一般最大静摩擦力大于动摩擦力，这里为了分析假设两者相同。

（3）黏聚-损伤模型与摩擦模型的耦合模型［图 4-18（c）］。在此过程中，界面中损伤和未损伤部分面积的变化导致宏观剪切应力-剪切位移关系的非线性响应。

该模型通过对简单、易于建立的黏聚-损伤模型、摩擦模型和莫尔-库仑准则的耦合，提供了对界面剪切力学行为的统一描述。黏聚模型在界面开始剪切时就发挥作用，摩擦模型在损伤开始时发挥作用。在完全损伤后，黏聚模型完全破坏，界面刚度完全丧失，对剪切应力没有贡献，随后只有摩擦在界面发挥作用。该模型不仅描述了界面剪切力学行为的宏观响应，而且还描述了界面变形过程中的黏结行为和摩擦行为等细观机制，因此可较好地用于解释一些界面的损伤和强度机理。

4.3 防水层-结构界面强度特性表征方法

界面强度是界面非常重要的力学特性，也对结构的整体力学行为有重要的影响。对于没有或不考虑界面奇异点的情况，通常采用垂直于界面的正应力（称为剥离应力）和作用于界面的剪应力（实际上是作用于界面的面力）作为界面强度的评价参数。与之对应的强度值，分别称为界面的剥离强度和剪切强度，而忽略界面结合材料中的残余应力而直接通过破坏实验测得的界面强度称为名义界面强度。因此，为了确定防水层-结构界面强度特性的表征与评价方法，本节基于聚合物水泥防水涂料试样开展了防水层-结构界面的剥离强度和剪切强度试验和分析方法的探讨。

4.3.1 界面剥离强度试验方法

采用本书 2.2.3 节同样配合比的聚合物水泥防水涂料，进行不同力学性能的防水层试样的制备，结合前述聚合物水泥防水涂料试样的拉伸力学特性，对其界面剥离强度、剪切强度进行分析与讨论。

1. 试验方法与流程

按《建筑防水涂料试验方法》（GB/T 16777—2008）中的 B 法进行防水层-砂浆界面黏结强度的测试。黏结基材为"8"字形的水泥砂浆块，采用"8"字形金属模具（图 4-19）。用强度等级为 52.5 的普通硅酸盐水泥和中砂制备好一批砂浆试块，随后调配液粉比分别为 1:0.8、1:1.2、1:1.5 的聚合物水泥防水材料，在砂浆试块的上下黏结面各涂刷一薄层后黏结压紧，最后使用橡胶带将成型后的试件箍紧固定放置养护 7 天后进行试验。一共制作了三种类型（Ⅰ型、Ⅱ型、Ⅲ型）的试件。

将专用拉伸夹具固定在万能试验机上，随后安装"8"字形黏结试件保持试件中心线与夹具中心线在一条线上［图 4-19（b）］。设置拉伸试验速度为 5 mm/min，并记录试验过程的拉力与位移数据。分别对三种类型试件每组 5 个进行试验，筛除黏结面未稳黏面积大于 20%的试件，黏结强度取剩余试件（≥3 个）试验结果的算数平均值。

黏结应力按式（4-32）计算：

$$\sigma = F / (a \times b) \tag{4-32}$$

式中，σ 为黏结应力（MPa），F 为拉力值（N），a 和 b 为黏结面的宽度和长度（mm）。

2. 试验结果及分析

参照图 4-3 可知，试验中可能出现的黏结破坏形式主要有防水层脱黏破坏、防水层内聚破坏与水泥砂浆块拉坏三种。在本试验中，试块的破坏形态均属于典型的脱黏破坏（图 4-20），表明三种类型防水层的黏结强度都低于其本体强度。

（a）金属模具　　　（b）黏结强度试验　　　（a）破坏形态一　　　（b）破坏形态二

图 4-19　黏结强度试验　　　　　　图 4-20　"8"字形试样黏结破坏形式

　　以 I 型试件为例，试验中测得的黏结应力-张开位移曲线形式见图 4-21，II 型、III 型的曲线形式与之类似。试验得到三种类型试件的剥离强度值分别为 1.06 MPa、1.13 MPa 和 1.35 MPa。这个结果跟聚合物水泥防水涂料试样拉伸强度的测试结果（分别为 0.90 MPa、1.27 MPa 和 1.63 MPa）趋势一致，即随着粉料比例的增大，防水层试样的黏结强度和拉伸性能都有所提升，同时断裂伸长率有所降低（韧性降低）。

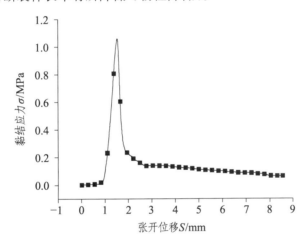

图 4-21　"8"字形试件黏结应力-位移曲线（I 型材料）

　　但从试件的黏结破坏形态上来看，采用《建筑防水涂料试验方法》（GB/T 16777—2008）中的 B 法进行试验时，由于防水层与砂浆的黏结面较小，拉伸试验结果容易受到防水层涂刷制样过程中局部缺陷的影响。在拉伸过程中，往往脱黏是从防水层一侧先开始，而不是防水层从黏结面整体脱落。这个情况会对试验结果的判断造成一定的影响，因此在本章后续的试验研究工作中，转为采用黏结面积更大的 A 法开展界面剥离强度试验。

4.3.2　界面剪切强度试验方法

　　为探究防水层与结构界面的剪切强度特性，制作了一批含有聚合物水泥防水涂料夹层的复合砂浆试块，并采用自制的剪切试验装置开展了界面剪切试验。

1. 界面剪切试块制备

为模拟 CSL 衬砌层间界面结构，试验采用的剪切试块界面结构组成为水泥砂浆块+聚合物水泥涂料防水层+水泥砂浆块（图 4-22），单块尺寸为 70 mm（长）×70 mm（宽）×35 mm（高）。根据中间防水层材料的配比（与界面剥离强度试验相同），分为Ⅰ型、Ⅱ型、Ⅲ型三种试块。

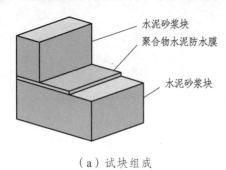

水泥砂浆块
聚合物水泥防水膜
水泥砂浆块

（a）试块组成　　　　　　　（b）试块实物

图 4-22　剪切复合试块制备

试块的制备方法：将水泥砂浆倒入试模高度的一半，形成半个砂浆块并养护至规定的时间；将搅拌好的防水材料在砂浆试块两侧黏结面上各涂抹两次，形成防水层，两次涂抹之间的间隔时间为 4~12 h，以第一次涂抹的防水材料达到表干状态为准；第二次涂抹后黏接两个砂浆半块形成复合试块，并在标准条件下固化 7 天。总共制备了 27 个复合试块，即每种类型各 9 个，其中防水层的涂刷厚度控制为 3 mm。

2. 剪切试验装置开发

开展剪切试验的方法有直剪试验法、扭转剪切法、三轴试验法、角模剪切试验法等，结合防水材料实验室常见的试验条件，比较可行的途径是采用轻型的剪切试样装置在小吨位万能试验机上开展大批量的剪切试验。目前，市面上不易寻找到合适的试验装置，因此，基于直剪试验的原理，自行研制了一套防水层-结构界面剪切试验装置。

该剪切试验装置由压剪夹具、常压传感系统（包括止推螺栓和胶囊传感器）和剪切加载系统组成（图 4-23）。为与万能试验机压力施加方向保持一致，将常规的水平直剪变为垂直方向上的直剪，垂直剪切力由万能试验机的上压头提供，水平法向压力由水平推力螺栓施加。剪切试验装置的设计与试件的安装，与图 4-22 所示的复合试块尺寸相匹配。

上压头　　预紧螺栓
试件　　　　　　夹钳
胶囊传感器
数字显示屏
水平推力螺栓
支座

（a）试验装置实物　　　　　　（b）试验装置组成

图 4-23　剪切试验装置

该试验装置可施加的最大剪切力为 10 kN（由万能试验机吨位控制），剪切位移范围为 0～20 mm。实际试验中，试样上施加的法向应力分别为 0.1 MPa、0.3 MPa 和 0.5 MPa，相应的法向压力值分别为 490 N、1470 N 和 2450 N（图 4-24）。

图 4-24 不同法向预压应力施加

3. 试验方法与流程

将复合试块安装在夹钳中，旋转推力螺栓推动夹具直至达到目标法向压力，法向压力数据由胶囊传感器采集，并由数字指示器显示（采集范围：0～10 kN；单位：10 N）。剪切力数据由连接到上压头的高精度力传感器采集，剪切位移数据相当于试验机横梁的位移。测试时控制试验机横梁剪切移动，位移加载速率设定为 1 mm/min。当剪切应力-位移曲线达到高点时，界面视为失效（图 4-25）。在试验过程中同步采集的数据，由试验控制系统实时绘制剪切力-剪切变形曲线，同时存储试验原始数据方便试验后分析处理。

图 4-25 试样剪切失效

界面剪切应力的计算公式为

$$\tau = \frac{T}{A} \tag{4-33}$$

式中，τ 为界面剪切应力（MPa），T 为界面剪切方向上施加的荷载值（N），A 为试块剪切界面面积（mm^2）。

4. 试验结果及分析

一共制备了 27 个试块（3 种类型、9 组），开展了不同法向应力、不同配比防水层材料条件下的剪切试验。

（1）界面剪切破坏形态分析。

试块的破坏模式主要为界面破坏与界面-内聚混合破坏两种（图 4-26）。界面破坏是指破坏发生在水泥砂浆块与防水层之间的界面上，是由于黏结强度率先达到极限而发生的破坏，这种破坏模式表现为剪坏后水泥砂浆块表面无明显残留的防水材料。界面-内聚混合破坏指同时存在界面脱黏剪坏与防水层本身剪坏，这种破坏模式表现为剪坏后防水层表面呈现明显受剪划痕，且在上、下黏结面上均残留部分防水材料。

（a）界面破坏　　　　　　　　　　　　（b）界面-内聚混合破坏

图 4-26　复合试块剪切破坏模式

界面破坏主要发生在Ⅰ、Ⅱ型试块中，而Ⅲ型试块则主要是混合破坏。初步分析，这与基面黏结强度和防水层材料剪切强度的比值有关，即Ⅲ型试块的基面黏结强度最高，且已超过了材料的剪切强度，就出现了混合破坏的情况。

试验中未出现单一的内聚破坏形式，即没有发现砂浆试块内部的破坏或仅有防水层内部被剪坏的情况，以下结合隧道工程的需求对这两种情况进行讨论。

① 前者的主要原因是砂浆试块的强度远大于防水层的强度，因此剪切试验中不会先出现砂浆的内聚破坏现象。往工程延伸思考即可知道，在隧道衬砌中，当结构中间的界面受力时，往往会首先在中间软弱层部位而不是混凝土内部发生破坏。这个结果对保持衬砌结构的完整性和维持其承载性能的目标而言，是有益处的。

② 对于后者而言，如果出现防水层内的剪坏，说明材料的剪切强度过低，界面还没有出现脱黏时，防水层就已经破坏了。这个结果虽然不会影响到衬砌结构的基本承载力，但是却使防水层丧失了功能，这从隧道运营的角度来说是不可接受的。本试验中，在Ⅲ型试块中出现了界面脱黏和防水层被剪坏的混合破坏情况，说明虽然防水层具有一定的剪切强度，但是防水层与基面的黏结强度偏大，导致防水层内也出现了一定的剪切破坏。因此，如果想避免防水层的破坏，要么应提高其剪切强度，要么应降低与基面的黏结强度。

（2）界面剪切损伤过程分析。

实测得到的各组剪切应力-位移曲线均具有如图 4-27 所示的形状（Ⅰ型试块在法向应力为 0.1 MPa 的条件下其剪切应力-位移曲线示例见图 4-28）。从试验结果可知，防水层-结构界面的剪切过程均经历 4 个阶段：弹性阶段（OA 段）、屈服阶段（AB 段）、软化阶段（BC 段）和滑移阶段（CD 段）。

弹性阶段（OA 段）：剪切试验初期剪应力值较小，剪应力在剪切面均匀分布，随着剪切位移增加剪应力值迅速上升，并呈现线性关系。此时，剪应力主要由中间防水层本身及黏结力提供，剪切位移较小，界面未出现损伤。

屈服阶段（AB 段）：随着剪切位移的继续增加，界面的弹性变形阶段逐步终止，界面表现为剪应力与剪切位移不再保持线性关系而是随剪切位移增加缓慢增大（曲线略向下弯曲），直到达到峰值应力 B（弹性极限）后屈服。

软化阶段（BC 段）：峰值剪应力后，防水层与砂浆块表面的黏结力以及防水层本身强度已不能承受该剪力，随着剪切位移继续增加界面开始出现剥离损伤或同时存在防水层材料的内聚破坏，界面表现为剪应力随位移增加开始下降进入软化阶段。

滑移阶段（CD 段）：随着界面损伤持续发展，防水层与砂浆块处于完全剥离的界面破坏或界面-内聚混合破坏，出现贯穿整个层间界面的破坏面，界面表现为随剪切位移增加剪应力在下降到某一应力值后不再降低或变化很小，曲线呈现为水平线或斜率极小的近似水平线。这时剪应力由层间破坏面上的摩擦阻力提供，界面进入滑移阶段。

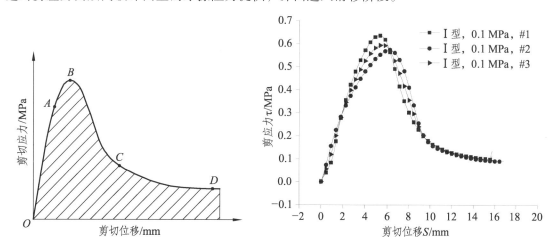

图 4-27　复合试块剪切应力-位移曲线形式　　图 4-28　复合试块剪切应力-位移曲线示例（Ⅰ型）

以上过程和剪切应力-位移关系符合第 4.2.2 中所介绍的黏聚-损伤-摩擦耦合模型的规律，结合图 4-28 的实测曲线，可以将复合试块界面破坏分为黏聚、损伤及摩擦三个主要阶段（图 4-29）：

① 在黏聚阶段，界面主要是靠防水层本身的内聚力和与基面的黏结共同发挥作用，剪切带从线弹性阶段（OA 段）逐步向屈服状态（B 点）过渡。虽然通过实测的结果可知，在此过程中界面也会出现一定的非线性弹性力学行为（AB 段），但防水层仍然保持完整，尚未出现破坏，且黏结界面也没有发生破裂。因此，为简化问题的分析，可将 AB 段简化为直线。此阶段中的损伤变量 D=0。

② 当剪切位移达到 B 点时，界面进入损伤阶段（BC 段）。损伤的形式包括：防水层与砂浆的黏结面脱离，即界面破坏；在防水层内出现损伤，即内聚破坏；两者都有的混合破坏。随着剪切位移的发展，黏聚作用逐步丧失，而摩擦作用开始演化（此时主要是静摩擦力）。此阶段中的损伤变量 0<D<1。

③ 当剪切位移达到 C 点时，界面已经被完全剪断，全面进入摩擦阶段（CD 段）。此时，

黏聚作用全部丧失，开始出现明显滑移，界面最终仅靠动摩擦力起作用。此阶段的损伤变量 $D=1$。

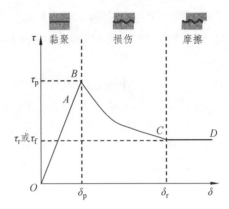

图 4-29　防水层-结构界面的耦合模型

　　注意在图 4-29 所示的耦合模型中，CD 段的形式也被简化为一条直线，与测试得到的试验结果有一定区别。这主要是因为在剪切试验中，由于界面的滑移使得作用在实际界面上的剪切面积发生了变化，而剪切应力计算公式中并未考虑此变化。界面滑动时，界面部位仅受到法向应力和基面粗糙度影响的动摩擦力。当法向应力为定值、基面粗糙度波动不大时候，界面达到滑动平衡状态时的动摩擦力应接近一个恒定值。因此，将 CD 段简化为一段直线是合理的。图 4-29 所示的防水层-结构界面耦合模型，一方面揭示了其在受到剪切作用下的演化过程和损伤机理，另一方面也为建立强度准则提供了可能。后续通过引入断裂力学、界面力学等基础理论，以及试验测定的相关界面和材料参数，就可以建立起用数学模型表示的界面强度准则。

　　（3）界面剪切力学特性指标。

　　为评价防水层-结构界面剪切强度的力学特性，通过对界面剪切-滑移规律的分析和试验所得剪切应力-位移曲线数据的提取，可以得出以下评价指标：界面剪切强度、界面残余剪切强度、界面剪切模量、界面剪切-滑移能、界面剪切失效位移。

　　① 界面剪切强度，即峰值剪切强度 τ_p，可以从剪切应力-位移曲线数据中读取剪切应力的峰值获得。该指标反映了界面进入软化阶段前的最大剪切抗力，一旦外界作用超过界面剪切强度，界面将出现不可恢复的损伤。

　　② 界面残余剪切强度 τ_r，是界面剪切破坏后仍然具有的剪切强度值，随着剪切位移的进一步增加该强度值变化幅度很小。从试验获得的界面剪切应力-位移曲线中，读取这种近乎水平段开始的剪应力值（曲线后半段的拐点 C 处），作为其残余剪切强度。

　　③ 界面剪切模量 G，反映了界面层的抗剪切变形与抗剪切破坏能力（也反映了结构结合的整体性强弱程度），界面剪切模量越高则结构结合程度越高，反之则越易出现层间滑移破坏。根据其物理意义，可以对应将剪切模量 G 定义为剪切应力-位移曲线前近似直线段部分的斜率，利用 Origin 等软件的拟合功能，通过试验数据中的剪应力和剪切位移的增量计算得到。

　　④ 将界面剪切-滑移能定义为剪切应力-位移曲线下包围的面积，它反映了界面从弹性阶段到剪切破坏过程需要的能量大小。利用 Origin 等软件可以计算剪切应力-位移曲线包围面

积，以得到界面剪切-滑移能。

⑤ 界面剪切失效位移，是界面完全剪断并进入滑移阶段时的剪切位移值（曲线后半段的拐点 C 处），即界面残余剪切强度 τ_r 对应的残余位移 δ_r。由于法向应力的存在，界面滑移阶段的剪应力值浮动区间较大且受法向应力主导，因此认为界面进入 C 点时，就已经失效。

根据各组试块的剪切应力-剪切位移曲线和数据，可得到各组试块的界面剪切特性相关指标结果（每组平均值），如表 4-1 所示，并可以绘制得到各指标与法向应力之间的关系图（图4-30）。

表 4-1　复合试块界面剪切强度特性指标实测结果

试块类型	法向应力/MPa	剪切强度/MPa	残余剪切强度/MPa	剪切模量/（MPa/mm）	剪切滑移能/（N/mm）	剪切失效位移/mm
Ⅰ	0.1	0.600	0.088	0.165	21.898	9.036
	0.3	0.616	0.133	0.182	27.773	9.967
	0.5	0.628	0.262	0.193	34.555	10.901
Ⅱ	0.1	0.773	0.115	0.263	23.329	6.535
	0.3	0.780	0.174	0.279	32.982	8.636
	0.5	0.797	0.277	0.389	36.681	9.268
Ⅲ	0.1	0.893	0.168	0.367	26.573	5.905
	0.3	0.931	0.209	0.461	36.745	8.134
	0.5	0.986	0.304	0.505	42.782	8.468

由界面剪切强度试验及剥离强度试验的结果数据可知，法向应力、中间层材料的剪切强度和基面黏结强度在界面的剪切强度特性上起到了主导作用。此处对相关的规律进行简要的综合分析：

① 随着基面黏结强度的提高，界面剪切强度也随之有明显的提升，而同一类型的试件随法向应力的改变其黏结强度的变化并不明显，这表明界面的剪切强度主要由中间层与上下基层的黏结强度所决定。

② 法向应力对界面剪切强度、剪切模量的影响有限，而对界面残余剪切强度、剪切滑移能和剪切失效位移的影响更大。随着法向应力的增加，试件的剪切失效位移和残余剪切强度更大，这一方面说明法向应力的增大延长了剪切的过程（发生剪切的难度更大），同时也在界面剪断以后提高了摩擦作用（界面破坏以后，滑动阶段的动摩擦力与法向应力正相关）。

③ 防水层的本体强度（与材料的拉伸强度和剪切强度相关）越高，使得界面剪切强度、剪切模量、剪切滑移能、剪切残余强度均有所增加，但是剪切失效位移降低（中间层韧性降低）。从这个情况可以知道，界面在弹性阶段的力学特性，受到中间层的材料特性影响更大。

由以上的定性分析和讨论可知，防水层-结构的界面力学特性以及破坏形式，宏观上主要还是受到防水层本身材料性能（本体强度及基面黏结强度）的影响，而法向应力则主要影响界面剪切的难易程度和界面失效以后的滑动摩擦力大小（残余剪切强度）。因此，防水层的材料特性，在很大程度上决定了界面剪切滑移过程中的界面和防水层的破坏形式。结合前面对界面剪切破坏形态的分析可知，如果希望防水层在界面剪切状态下仍然保持自身的完整性和防水功能不受影响，则应重视材料本身的一些性能指标的控制，在本体强度和基面黏结强度之间取得一个合适的平衡点。

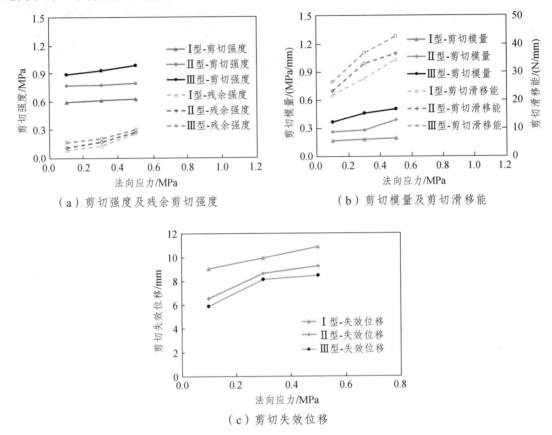

（a）剪切强度及残余剪切强度　　　　　（b）剪切模量及剪切滑移能

（c）剪切失效位移

图 4-30　复合试块界面剪切力学特性指标与法向应力的关系

4.3.3　界面强度特性理论分析

由于本书所讨论的防水层-结构界面与岩石结构面有很多的相似性，因此，此处基于平直结构面的分析方法和强度理论，进一步探讨界面的宏观力学特性。

1. 界面剪切力学特性

将岩石平直结构面不同法向应力水平下的峰值剪切强度、残余剪切强度数值绘制成如图4-31所示的拟合直线，即可得到界面的剪切强度线。平直结构面的抗剪强度能较好地符合库仑定律，因此由该图可以较为方便地得出平直结构面的抗剪强度表达式，如式（4-28）、式（4-29）所示。

参照图 4-31,可以将表 4-1 中的防水层-结构界面剪切强度、残余剪切强度与法向应力之间的关系绘制于图 4-32 中,可知防水层-结构界面的剪切特性也很好地满足了库仑定律。同时,还可以从图 4-32 中得到界面剪切强度力学特性指标,如表 4-2 所示。

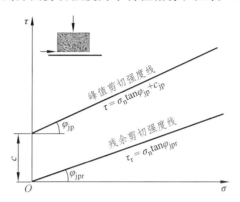

图 4-31 平直结构面剪切强度与法向应力关系

表 4-2 防水层-结构界面剪切强度力学特性参数

参数	Ⅰ 型	Ⅱ 型	Ⅲ 型
黏聚力/kPa	593	763	866
内摩擦角/(°)	4	3	13
残余黏聚力/kPa	31	67	125
残余内摩擦角/(°)	23	22	19

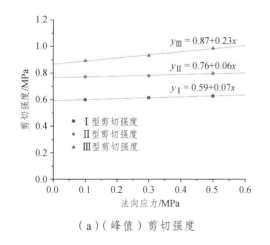

（a）（峰值）剪切强度

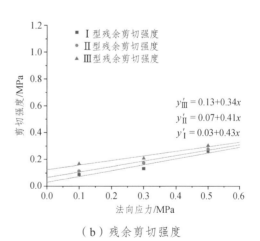

（b）残余剪切强度

图 4-32 复合试块界面剪切强度与法向应力关系

图 4-32 表明,可以用黏聚力和内摩擦角这两个主要的指标表征复合试块界面的剪切特性和破坏准则,且其拟合精度较高(符合库仑定律)。此处对复合试块界面的剪切力学特性做进一步分析和讨论。

（1）在界面状态进入损伤阶段（图 4-29 的 *B* 点）之前，界面剪切强度主要由界面黏聚力起主导作用，而内摩擦角的作用不强（三种类型的试块内摩擦角均不大）。而界面的黏聚力主要由防水层与基面的黏结所提供。因此，如果目标是希望提高界面的抗剪强度，则应提高防水层与基面的黏结强度。

（2）界面剪切进入稳定滑动阶段时（图 4-29 的 *C* 点），此时界面的力学特性则主要由摩擦作用所主导。但图 4-32（b）中的残余剪切强度曲线并不完全符合图 4-31 中的残余剪切强度曲线的坐标轴的相对位置关系，主要体现为残余黏聚力虽然很小但并不为 0。其原因可能是界面处的剪切应力状态是较为复杂的，虽然接触面已经出现了剪切分离，实际上并不存在黏聚力，但由于界面的剪切行为仍然存在一定的非线性，此时出现的残余黏聚力可能仅仅是数学上的一种逼近。

（3）界面剪切进入稳定滑动阶段后，还出现了较大的残余内摩擦角。也就是说，在界面开始滑动时，基面的粗糙度随即发挥作用，柔性防水层在法向应力的挤压下部分嵌入砂浆试块表面的微孔隙中，也会产生一定的咬合作用提高摩擦角。从数值上看，Ⅰ型和Ⅱ型试块的残余内摩擦角比较接近（均只发生防水层与基面的脱黏破坏），可以认为此时材料本身的特性影响不大，界面的滑移力学特性主要还是受到基面粗糙度的直接影响。但是对Ⅲ型试块来说，由于界面发生了混合破坏，也就是在界面滑移过程中，受到基面粗糙度和防水层剪断面的复合影响，因此宏观上体现出更小的残余摩擦角。

以上的分析和讨论，是基于聚合物水泥防水涂料复合试块的实测结果数据所展开的。由于各类防水材料的力学特性可能存在较大差异，因此所得到的结论不一定都适用于其他防水材料。但是，这种分析方法，毕竟可以为分析防水层-结构界面的力学特性提供一种可行的途径。通过以上对防水层-结构界面剪切特征的分析和讨论可以发现，虽然库仑定律可以在宏观层面上很好地描述界面剪切力学特性，并为界面的剪切破坏提供一个可量化评定的准则，但但由于界面问题的复杂性，还需要针对防水层在剪切过程中的力学行为做进一步更为细致深入的研究和分析工作。

2. 防水层应力状态分析

对复合试块中的防水层在界面剪切条件下的应力状态进行分析，并用统一强度理论进行防水层的屈服破坏判断。

（1）防水层力学模型简化。

按照本书 3.4 节中对防水层开展的力学行为分析方法，建立复合试块剪切状态下的简化力学模型。

图 4-33 是复合试块在剪切状态下的受力情况，其顶部受到法向压力 *N*，左侧作用有剪切力 *T*（作用在上半砂浆块上），下半砂浆试块右侧受到剪切装置支座的反力（大小等于 *T*）。复合试块的底部为固定约束边界条件，右侧也因为支座的限制而形成固定约束边界条件。分析中可以忽略试块的体力，即不考虑试块自重的影响。

将复合试块中的防水层抽取出来，并放置在直角坐标系中，对其进行受力和边界条件分析（图 4-34）。在防水层上表面，作用有上半砂浆试块传递过来的法向应力 σ_n 和剪应力 τ，假设法向应力和剪应力都在防水层表面均匀分布。因为防水层上、下表面与砂浆试块基面牢固黏结，因此也受到固定约束边界条件的限制。由于防水层很薄，可以认为其四周自由面处由于上下基面的约束而不产生 x 和 z 方向上的位移。

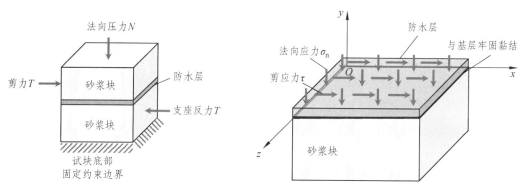

图 4-33　复合试块剪切受力情况分析　　　图 4-34　防水层受力及边界条件分析

由叠加原理可以将图 4-34 中防水层上的荷载分解为如图 4-35 所示的两组载荷作用情况，分别进行求解后再将结果进行叠加。

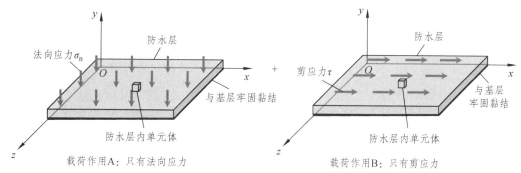

图 4-35　防水层荷载作用分解

（2）求解防水层主应力。

对于载荷作用 A（只有法向应力），在防水层内部的中心位置，选取一个单元体进行分析。设防水层在受力过程中体积不变，即泊松比 $\nu = 0.5$。

由防水层的边界条件可得：$\varepsilon_x = \varepsilon_z = 0$，$\sigma_y = -\sigma_n$（负号表示方向与 y 轴方向相反）。将以上已知变量代入广义胡克定律（本构方程）中，可以得到 $\sigma_x = \sigma_y = \sigma_z = -\sigma_n$。由于荷载和几何条件的对称性，防水层内无剪应力。因此，载荷作用 A 条件下，防水层单元体的主应力为 $\sigma_1 = \sigma_2 = \sigma_3 = -\sigma_n$，此时其应力圆退化为 σ 轴上的一个点。

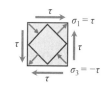

图 4-36　纯剪状态

对于载荷作用 B（只有剪应力），可以取同一单元体进行分析。由此时防水层的边界条件可知，该单元体处于纯剪状态，由材料力学的已知结果（图 4-36）可得：$\sigma_1 = \tau$，$\sigma_2 = 0$，$\sigma_3 = -\tau$。

由叠加原理可以求出荷载作用 A 与载荷作用 B 同时作用条件下，防水层单元体上的主应力为 $\sigma_1 = \tau - \sigma_n$，$\sigma_2 = -\sigma_n$，$\sigma_3 = -(\tau + \sigma_n)$。可以画出其应力圆并求得主切应力，如图 4-37 所示。

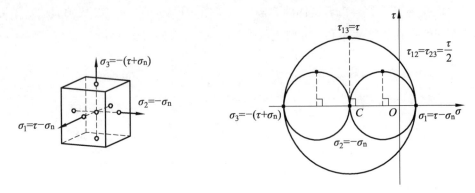

图 4-37　复合试块防水层剪切状态下的应力圆

（3）屈服条件判断。

设防水层材料的拉压强度相同（$\sigma_t = \sigma_c$），并选用 $\alpha = 1$、$b=0$（此时 $\tau_s = 0.5\sigma_s$）时的统一强度理论对其屈服问题进行分析。

将求得的主应力值和 $\alpha=1$、$b=0$ 代入统一屈服准则的第二式（满足判断条件），可得

$$f' = \sigma_1 - \sigma_3 = 2\tau = \sigma_s \tag{4-34}$$

此结果对应的是最大剪应力理论（第三强度理论或特雷斯卡屈服准则），由该结果可知：对处于试块中的防水层来说，当其受到的剪切应力大于 1/2 材料屈服极限时，防水层就会发生屈服而进入塑性变形状态。

这个结果表明，试块中防水层的剪切屈服主要由作用在其上的剪切应力主导。这个结果是在复合试块中防水层受到上、下两个基面严格约束的边界条件及小变形的前提下得出的，在实际试验中由于边界条件与理论分析的差距，以及界面和材料中复杂的应力变化过程，可能结果也会存在一定差异。

4.3.4　界面剪切性能仿真模拟

与第 2 章的防水层拉伸力学性能仿真模拟相同，此处仍然采用 ABAQUS 有限元软件开展复合试块界面剪切试验的数值仿真，分析试块在剪切条件下界面及防水层应力的变化、分布规律及破坏形式，并与试验结果进行比较以验证仿真方法的可行性。

1. 模型建立及参数设置

开展了二维与三维建模的仿真模拟，其中二维仿真采用静力计算，三维仿真考虑到计算效率与结果的收敛性选择动力显示分析，并采用平滑幅值曲线的动荷载代替静荷载，将静力问题作动力问题进行计算。

（1）模型假定。

本次仿真试验的模型假定如下：

① 将水泥砂浆以及防水层视作为各向同性材料，且不考虑材料重力的影响。

② 由于垂直于剪切位移方向且平行于剪切面方向的应力沿该方向稳定不变且可以忽略，因此作平面应力问题进行计算。

③ 假设试验前层间界面接触均匀，无初始缺陷。

（2）建模结果。

根据复合试块的实际尺寸进行建模得到的二维与三维仿真模型如图 4-38 所示，模型的网格划分情况见图 4-39。

（a）二维模型　　　（b）三维模型　　　　　（a）二维模型网格　　（b）三维模型网格

图 4-38　仿真试验建模示意图　　　　　　　　图 4-39　网格划分情况

（3）本构模型及界面参数设置。

防水层材料的本构模型采用第 2 章中对聚合物水泥防水涂料拉伸试验数据进行拟合得到的 $N=3$ 的 Ogden 模型。

采用基于能量的线性软化形式的内聚力模型（内聚力单元）进行防水层黏结界面的模拟，内聚力单元参数根据界面剥离强度及剪切强度试验实测的结果取值。在模拟中，对防水层上、下两个表面处均设置了内聚力单元，用以模拟与砂浆试块的黏结界面。

2. 数值仿真模拟结果分析

提取了二维和三维复合试块模型在剪切过程中的界面应力分布情况和荷载-位移曲线，与界面剪切试验的结果进行对比分析。

（1）界面应力分布情况。

剪切初始阶段界面应力处于弹性状态（图 4-40）。随着剪切位移增加，防水层与砂浆块的黏结强度达到极限，界面开始出现局部剥离损伤，表现为内聚力单元局部开始出现损伤直到断裂破坏，界面在该处剪切失效且脱黏（图 4-41）。未脱黏处的防水层单元受到周围脱黏单元的拉伸作用，应力值迅速上升达到强度极限，进而继续开裂。

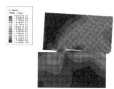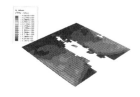

（a）二维模型　　（b）三维模型内聚力单元　　　　（a）二维模型　　（b）三维模型内聚力单元

图 4-40　弹性阶段应力分布　　　　　　　　　图 4-41　界面局部损伤脱黏

随着界面损伤持续发展，防水层与砂浆块界面绝大部分区域处于完全剥离脱黏状态，表现为内聚力单元大面积损伤破坏并失效删除（图 4-42），这时剪应力由层间破坏面上的摩擦阻力提供，界面进入滑移阶段。

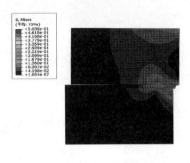

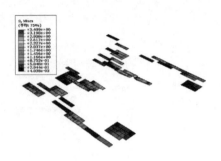

（a）二维模型　　　　　　　　　　　（b）三维模型内聚力单元

图 4-42　界面大面积脱黏破坏

由以上仿真结果可以验证，采用二维模型与三维模型均能较好地模拟出复合试块剪切过程中界面经历的弹性阶段、屈服阶段、软化阶段以及滑移阶段现象，且层间界面的脱黏往往是从界面边缘率先发生，再向全界面扩展。

（2）剪切荷载-位移曲线。

提取 I 型防水层材料、法向应力值为 0.1 MPa 下的剪应力-位移曲线仿真计算结果，如图 4-43 所示。可以发现三维模型的曲线呈现一定频率的波动，这是由于以一定频率使用动力荷载替代静载所导致的应力响应，需对该曲线作上包络线处理并加以平滑，以得到最终结果，如图 4-44 所示。

对比二维模型、三维模型数值计算结果曲线与试验实测曲线，如图 4-45 所示，可以发现数值结果与试验结果具有较好的相似性，数值结果能够较好地体现剪应力随剪切位移变化的关系，包括弹性阶段、屈服阶段、软化阶段与滑移阶段。

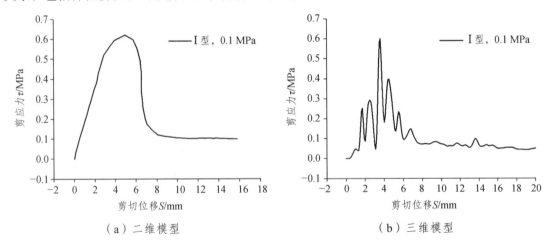

（a）二维模型　　　　　　　　　　　（b）三维模型

图 4-43　数值模拟结果剪应力-剪切位移曲线

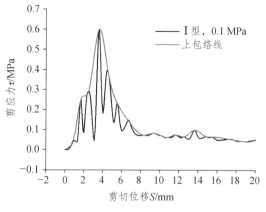

图 4-44　三维模型剪切应力-位移包络线

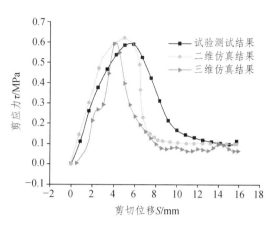

图 4-45　数值模拟结果与试验结果对比

3. 数值模拟可行性分析

通过对上述数值模拟结果的分析可知,采用内聚力单元对防水层-结构界面的力学行为模拟是有效的。在数值模拟中,对界面的应力分布及破坏规律进行了重现,得到的剪应力-剪切位移曲线体现的峰值剪应力与残余剪切强度等参数与试验值吻合较好,能够模拟界面剪切过程中出现的弹性阶段、屈服阶段、软化阶段以及滑移阶段现象。

因此,通过材料力学性能基础试验与界面性能试验,合理选取防水材料力学模型和材料参数,就能够通过有限元的方法实现对其力学特性的仿真,对预测界面的力学行为及破坏规律具有重要意义。

4.4　聚合物防水层-结构界面力学特性表征

在力学理论、试验测试、数值仿真等方面,系统性地对防水层-结构界面力学特性的表征方法进行了分析和验证以后,证明了相关方法的有效性和可行性。此处采用上述方法和技术途径,对 CSL 试块的防水层-结构界面进行对应的测试和分析,以对其力学行为和特性进行表征。

4.4.1　界面剥离强度试验测试

在界面剥离强度试验和界面剪切强度试验中,均采用本书 2.3 节所述的双组分聚合物防水材料(北京东方雨虹防水技术股份有限公司提供)进行防水层试样的制备及性能测试。

1. 试件制备及试验方法

按照《建筑防水涂料试验方法》(GB/T 16777—2008)的 A 法制作黏结拉伸试件(图 4-46)。其中,砂浆试块截面尺寸为 70 mm×70 mm,厚 20 mm。

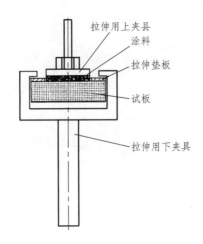

图 4-46　拉伸夹具及试件装配图

　　按厂家提供的制样说明，进行防水层试样的制备，分别在砂浆试块的表面制备了不同预设厚度的聚合物防水层（图 4-47）。在标准条件下养护至规定时间后，用无溶剂环氧树脂均匀涂覆在拉伸上夹具和防水层上进行黏结。试件制作完成后的情况如图 4-48 所示。

图 4-47　防水层制备

图 4-48　成型试件

试验主要步骤：

　　（1）试验开始前，上、下夹具与试块通过 3 个销钉连接成为整体，试件、夹具及安装完成后如图 4-49 所示。

（a）夹具组成

（b）试件装配

图 4-49　界面剥离强度试件与装配

（2）设置拉伸速度为 5 mm/min，预载速度与拉伸速度相同。将带有拉伸用上夹具的试件安装在试验机上，下放横梁至上夹具与固定螺栓的销钉孔对齐，插入销钉。下放横梁时移动速度不可过快，防止金属部件发生碰撞致使传感器超过量程而压坏。

（3）向上调整横梁位置，同时观察软件界面力值，当试件与下夹具之间力值显示为零时，将界面位移、峰值力等值清零，然后开始加载至试件破坏。

2. 界面剥离强度试验结果

（1）界面剥离破坏形态。

试验初始段应力值变化速率不大，而后应力值在数秒内迅速上升，防水层与砂浆试块快速分离。部分试件在应力值达到黏结强度后缓慢下降，直至防水层与砂浆块分离，表明界面随拉伸过程逐渐失效。瞬间脱离的试件，防水层与砂浆块完全脱开，黏结面保持完整（图 4-50）；而逐渐脱黏的试件，界面脱黏与防水层破坏共同出现。

图 4-50　试样剥离破坏

（2）黏结应力-位移曲线。

同一防水层厚度试件的黏结应力-位移曲线平均值见图 4-51。结果表明，随着防水层厚度的增加，峰值应力（黏结强度）减小，但拉伸失效位移变大。防水层厚度为 1 mm、2 mm、3 mm 的试件的平均峰值应力分别为 1.78 MPa、1.21 MPa 和 1.14 MPa。通过该试验的测试结果，可以得到防水层与砂浆基层之间黏结界面的剥离强度、黏结刚度及黏结破坏能等指标参数结果。

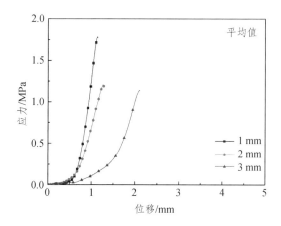

图 4-51　不同厚度防水层黏结强度试验应力-位移曲线（平均值）

4.4.2 界面剪切强度试验测试

采用与界面剥离强度相同的聚合物防水材料,按第 4.3.2 节所述的试验方法,开展界面剪切强度的测试和分析。

1. 试件制备及试验方法

采用分三层浇筑的方法,在砂浆试块模具内制备中间含有聚合物防水层的界面剪切试件,其中防水层的制备厚度为 3 mm。首先,在模具内浇筑下半块砂浆块,养护后在其表面涂刷聚合物防水材料。防水层一共分三次涂刷,以保证每层的充分固化。当第三次涂刷的防水层表干后,在其上部浇筑上半块砂浆块,1 d 后脱模并在标准条件下养护 10 d。浇筑过程及试件成型后如图 4-52 所示。

采用第 4.3.2 节所述的界面剪切试验装置开展试验。为使剪切过程充分释放剪切应力,避免试验结果趋于脆性破坏,剪切位移速率设为 1 mm/min。试件界面法向应力分别为 0.1 MPa、0.3 MPa 和 0.5 MPa,相应的压力值分别为 490 N、1470 N 和 2450 N。每种正压力条件下取三组有效数据。

（a）防水材料涂刷

（b）成型后的试块

图 4-52　聚合物防水层复合试件制备

2. 界面剪切强度试验结果

聚合物防水材料复合试块的剪切破坏方式均为接触面脱黏破坏（界面破坏）,并未出现防水层内部破坏和砂浆块剪切受损,试块剪切失效后的形态如图 4-53 所示,其中上半砂浆块（后浇筑半块）与防水层接触面脱黏破坏的情况居多。这个结果表明防水层与后浇水泥砂浆的黏结强度小于其与先浇水泥砂浆基面的黏结强度,因此防水层与后浇砂浆的界面可被视为结合部的薄弱面,可作为评价界面强度的依据。剪切应力-位移曲线（平均值）如图 4-54 所示。

（a）试块失效形态

（b）失效试块防水层表面情况

图 4-53　聚合物防水层复合试件剪切失效形式

从图 4-54 的曲线中，还可以获得复合试块在不同法向应力条件下的界面剪切强度和残余剪切强度值。可根据岩石平直结构面剪切强度线的绘制方法，将相关剪切强度数据和法向应力的关系绘制在 τ-σ 坐标系中，如图 4-55 所示。从剪切强度线绘制结果可知，聚合物防水层复合试块的界面剪切特性很好地符合了库仑定律的规律。从图中可以得出试块的界面剪切力学特性的表征指标：黏聚力 259 kPa、内摩擦角 33°、残余黏聚力 0、残余内摩擦角 32°。相比聚合物水泥防水涂料试块的界面剪切强度试验，这个结果更加接近岩石平直结构面的剪切特性。尤其是残余剪切强度线，很好地说明了当复合试块的界面破坏以后（防水层与砂浆基面脱黏），在界面的滑移过程中仅仅是砂浆试块基面与防水层表面之间的摩擦在起主导作用，因此此时没有残余黏聚力，而只有反映界面摩擦系数的残余内摩擦角。

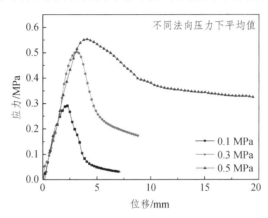

图 4-54 聚合物防水层复合试件剪切试验应力-位移关系（平均值）

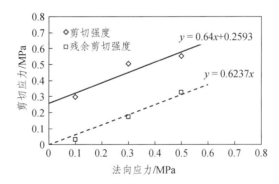

图 4-55 聚合物防水层复合试件剪切强度与法向应力关系

3. 界面本构模型及力学特性

双线性内聚力模型损伤演化关系中，基于面与面接触的界面内聚力行为可通过黏结拉伸与剪切刚度来定义。本书选取二次名义应力准则对损伤起始进行定义，所需界面参数为界面黏结（剥离）强度、剪切强度。在界面损伤演化过程中，分离位移包括初始损伤分离位移与完全失效分离位移，分别对应达到界面（剥离或剪切）强度时的（黏结或剪切）位移与界面发生（黏结或剪切）失效时的位移；失效过程能量消耗对应黏结破坏能、剪切滑移破坏能。

以上参数均可通过试验测试得到的剪切应力-位移曲线获取。其中，界面刚度为曲线弹性阶段斜率，界面强度为曲线应力最大值，黏结或剪切破坏能为界面黏结拉伸或界面剪切应力-位移曲线下的面积。通过 Origin 软件提取得到的参数见表 4-3 和表 4-4。

表 4-3　聚合物防水层黏结拉伸参数

防水层厚度 /mm	黏结刚度 /（N/mm³）	黏结强度 /MPa	初始损伤分离位移 /mm	完全失效分离位移 /mm	黏结破坏能 /（N/mm）
1	2.97	1.781	1.139	1.147	0.466
2	1.78	1.211	1.270	1.287	0.437
3	1.31	1.143	2.102	2.110	0.548

表 4-4　聚合物防水层复合试件剪切参数（防水层厚 3 mm）

法向应力 /MPa	剪切刚度 /（N/mm³）	剪切强度 /MPa	初始损伤分离位移 /mm	完全失效分离位移 /mm	剪切破坏能 /（N/mm）
0.1	0.182	0.297	2.181	7.194	1.06
0.3	0.204	0.504	3.128	8.825	2.58
0.5	0.212	0.553	4.092	19.515	6.79

4.4.3　界面剪切力学特性仿真模拟

由于界面损伤问题难以通过特定试验方法用解析法定量计算，本节从数值模拟的角度，利用 ABAQUS 有限元软件对聚合物防水层复合试件界面力学特性进行研究。如前文所述，采用双线性内聚力模型作为界面损伤模型。

1. 模型建立及参数设置

采用 ABAQUS 对剪切试验进行三维建模，试件的尺寸（取防水层厚度为 3 mm 的试块）及荷载边界条件与试验条件相同。试块整体网格划分后，在防水层与砂浆试块界面处插入内聚力单元，然后对砂浆块、防水层和界面分别赋予相应属性。其中，防水层材料参数通过本书 2.3 节的试验结果得到，内聚力模型参数取值见表 4-5。

表 4-5　聚合物防水层复合试件内聚力模型参数

法向应力 /MPa	剪切刚度 /（N/mm³）	剪切强度 /MPa	黏结刚度 /（N/mm³）	黏结强度 /MPa	剪切破坏能 /（N/mm）	黏结破坏能 /（N/mm）
0.1	0.182	0.297	1.31	1.143	1.06	0.548
0.3	0.204	0.504	1.31	1.143	2.58	0.548
0.5	0.212	0.553	1.31	1.143	6.79	0.548

试块模型整体网格划分情况、防水层及内聚力单元网格划分情况如图 4-56 所示。模型的边界条件及荷载条件的处理与试验条件尽可能一致（图 4-57）。首先在初始条件中对半块试

块设置完全固定的边界条件，然后对试块法向施加预压应力，最后对未固定的半块试块以 1 mm/min 的剪切速度施加载荷，方向垂直于固定面向下。

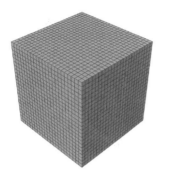

（a）试件模型网格划分

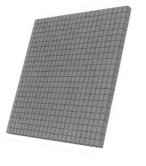

（b）防水层及界面内聚力
单元网格划分

图 4-56　聚合物防水层复合试块模型

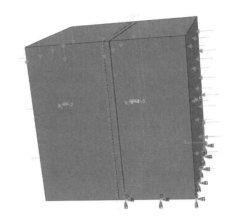

图 4-57　荷载模拟与边界条件设置

2. 数值仿真模拟结果分析

（1）剪切试件内聚行为及应力分布。

界面单元、防水层及砂浆试块在界面内聚行为过程中（即界面线弹性阶段）应力分布如图 4-58 所示。结果表明，在界面内聚行为过程中，应力分布表现出在界面单元、防水层单元、砂浆试块单元整体依次递减的规律。

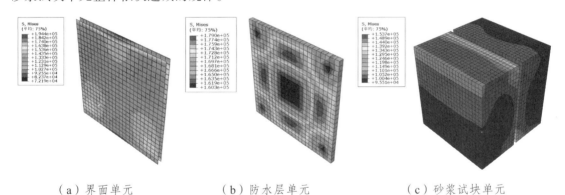

（a）界面单元　　　　　　（b）防水层单元　　　　　　（c）砂浆试块单元

图 4-58　界面线弹性阶段的界面、防水层及砂浆试块应力分布

（2）界面损伤行为及破坏规律。

损伤起始状态即为界面开始失去接触的状态，对应于界面类型中的接触界面。对于本模型，损伤发生后，损伤行为由能量释放率决定。当接触面的接触能消失时，即能量损失达到剪切失效过程中消耗的能量时，界面单元完全分离失效。聚合物防水层复合试件各部分在损伤及失效行为中的应力及位移分布如图 4-59 所示。

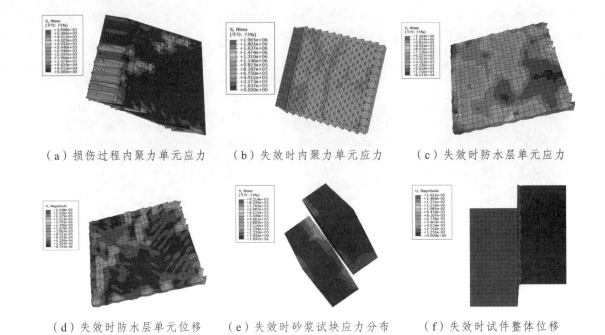

（a）损伤过程内聚力单元应力　　（b）失效时内聚力单元应力　　（c）失效时防水层单元应力

（d）失效时防水层单元位移　　（e）失效时砂浆试块应力分布　　（f）失效时试件整体位移

图 4-59　试件模型各部分单元损伤及失效行为

在图 4-59 中，剪切过程中的内聚行为对应接触界面中的黏着区。当界面达到损伤起始准则后，随着剪应力的继续增大，临近试件边界的界面内聚力单元很快达到分离位移，这部分单元损伤失效，形成接触界面中的开口区（这部分区域同剥离界面）。此后该部分单元不再参与界面内聚行为，剪切应力由剪切方向其他单元继续承受。随着剪切位移继续增大，损伤行为持续演化，临近开口区的接触界面黏着区界面单元失效后仍然与防水层和试块接触并产生滑移，在剪切过程中通过摩擦力承担一部分剪应力，这部分单元构成接触界面的滑移区。

（3）剪切仿真可行性验证。

由于剪切结束后防水层与界面不同单元应力分布不均匀，因此需要在界面处建立耦合的相互作用，即用一个点集来代替界面上所有应力。分别在试件内部两界面上不同位置建立参考点和点集，然后将面上的作用力耦合于点集（图 4-60）。计算完毕后，可以提取耦合点场变量中的应力与位移数据，与试验结果进行对比。

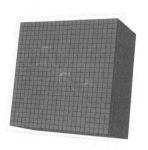

图 4-60　界面作用耦合点

　　界面剪切强度试验结果与仿真模拟应力-位移曲线对比如图 4-61 所示，基于内聚力模型的有限元仿真与试验应力-位移关系基本吻合，表明双线性内聚力本构模型的选取是合理的，同时也验证了试验结果和仿真建模的合理性。仿真应力-应变曲线也呈现出随着法向应力增大，剪切强度与剪切失效位移增大的结果，与试验测试结果一致。

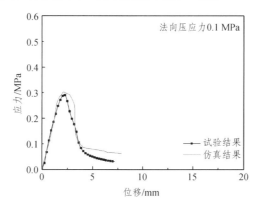

（a）法向应力 0.1 MPa

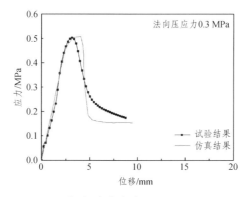

（b）法向应力 0.3 MPa

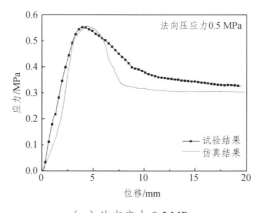

（c）法向应力 0.5 MPa

图 4-61　不同法向应力下界面剪切试验结果与仿真应力-位移曲线对比

另外，失效时试件各部分单元应力分布结果（图4-59）表明，砂浆内部未发生破坏，而防水层在界面边界处存在微小位移，但仍未破坏。界面单元是剪切试件唯一存在破坏失效行为的元素，因此界面强度即为结合材料的强度。这一点亦与实测结果吻合。

3. 界面参数变化的影响

为进一步探索界面力学参数的变化对其剪切力学特性的影响，基于相同的有限元模拟方法和试验条件，进行了界面参数变化条件下的界面剪切力学特性的对比分析。

（1）界面参数取值。

仅改变聚合物防水层复合试件中的界面参数，将界面剪切强度试验得到的结果作为Ⅱ型界面参数，将其扩大一倍得到Ⅲ型，缩小一倍则得到Ⅰ型，然后分别计算在这三种界面参数条件下试件的应力及位移分布。具体参数取值如表4-6所示。

表4-6　聚合物防水层复合试件界面参数对比取值

类型	黏结强度 /MPa	黏结刚度 /（N/mm³）	黏结破坏能 /（N/mm）	剪切强度 /MPa	剪切刚度 /（N/mm³）	剪切滑移能 /（N/mm）
Ⅰ	0.464	0.685	0.279	0.167	0.105	2.01
Ⅱ	0.928	1.370	0.558	0.344	0.210	4.02
Ⅲ	1.856	2.740	1.116	0.688	0.420	8.04

（2）界面应力分布规律。

界面剪切强度试验结果表明，防水层与两个砂浆半块之间的界面特性有所不同，这是由于两个砂浆半块养护方法、浇筑时机等制样因素所造成的。同时，由于砂浆试块约束与剪切位置的不同，导致两层界面在加载过程中损伤破坏行为也有差异。为便于描述，将界面黏结相对稳定的界面称为界面1，而剪切脱开的界面称为界面2。其中，界面1并非完全结合界面，而是经过剪切滑移后形成一定滑移区和开口区的接触界面，防水层在试件中也存在一定位移。界面1与界面2的区别在于，界面1的黏着区面积远大于界面2，而界面2的开口区和滑移区面积大于界面1，如图4-62所示。

（a）试块与防水层黏结相对稳定（界面1）　　　（b）防水层从试块脱开（界面2）

图4-62　试验条件下的界面失效行为

根据不同界面参数条件下的仿真结果可知，随着界面参数的增大，界面与防水层表面应力增大，单元失效也越来越明显。仿真结果中，界面 1 与界面 2 损伤行为不同的原因为试件不同位置约束与加载条件的不同。下面仅列出法向应力为 0.3 MPa 时，三种界面参数条件下界面 1 与界面 2 的内聚力单元失效行为，如图 4-63 所示。结果表明，Ⅰ 型界面由于界面参数值最小，内聚行为过程中界面即开始滑移，界面过早破坏，因此界面单元在内聚行为过程中位移较小，滑移位移较大；同时界面 1 的应力分布整体大于界面 2。随着界面参数的增大，界面黏结效果与内聚行为越来越明显，界面达到损伤起始所需张力与破坏失效所需的能量释放率也越来越大，同时界面失效时分离位移越来越大；在此过程中界面 1 的分离位移大于界面 2。图 4-63 中内聚力单元的行为在防水层表面也有所体现，随着界面参数的增大，防水层表面应力分布整体呈现越来越大的趋势。图 4-63 也表明界面边界附近应力值较大，与图 4-62 中边界处防水层发生一定压剪卷曲的结果相吻合。

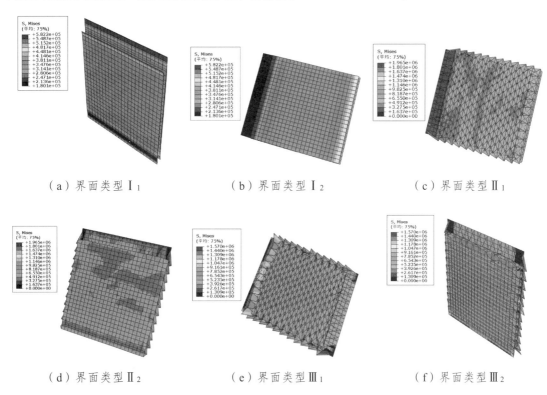

（a）界面类型 Ⅰ₁   （b）界面类型 Ⅰ₂   （c）界面类型 Ⅱ₁

（d）界面类型 Ⅱ₂   （e）界面类型 Ⅲ₁   （f）界面类型 Ⅲ₂

图 4-63 不同界面参数影响下界面内聚力单元失效行为

（3）剪切应力-位移曲线。

将曲线初始阶段波动部分处理后绘出包络线，然后对曲线进行平滑处理。由此绘出不同法向应力状态下三种类型界面参数的剪切应力-位移曲线，如图 4-64 所示。

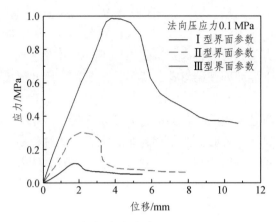

（a）法向应力 0.1 MPa

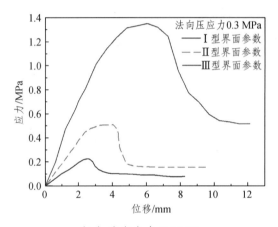

（b）法向应力 0.3 MPa

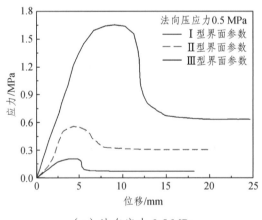

（c）法向应力 0.5 MPa

图 4-64　不同法向应力下三种类型界面仿真应力-位移曲线

　　结果表明，界面参数的变化会对界面的剪切应力与位移产生显著的影响。随着界面黏结和剪切强度、刚度增大，内聚力单元损伤起始分离位移、失效分离位移、界面峰值应力和残余应力均呈增大趋势,这也使得界面内聚破坏所需的能量逐渐增大。但随着界面参数的成倍增大,应力与位移差值的增量却有所不同。Ⅰ型界面与Ⅱ型界面达到峰值应力(即损伤起始)时位移差值较小,Ⅱ型界面与Ⅲ型界面峰值应力差值较大,说明界面的力学特性并不与界面参数成线性比例关系。

对剪切应力最大的Ⅲ型界面,其峰值剪切应力未达到防水层与砂浆试块的破坏强度,因此界面先于防水层破坏。但如果界面参数继续增大,则会使防水层先于界面破坏,这对防水层的完整性和结构整体受力是不利的。如果希望防水层在衬砌结构中发挥协同受力作用,首先应该关注防水层-结构界面的力学特性和防水材料的性能参数,而过强的界面结合或过低的防水材料性能会造成防水层的内聚破坏,影响衬砌的防水性能。从这个方面来分析,防水材料的剪切强度要高于其与基面的黏结强度,才可保证界面剪切过程中防水层不发生内聚破坏。考虑到一定的安全储备,并保证防水层在界面滑移过程中仍然能保持弹性状态,防水层材料的剪切屈服极限应大于与基面的黏结强度。

4. 界面力学模型的讨论

综合上述剪切试验及数值模拟的结果,并对比本章图 4-2 的界面力学模型可知,在进行防水层-结构界面问题的分析时,如何对防水层-结构的结合部位建立简化力学模型,还需要综合根据防水层的剪切强度和基面的黏结强度来确定。

(1)构造层次简化模型。

将界面剪切试验块的组成结构层次用如图 4-65 所示的模型来表示,把试块每个层次拆分出来,可知其从上往下的组成部分包括上部砂浆(新浇或后浇)、新接触面(防水层与上部砂浆)、防水膜(层)、老接触面(防水层与下部先浇砂浆)、下部砂浆(先浇)。假设每个组成部分均有自己的抗剪性能,则在这个体系中至少有 4 个相关的剪切强度参数 $\tau=f(\tau_砂,\tau_新,\tau_膜,\tau_老)$ (假设上、下两块砂浆块的剪切强度相同)。

根据本章开展的界面剪切试验结果,再做如下合理假设:

①砂浆试块在剪切试验中始终没有出现破坏,因此可以认为上、下两块砂浆(或混凝土)块的抗剪能力最大,且假设两者的剪切强度相等,则有 $\tau_{max}(\tau_砂,\tau_新,\tau_膜,\tau_老)=\tau_砂$。

②从试验结果观察到,新浇砂浆块(图 4-65 中的上部砂浆块)与防水层之间的黏结强度,要低于防水层与先浇砂浆块(下部砂浆块)的强度,因此有 $\tau_新<\tau_老$。

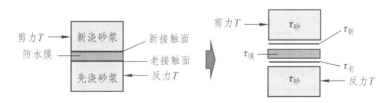

图 4-65　复合试块的简化模型

(2)破坏形式分析。

结合图 4-29 的黏聚-损伤-摩擦耦合模型对图 4-65 所示的结构体系进行剪切破坏分析。容易知道,当这个结构体系仅受到剪切作用并逐层传递剪切应力 τ 时,体系中剪切强度最小的构造层次先开始失效。

①当 $\tau_{新} < \tau_{膜}$ 时，整个体系中新浇砂浆与防水层的黏结接触面是最薄弱的环节，在达到峰值剪应力 τ_p 时首先发生破坏，并转入摩擦滑动状态，破坏界面上只剩下比峰值剪应力 τ_p 低的残余剪应力 τ_r。此时，防水层还能与先浇混凝土牢固黏结并保持自身完整性，其防水功能也不受到影响。

②当 $\tau_{新} < \tau_{膜}$ 时，体系中防水层是最薄弱环节，在达到峰值剪应力 τ_p 时首先发生破坏，并且破坏是发生在防水层内，即防水层内聚破坏。此时，防水层已经发生损伤，其完整性和防水功能将丧失。

③当 $\tau_{新} \approx \tau_{膜}$ 时，可能会发生新浇砂浆与防水层的黏结接触面破坏和防水层内聚破坏（此时为混合破坏），防水层仍然受损。

以上三种情况，对应的破坏形态及适用的界面力学模型示意图见图 4-66。

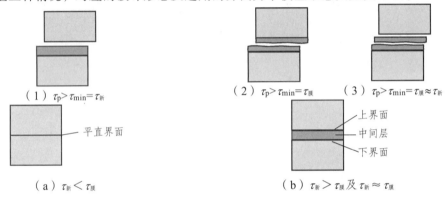

（1）$\tau_p > \tau_{min} = \tau_{新}$　　　　（2）$\tau_p > \tau_{min} = \tau_{膜}$　（3）$\tau_p > \tau_{min} = \tau_{膜} \approx \tau_{新}$

（a）$\tau_{新} < \tau_{膜}$　　　　　　　　　　（b）$\tau_{新} > \tau_{膜}$ 及 $\tau_{新} \approx \tau_{膜}$

图 4-66　复合试块破坏形态及对应的界面力学模型

（3）力学模型适用性分析。

从图 4-66 中的两种界面力学模型可知，理想状态下，隧道防水层应该出现图 4-66（a）所示的混凝土基面黏结界面破坏（$\tau_{新} < \tau_{膜}$），此时结构、防水层均能较好地保持各自的完整性，能在最低程度上降低对各自功能的影响和损失。对防水层-结构界面问题的分析来说，这也是最简单的一种情况，在力学模型中可以将中间的防水层整体简化为一个没有厚度的界面来进行处理，从而降低问题分析的复杂性和烦琐性。

在另外两种情况下（$\tau_{新} > \tau_{膜}$ 及 $\tau_{新} \approx \tau_{膜}$），就需要建立如图 4-66（b）所示的含有中间层（防水层）的力学模型，并考虑上、下黏结界面的参数差异进行综合分析，这将使得问题分析的复杂程度大幅度提高。即使采用有限元法进行模拟分析，也需要设置不同的界面特性参数及中间层材料性能参数，这会使得建模和计算工作量增加，并有可能遇到计算难以收敛的情况。况且此时防水层也会发生内聚破坏，再做计算分析也没有太大的意义。

如果从工程应用的角度考虑，则应保证防水层本身的剪切强度 $\tau_{膜}$ 要大于其与两侧混凝土黏结面之间的剪切强度（$\tau_{新}$和 $\tau_{老}$），或者采取一定的技术措施至少保证大于与其中一侧接触面的剪切强度，才能避免出现防水层内聚破坏的情况。

（4）界面参数的获取方法。

界面参数目前主要还是通过试验测试的方法得到。防水层与混凝土的黏结接触面的界面参数，可以通过本章所述的界面剥离强度试验和界面剪切强度试验的结果计算得到。其中，在得到了如图 4-55 所示的剪切强度线以后，可以按防水层在工作状态下的最大压应力条件，来推定最不利情况下的界面剪切强度。为了避免防水层出现内聚破坏，防水层的剪切强度应大于最不利情况下的界面剪切强度。

防水层材料的剪切强度，可以通过材料的平面拉伸试验测得，或者在大量试验数据积累的基础之上，通过材料的单轴或双轴拉伸数据换算得到。如果是分析界面的屈服问题（界面还未进入损伤阶段），则应该按防水层材料的剪切屈服极限来取值。

目前，在隧道工程中讨论较多的关于 CSL 结构中防水层与衬砌结构协同受力的问题，还需要做进一步的研究和探索。但即使强调防水层在衬砌结构中的协同受力作用，也应注意对防水层本身的材料性能提出要求，应在满足防水层本身防水功能不损失的前提下，尽可能地参与到衬砌结构的协同受力中去。

第5章　复合梁构件受弯力学行为与特性

通过前面的研究工作，明确了防水层的本构模型和 CSL 结构的界面表征方法，并通过测试得到了相关参数值，这为探讨 CSL 构件力学行为与特性奠定了基础。在材料力学和混凝土结构设计理论中，梁的弯曲是一个基本问题，相关的理论分析结果和试验测试方法也已经较为完备。因此，目前国内外学者通常选用不同形式的复合梁构件，基于理论解析和试验测试结果对 CSL 结构在弯曲条件下的力学行为与特性进行探讨。

5.1　简单梁构件受弯力学特性分析

在理论分析和试验研究中，为简化问题的分析，往往采用等直梁构件对其在受弯状态下的应力和变形等力学特性进行研究。为对比中间防水层不同的黏结状态对梁构件受弯力学性能的影响，此处先对均质梁（单一材料梁）、组合梁（对应 SSL 结构）、叠层梁（对应 DSL 结构）等受力形式简单、传力机制明确、理论解析结果完备的"简单梁"构件的受弯力学特性进行分析。

5.1.1　均质梁受弯力学机制

图 5-1（a）所示的均质梁是在理论分析和试验测试中使用较多的构件形式，这种受力形式的梁构件上包含剪切弯曲段（AC 段和 DB 段），以及纯弯曲段（CD 段），因此从力学行为上来说具有典型的代表性，也是分析弯曲构件力学特性的重要基础。

1. 纯弯曲段正应力分析

在满足材料力学的基本假设条件下，图 5-1（a）所示简支梁的计算简图、剪力图和弯矩图分别如图 5-1（b）、（c）和（d）所示。由材料力学的解析结果可知，该梁纯弯曲段横截面上任意点的正应力 σ 与该点距中性轴的坐标 y 成正比，即正应力沿截面高度成线性规律分布（图 5-2）。横截面上最大正应力发生在最外边缘上的各点（$y_{max}=h/2$，h 为梁高）处，其计算公式为

$$\sigma_{max} = \frac{M y_{max}}{I_z} = \frac{M}{W_z} \tag{5-1}$$

式中，I_z 为横截面对中性轴 z 的惯性矩（mm^4），W_z 为抗弯截面模量（mm^3）。对于宽度为 b、高度为 h 的矩形截面，$I_z=bh^3/12$，$W_z=bh^2/6$。

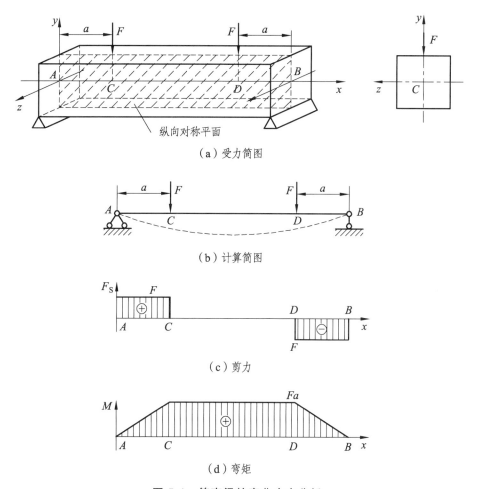

（a）受力简图

（b）计算简图

（c）剪力

（d）弯矩

图 5-1 等直梁的弯曲应力分析

中性轴 z 通过梁横截面的形心，在中性轴上，正应力等于零；而在与中性轴等远处的同一横线上，各点处的正应力相等。

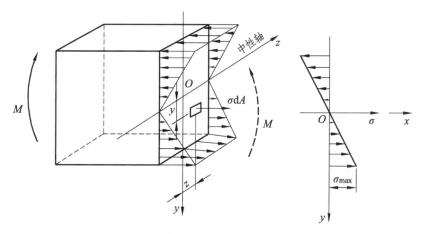

图 5-2 弯曲引起的正应力

2. 剪切弯曲段切应力分析

在剪切弯曲段，梁的横截面上既有弯矩 M 又有剪力 F_S，因而截面内存在正应力和切应力。切应力沿截面高度呈抛物线形分布，最大切应力发生在中性轴处（图 5-3），其计算公式为

$$\tau_{max} = \frac{h^2 F_S}{8 I_z} \qquad (5\text{-}2)$$

如以 $I_z = bh^3/12$ 代入上式，可得

$$\tau_{max} \approx \frac{3 F_S}{2bh} \qquad (5\text{-}3)$$

可见矩形截面梁的最大切应力为平均切应力的 1.5 倍。

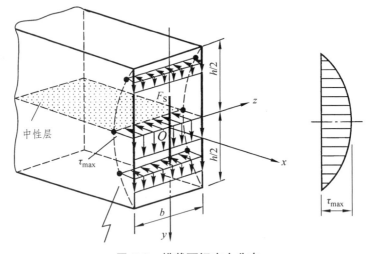

图 5-3　横截面切应力分布

对于矩形截面梁，当跨度 l 比其截面高度 h 大得多时（如 $l>5h$），其横截面上的正应力往往比切应力大得多，这时切应力可以忽略不计。

3. 弯曲变形分析

在梁表面分别取两条垂直于轴线的相邻横向直线 mm、nn 和平行于轴线的纵向直线 aa、bb。在纯弯曲段内，纵向直线和横向直线的变形如图 5-4 所示。

假设梁由许多层纵向纤维组成，各纵向纤维之间无挤压作用，所有与轴线平行的纵向纤维都只受到轴线拉伸或轴向压缩。因此，当加载变形后，梁的上层各纤维（如 aa）缩短了（变为 $a'a'$），而梁的下层各纤维（如 bb）伸长了（变为 $b'b'$）。原矩形截面的梁，变形后受拉区纵向纤维伸长而使梁的宽度减小，受压区的纵向纤维缩短而使梁的宽度增加。但是，在小变形条件下，有时为了方便分析，也可以忽略其宽度上的变化，仍然将其视为矩形截面。

此外，由平截面假设可知，梁的各个横截面在变形后仍保持为平面，并仍垂直于变形后

梁的轴线，只是绕横截面上某一个轴旋转了一个角度。因此，横线 mm 和 nn 仍为直线，并且相对转动了一个角度 dθ，但仍与弧线 $a'a'$、$b'b'$ 正交。

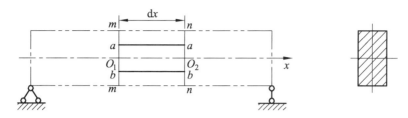

（a）弯曲变形前

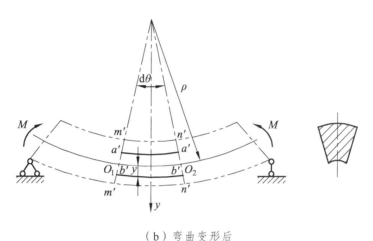

（b）弯曲变形后

图 5-4　梁的纯弯曲变形

当梁弯曲时，纵向纤维的变形沿截面高度是连续变化的，因此，其中必有一层纤维既不伸长也不缩短，这一纤维层称为中性层（O_1O_2 所在的平面），中性层与横截面的交线称为中性轴 z（图 5-5）。

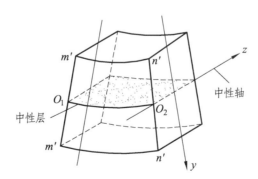

图 5-5　梁弯曲变形后的中性层和中性轴

图 5-4（b）中的 ρ 为中性层的曲率半径。对于纤维 bb 来说，其线应变为

$$\varepsilon = \frac{b'b' - bb}{bb} = \frac{(\rho + y)\mathrm{d}\theta - \rho\mathrm{d}\theta}{\rho\mathrm{d}\theta} = \frac{y}{\rho} \tag{5-4}$$

由此可知，纵向纤维的线应变，与它到中性层的距离 y 成正比。当 y 为正时（在中性层以下），纤维受拉；当 y 为负时（在中性层以上），纤维受压。

结合梁的弯曲应力分析，可以得到中性层的曲率为

$$\frac{1}{\rho} = \frac{M}{EI_z} \qquad (5\text{-}5)$$

前面已经对剪切弯曲段横截面中的切应力进行了分析，根据胡克定律，切应变与切应力成正比，因此可以得到沿截面高度各点的切应变 γ 的计算公式为

$$\gamma = \frac{F_S}{2GI_z}\left(\frac{h^2}{4} - y^2\right) \qquad (5\text{-}6)$$

由图 5-6 可知，随着与中性层距离的减小，切应变逐渐增加，并在中性层上达到最大值，导致横截面发生一定的翘曲。

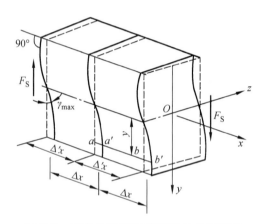

图 5-6　梁弯曲变形后截面各处的切应变

5.1.2　组合梁受弯力学机制

对隧道工程结构来说，均质梁（单一材料梁）的情况并不多见。以 SSL 结构（单层衬砌）为例，洞室开挖以后立即喷射一层混凝土进行支护，并根据围岩级别设置必要的支护构件（锚杆、钢拱架等），然后根据耐久性及平整度的要求，再施作一层或多层混凝土（图 5-7），构成层间具有很强黏结力并可以充分传递剪力的支护体系。由于层间的抗滑移性，可以近似地把单层衬砌结构看作"组合梁"来分析其力学特性，各层的变形是协调和连续的。由于施作时间不同、强度等级差异等原因，先后施作的混凝土力学性质事实上也会存在一定的差异，因此，各层内的应力分布差异是不可忽略的。

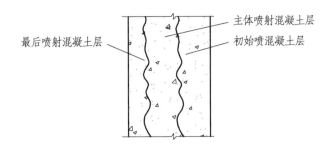

图 5-7　隧道单层衬砌组成示意

组合梁受弯简图如图 5-8 所示。大量试验已经证明，具有牢固黏结界面的组合梁受力变形后，依然满足平面假设、变形几何方程和相应的物理方程。

图 5-8　组合梁受力简图

对于整梁，计算应力分布前首先确定中性轴位置。梁的几何方程由平面假设可得

$$\varepsilon = \frac{y}{\rho} \tag{5-7}$$

由胡克定律可得

$$\begin{cases} \sigma_1 = E_1\varepsilon = \dfrac{E_1 y}{\rho} \\[2mm] \sigma_2 = E_2\varepsilon = \dfrac{E_2 y}{\rho} \end{cases} \tag{5-8}$$

设上、下梁弹性模量之比为

$$n = \frac{E_2}{E_1} \tag{5-9}$$

由静力学方程 $\sum F_x = 0$ 可得

$$\int_{A_1} \sigma_1 \mathrm{d}A + \int_{A_2} \sigma_2 \mathrm{d}A = 0 \tag{5-10}$$

$$\int_{-(e_1+e)}^{-e} \frac{E_1 y}{\rho} b\mathrm{d}y + \int_{-e}^{e_2-e} \frac{E_2 y}{\rho} b\mathrm{d}y = 0 \tag{5-11}$$

由此可以得到中性轴位置偏移量为

$$e = \frac{E_2 e_2^2 - E_1 e_1^2}{2(E_1 e_1 + E_2 e_2)} \tag{5-12}$$

当 $e_1 = e_2$ 时（上下两层梁高度相等），则有

$$e = \frac{e_1(E_2 - E_1)}{2(E_1 + E_2)} = \frac{e_1(n-1)}{2(n+1)} \tag{5-13}$$

再由 $\sum M = 0$ 可得

$$M = \int_{A_1} \sigma_1 y \mathrm{d}A + \int_{A_2} \sigma_2 y \mathrm{d}A = \frac{E_1}{\rho} \int_{A_1} y^2 \mathrm{d}A + \frac{E_2}{\rho} \int_{A_2} y^2 \mathrm{d}A \tag{5-14}$$

可以得到组合梁的曲率为

$$\frac{1}{\rho} = \frac{M}{E_1 I_{1\text{-}z} + E_2 I_{2\text{-}z}} \tag{5-15}$$

故组合梁弯矩产生的正应力计算公式为

$$\begin{cases} \sigma_1 = \dfrac{E_1 y}{\rho} = \dfrac{E_1 M y}{E_1 I_{1\text{-}z} + E_2 I_{2\text{-}z}} \\[3mm] \sigma_2 = \dfrac{E_2 y}{\rho} = \dfrac{E_2 M y}{E_1 I_{1\text{-}z} + E_2 I_{2\text{-}z}} \end{cases} \tag{5-16}$$

以上各式中，σ_1、σ_2 为上、下梁横截面上的正应力（Pa）；M 为组合梁所受弯矩（kN·m）；M_1、M_2 为作用在上、下梁的弯矩（kN·m）；$I_{1\text{-}z}$、$I_{2\text{-}z}$ 为上、下梁对整梁横截面中性轴的惯性矩（m⁴）；E_1、E_2 为上、下梁弹性模量（Pa）；e_1、e_2 为上、下梁厚度（m）；A_1、A_2 为上、下梁横截面面积（m²）；b 为梁横截面宽度（m）；y 为所选点距 z 轴距离（m）；ρ 为中性轴曲率半径（m）；e 为中性轴相对界面的位置偏移量（m）。

由于上、下梁之间的牢固黏结作用，组合梁将产生协调的共同变形。当上、下梁弹性模量不同时，界面处应力值将发生突变；若弹性模量相同，则应力整体仍然呈线性分布。中性轴处正应力为零，上下边缘处应力值最大，中性轴以下均为拉应力，中性轴以上均为压应力（图 5-9）。

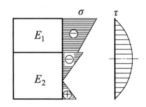

图 5-9 组合梁横截面应力分布

当组合梁中存在剪切弯曲区段时，最大剪力通常发生在梁两端支座截面处。由于组合梁

在横截面上沿高度连续变形，因此横截面上的剪应力可以按均质梁求得（图 5-9），其分布形式仍然是抛物线形，其中 $\tau_{\max} \approx \dfrac{3F_{\mathrm{S}}}{2bh}$。

5.1.3　叠层梁受弯力学机制

此处所指的"叠层梁"，是指简单叠放在一起的双层或多层梁，层间界面为自由接触状态，即层间不传递剪力。根据隧道工程 DSL 结构的组成部分和力学特征可知，由于有中间防水板和无纺布的隔离、滑动作用，此时其几个构造"层次"仅仅是简单"叠放"在一起，但并没有通过黏结等抗滑移措施"耦合"在一起，因此认为层间剪力无法传递。虽然，目前在工程实践中，往往将此种类型的梁称为"叠合梁"。但作者认为，"合"并不能准确描述此种情况下的层间界面状态特点，而采用 "层"更为贴切，因此本书将此类构件暂称为"叠层梁"。

以两层的叠层梁为例（忽略防水板及无纺布），其受力简图如图 5-10 所示。由于受弯过程中两根梁在界面处存在相对滑动，整体不满足平面假设的条件。然而对单根梁来说，上下梁在变形过程中具有各自的中性轴（z_1 轴、z_2 轴），可以直接采用平面弯曲梁正应力公式计算各自截面的正应力。

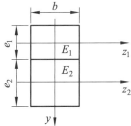

图 5-10　叠层梁受力简图

由材料力学原理可知

$$M = M_1 + M_2 \tag{5-17}$$

上、下梁的几何与物理方程同组合梁，又由静力学方程可得

$$
\begin{cases}
M_1 = \displaystyle\int_{A_1} \sigma_1 y \mathrm{d}A = \frac{E_1}{\rho} \int_{A_1} y^2 \mathrm{d}A = \frac{E_1 I_{1\text{-}z1}}{\rho} = \frac{M E_1 I_{1\text{-}z1}}{E_1 I_{1\text{-}z1} + E_2 I_{2\text{-}z2}} \\[3mm]
M_2 = \displaystyle\int_{A_2} \sigma_2 y \mathrm{d}A = \frac{E_2}{\rho} \int_{A_2} y^2 \mathrm{d}A = \frac{E_2 I_{2\text{-}z2}}{\rho} = \frac{M E_2 I_{2\text{-}z2}}{E_1 I_{1\text{-}z1} + E_2 I_{2\text{-}z2}}
\end{cases}
\tag{5-18}
$$

叠层梁受力变形过程中界面处接触无摩擦，并且由于发生小变形，上下梁曲率半径相等，由此可以计算这种形式下的截面正应力。

变形过程中上下梁曲率为

$$\frac{1}{\rho} = \frac{M_1}{E_1 I_{1\text{-}z1}} = \frac{M_2}{E_2 I_{2-z2}} \tag{5-19}$$

与式（5-17）联立可得

$$\begin{cases} \sigma_1 = \dfrac{E_1 y_1}{\rho} = \dfrac{E_1 M y_1}{E_1 I_{1-z1} + E_2 I_{2-z2}} \\ \sigma_2 = \dfrac{E_2 y_2}{\rho} = \dfrac{E_2 M y_2}{E_1 I_{1-z1} + E_2 I_{2-z2}} \end{cases} \tag{5-20}$$

$$\frac{1}{\rho} = \frac{M}{E_1 I_{1-z1} + E_2 I_{2-z2}} \tag{5-21}$$

式中，I_{1-z1}、I_{2-z2} 为上、下梁各自横截面中性轴的惯性矩（m^4），y_1、y_2 为所选点距 z_1 轴、z_2 轴的距离（m），其余各变量意义同组合梁。

叠层梁受弯时，上、下梁之间将产生相对滑动，上、下梁横截面上应力分别沿各自截面高度呈线性分布，上、下梁各自中性轴处应力值为零，上、下梁中性轴以下各点为拉应力，中性轴以上各点为压应力（图 5-11）。

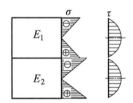

图 5-11　叠层梁横截面应力分布

当叠层梁中存在剪切弯曲区段时，每根梁的剪应力均呈抛物线形分布，最大剪力值均与组合梁一致，$\tau_{max} \approx \dfrac{3F_S}{2bh}$。

5.1.4　简单梁受弯力学特性对比

通过对均质梁、组合梁、叠层梁等"简单梁"构件在受弯状态下力学行为的理论解析，对中间界面条件影响下的力学特性有了一定的认识。在理论解析结果的基础上，以均质梁纯弯曲段的解析结果为基础，通过改变组合梁和叠层梁的主要影响因素，进行对比分析，以便更好地了解这三种梁构件在力学特性上的差异。

1. 弹性模量及厚度均相等工况

根据三种梁构件的理论解析结果可知，造成其应力和变形差异最大的影响因素主要包括弹性模量 E、上下梁的厚度 e（上下梁的尺寸），因此以均质梁为基础，对照考察组合梁、叠层梁相关几何和物理性质参数变化的影响。本工况考虑较为简单的情况：梁的横截面尺寸不变，上下两层梁的弹性模量相同，且两层梁的厚度相同，相应的梁构件横截面示意图见图 5-12。

根据前面的理论解析结果可以得到在小变形的条件下，这三种梁构件纯弯曲段的正应力和剪切弯曲段的切应力结果，分别如图 5-13 所示。由结果可知，当梁构件中的界面状态变为自由接触状态（叠合梁构件）时：上、下梁横截面内最大正应力 σ_{max} 发生在上、下两层梁的接触位置，且其值为均质梁和组合梁的 2 倍；最大切应力的值与均质梁和组合梁相同，但是分布变得更为均匀，其中上、下两层梁接触位置处的切应力为 0。由这个结果可知，改变界面的结合状态对梁构件内应力尤其是正应力的分布和大小是有较大影响的。当上下两层梁完全"组合"在一起（牢固黏结）时，其横截面内最大正应力只有叠层梁的 1/2，但是界面位置处将承受最大切应力。

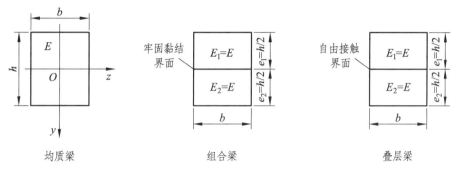

图 5-12　简单梁构件受弯工况 1：上下梁弹性模量和厚度相等

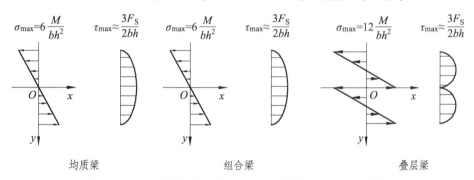

图 5-13　简单梁构件受弯工况 1：横截面应力分布结果

进一步可以对三种梁构件在纯弯曲区段的曲率进行比较。根据解析结果可得，均质梁和组合梁的曲率为 $\dfrac{1}{\rho}=\dfrac{12M}{Ebh^3}$，叠层梁的曲率为 $\dfrac{1}{\rho}=4\times\dfrac{12M}{Ebh^3}$。因此，叠层梁的挠度为均质梁和组合梁的 4 倍。

2. 弹性模量不等但厚度相等工况

以工况 1 为基础，进行上下梁弹性模量参数的调整，以考察弹性模量的改变对组合梁和叠层梁构件的影响。在隧道工程中，由于支护结构施作顺序、施作时间和混凝土强度发展速度等因素的影响，也会出现两层梁弹性模量不同的情况。

因此，在组合梁和叠层梁构件中，将上层梁的弹性模量设置为与均质梁的弹性模量相等（$E_1=E$），将下层梁的弹性模量乘以折减系数设置为 $E_2=n_E E$（$0<n_E\leqslant1$），两层梁的厚度仍然与工况 1 相同（均为 $h/2$），以考察下层梁混凝土晚于上层梁混凝土施作的情况。相应的梁构件横截面的示意图见图 5-14。

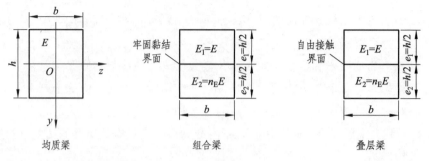

图 5-14　简单梁构件受弯工况 2：上下梁弹性模量不同（$E_1 \geqslant E_2$）但厚度相同

根据理论解析结果，可以得到各类梁构件纯弯曲区段横截面内的正应力分布形式如图 5-15 所示。以均质梁为对照基准，可以将组合梁和叠层梁中的上、下梁顶部（top）和底部（bottom）边缘处的正应力乘以相应的系数 n_{1t}、n_{1b}、n_{2t}、n_{2b}，使其与同样弯矩 M 作用下的均质梁横截面最大正应力 $\sigma_{\max}$ 的形成比值关系。上述系数为负值时表示压应力，为正值时则为拉应力。同样也可以用系数 n_ρ，将小变形条件下组合梁、叠层梁受弯变形后的曲率 $1/\rho$ 与均质梁的曲率 $1/\rho_{hb}$ 建立对应关系。

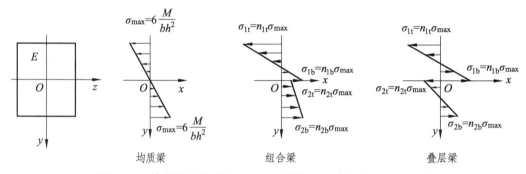

图 5-15　简单梁构件受弯工况 2：横截面正应力分布形式示意

根据前述已经推导的理论解析公式，代入下层梁不同的 E_2 值（即变换弹性模量折减系数 n_E），可以得到如表 5-1 所示的结果。将表 5-1 中的结果转换为折线图（图 5-16），可以更为清楚地看出：

（1）随着下层梁 E_2 的持续增大，组合梁和叠层梁中的下层梁横截面内的正应力也将随之增大。这说明随着下层梁强度的持续发展（弹性模量增加），下层梁能分担的荷载比例也在增大。因此，当梁的几何条件固定时，上、下梁的物理力学性质（弹性模量等）将决定各自的承载比例。

（2）在本工况中，不管下层梁的 E_2 如何变化，总能得到叠层梁的 $|n_{1t}|+|n_{2b}|=4.0$，这个结果与工况 1 一致。这说明双层梁的几何条件和构造形式决定了各类梁构件横截面内上、下边缘的拉压应力差值的幅度。

（3）随着 E_2 的增大，组合梁和叠层梁的整梁曲率均在减小，说明整梁的承载能力也得到了提升，减小了梁的变形。但是，叠层梁的整梁变形曲率始终大于组合梁，说明构件中的界面结合形式对其承载能力和变形有直接的影响。

表 5-1　简单梁构件受弯工况 2：横截面正应力及曲率系数计算结果

梁构件类型	弹性模量折减系数 n_E	整梁中性轴偏移量 e^*	上层梁正应力系数		下层梁正应力系数		曲率系数
			n_{1t}	n_{1b}	n_{2t}	n_{2b}	n_ρ
组合梁	0.2	$-0.167h$	-1.67	0.83	0.17	0.67	2.50
	0.4	$-0.107h$	-1.30	0.36	0.14	0.80	1.66
	0.6	$-0.065h$	-1.15	0.16	0.10	0.89	1.31
	0.8	$-0.028h$	-1.06	0.06	0.05	0.95	1.12
	1.0	$0.000h$	-1.00	0.00	0.00	1.00	1.00
叠层梁	0.2	—	-3.33	3.33	-0.67	0.67	6.67
	0.4	—	-2.86	2.86	-1.14	1.14	5.71
	0.6	—	-2.50	2.50	-1.50	1.50	5.00
	0.8	—	-2.22	2.22	-1.78	1.78	4.44
	1.0	—	-2.00	2.00	-2.00	2.00	4.00

注：叠层梁的上、下梁各有一个中性轴，分别在各自的截面形心高度位置（图 5-10）；h 为整梁的高度。

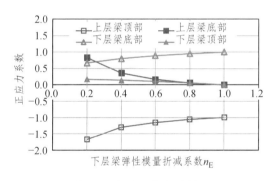

（a）组合梁正应力系数

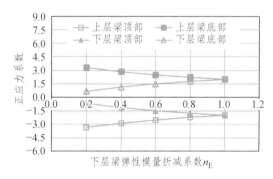

（b）叠层梁正应力系数

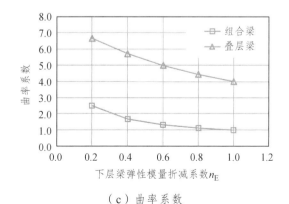

（c）曲率系数

图 5-16　简单梁构件工况 2：正应力系数和曲率系数

选取下层梁弹性模量折减系数 n_E 等于 0.2 和 1.0 的情况，绘制得到梁构件横截面的应力分布结果，如图 5-17 所示。可知当 $n_E=1.0$ 时，工况 2 的结果与工况 1 一致，此时组合梁可以视为均质梁，而叠层梁中的正应力分布也变得更加均衡。

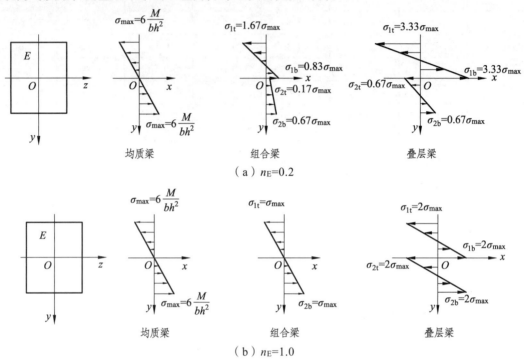

图 5-17　简单梁构件受弯工况 2：横截面正应力分布结果

3. 弹性模量相等但厚度不等工况

在隧道工程中，即使是 SSL 结构，支护结构的分层厚度往往也不能恰好一致。因此，此处仍然以工况 1 为基础，设组合梁和叠合梁中上下梁的弹性模量相等（$E_1=E_2=E$），通过调整上层梁的厚度系数 n_h 来改变上下梁厚度的比值（图 5-18），进而对组合梁和叠层梁构件的力学特性进行考察。

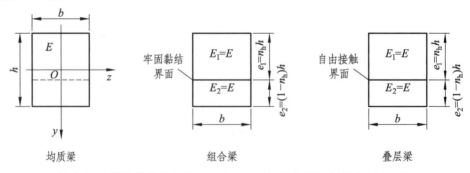

图 5-18　简单梁构件受弯工况 3：上下梁弹性模量相等但厚度不等

按工况 2 的计算方法，代入上、下梁不同的厚度，可以得到如表 5-2 所示的结果，并可将表 5-2 中的结果转换为折线图（图 5-19）。

表 5-2　简单梁构件受弯工况 3：横截面正应力及曲率系数计算结果

梁构件类型	上层梁厚度系数 n_h	整梁中性轴偏移量 e^*	上层梁正应力系数		下层梁正应力系数		曲率系数
			n_{1t}	n_{1b}	n_{2t}	n_{2b}	n_ρ
组合梁	0.00	$0.500h$	—	—	-1.00	1.00	1.00
	0.25	$0.250h$	-1.00	-0.50	-0.50	1.00	1.00
	0.50	$0.000h$	-1.00	0.00	0.00	1.00	1.00
	0.75	$-0.250h$	-1.00	0.50	0.50	1.00	1.00
	1.00	$-0.500h$	-1.00	1.00	—	—	1.00
叠层梁	0.00	—	0.00	0.00	-1.00	1.00	1.00
	0.25	—	-0.57	0.57	-1.71	1.71	2.29
	0.50	—	-2.00	2.00	-2.00	2.00	4.00
	0.75	—	-1.71	1.71	-0.57	0.57	2.29
	1.00	—	-1.00	1.00	0.00	0.00	1.00

注：叠层梁的上、下梁各有一个中性轴，分别在各自的截面形心高度位置（图 5-10）；h 为整梁的高度。

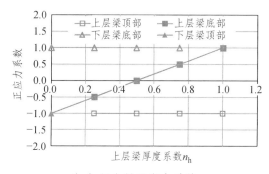

（a）组合梁正应力系数

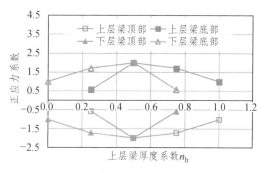

（b）叠层梁正应力系数

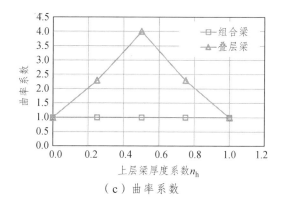

（c）曲率系数

图 5-19　简单梁构件工况 3：正应力系数和曲率系数

从图 5-19 可知：

（1）由于层间界面牢固黏结，剪力可以充分传递，因此组合梁横截面上的正应力分布、大小及挠度变形，均不受上、下梁厚度不等的影响。此时，其可以被视为一根整梁，整体的承载能力和抗变形能力均为最优。

（2）对于叠层梁，随着上层梁厚度所占比例增大，上层梁内正应力也将随之增大，并在上、下梁等厚（$n_h=0.5$）时达到峰值。当上层梁厚度继续增加时，上层梁内的正应力反而有下降的趋势，应力分布形状和大小将逐渐向均质梁和组合梁的结果逼近。

（3）随着上层梁厚度比例的增大，叠层梁的曲率将在上、下层梁厚度（$n_h=0.5$）相等时达到最大，说明此时其抗变形能力最小。当 $n_h=1.0$ 时，叠层梁已经变为均质梁（下层梁厚度为0），其承载能力最大（曲率最小）。

从以上结果可知，当叠层梁中的上、下梁厚度一致时，其承载能力最低、变形最大，此时梁内横截面上的应力分布与工况 1 相同。这也说明，梁中层间界面的位置对梁整体的承载力和变形抵抗能力影响较大。

选取上层梁厚度系数 n_h 等于 0.25、0.50 和 0.75 的情况，绘制得到梁构件横截面的应力分布结果，如图 5-20 所示。可知当 $n_h=0.50$ 时，叠层梁中的正应力达到最大值，对应的曲率（挠度）也将最大。

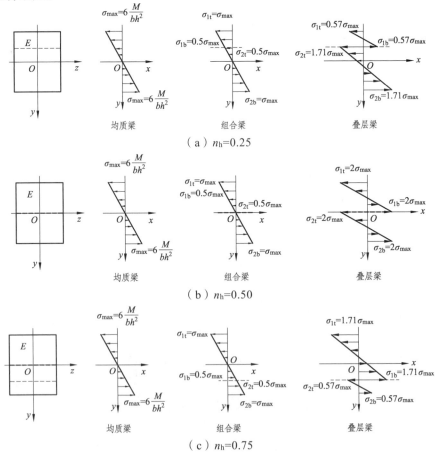

图 5-20　简单梁构件受弯工况 3：横截面正应力分布结果

5.2　层合梁构件受弯力学特性与复合作用

本研究中所述的"层合梁"，是指叠放在一起且层间界面具有一定黏结作用的双层或多层梁。在层间界面有足够的黏结强度时各层梁的变形是协调的，此时可将其视为组合梁；当界面处的剪切力超过黏结作用时，界面发生黏结失效破坏（到达滑动极限状态），层合梁将转变为叠层梁。这种梁构件形式对应于 CSL 结构，中间的喷膜防水层与初支、二衬均能紧密贴合，因此层间剪力能在一定程度上传递，发挥一定的协同受力作用，但界面也可能出现脱黏从而失去复合作用。为考察喷膜防水层在此受力过程中的应力变化情况，本节构建了包含喷膜防水层的三层式层合梁模型，进行受力特性的解析。

5.2.1　层合梁受弯力学特性

1. 层合梁可以协调共同变形时

CSL 梁结构形式见图 5-10，其组成的结构层次包括初期支护、喷膜防水层和二次衬砌，可参照第 5.1 节组合梁、叠层梁的力学模型，建立层合梁模型并绘制其受力简图，如图 5-21 所示。

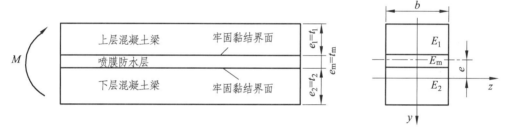

图 5-21　层合梁协调共同变形时的受力简图

当层间界面有足够的黏结强度且中间层弹性模量较高时，层合梁可以视为一个整体产生变形，即产生协调的共同变形。如果各层结构的物理和力学性质相同，就可将其视为均质梁。当各层的物理和力学性质有差异时，可参照组合梁的解析推导过程，得到层合梁发生整体协调变形时的相关理论解析结果。

此时，图 5-21 所示层合梁的曲率为

$$\frac{1}{\rho} = \frac{M}{E_1 I_{1\text{-}z} + E_m I_{m\text{-}z} + E_2 I_{2\text{-}z}} \tag{5-22}$$

其正应力计算公式为

$$\begin{cases} \sigma_1 = \dfrac{E_1 y}{\rho} = \dfrac{E_1 M y}{E_1 I_{1\text{-}z} + E_m I_{m\text{-}z} + E_2 I_{2\text{-}z}} \\[2mm] \sigma_m = \dfrac{E_m y}{\rho} = \dfrac{E_m M y}{E_1 I_{1\text{-}z} + E_m I_{m\text{-}z} + E_2 I_{2\text{-}z}} \\[2mm] \sigma_2 = \dfrac{E_2 y}{\rho} = \dfrac{E_2 M y}{E_1 I_{1\text{-}z} + E_m I_{m\text{-}z} + E_2 I_{2\text{-}z}} \end{cases} \tag{5-23}$$

当各层梁弹性模量不同时，界面处应力值将发生突变；中性轴处正应力为零，上下边缘处应力值最大，中性轴以下均为拉应力，以上均为压应力（图 5-22）。当梁中存在剪切弯曲区段时，由于梁在横截面上沿高度的变形连续，因此横截面上的剪应力可以按均质梁求得，其分布形式仍然为抛物线，其中 $\tau_{max} \approx \dfrac{3F_s}{2bh}$。

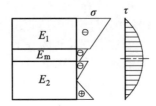

图 5-22　层合梁协调共同变形时横截面应力分布

结合工程经验值可知，普通混凝土的弹性模量为 20～40 GPa，而高分子类喷膜防水材料的弹性模量通常为 10～100 MPa，两者之间的弹性模量值相差 2～3 个数量级。由式（5-23）可知，由于中间防水层的弹性模量较低且厚度较薄，在梁的纯弯段内，防水层内部所产生的应力只有混凝土的几百分之一，甚至更小。因此，在小变形条件下，即使跟混凝土结构一起协调共同变形，与目前常用的喷膜防水材料的拉伸强度值相比，防水层内产生的应力也通常不会使其出现拉伸破坏。按均质梁相关公式的计算结果，在梁中间界面部位所产生的 τ_{max} 大约是 $\sigma_{max}h/4$，按实际隧道工程衬砌结构的常用尺寸进行计算，为 $1/8$～$1/10\sigma_{max}$。虽然防水层也不易发生剪切屈服，但是对一些黏结强度较低的防水层材料或由于基面缺陷导致黏结不牢的情况，就容易造成界面的脱黏或破坏，从而使得结构形式发生转变，且结构内部的应力也会随之发生调整。

2. 层合梁出现层间自由滑动时

当中间防水层黏合作用很弱或失去黏合作用时，各层结构之间可以自由滑动，宏观上表现为简单的叠层梁，其受力简图如图 5-23 所示。可参照叠合梁的理论解析推导过程，得到层合梁出现层间自由滑动时的相关理论解析结果。

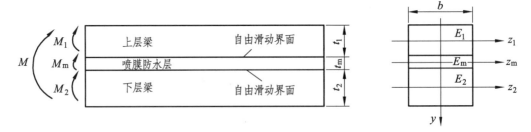

图 5-23　层合梁出现层间自由滑动时的受力简图

变形过程中各层梁曲率为

$$\frac{1}{\rho} = \frac{M_1}{E_1 I_{1\text{-}z1}} = \frac{M_m}{E_m I_{m\text{-}zm}} = \frac{M_2}{E_2 I_{2\text{-}z2}} \tag{5-24}$$

由于

$$M = M_1 + M_m + M_2 \qquad (5\text{-}25)$$

因此又可得

$$\frac{1}{\rho} = \frac{M}{E_1 I_{1\text{-}z1} + E_m I_{m\text{-}zm} + E_2 I_{2\text{-}z2}} \qquad (5\text{-}26)$$

其正应力计算公式为

$$
\begin{cases}
\sigma_1 = \dfrac{E_1 y}{\rho} = \dfrac{E_1 M y}{E_1 I_{1\text{-}z1} + E_m I_{m\text{-}zm} + E_2 I_{2\text{-}z2}} \\[3mm]
\sigma_m = \dfrac{E_m y}{\rho} = \dfrac{E_m M y}{E_1 I_{1\text{-}z1} + E_m I_{m\text{-}zm} + E_2 I_{2\text{-}z2}} \\[3mm]
\sigma_2 = \dfrac{E_2 y}{\rho} = \dfrac{E_2 M y}{E_1 I_{1\text{-}z1} + E_m I_{m\text{-}zm} + E_2 I_{2\text{-}z2}}
\end{cases}
\qquad (5\text{-}27)
$$

由于受弯时各层梁之间将产生相对滑动，各层梁横截面上的应力分别沿各自截面高度呈线性分布，各自中性轴处应力值为零，中性轴以下各点为拉应力，中性轴以上各点为压应力（图 5-24）。当梁中存在剪切弯曲区段时，每层梁的剪应力均呈抛物线形分布，最大剪力值 $\tau_{max} \approx \dfrac{3F_S}{2bh}$。

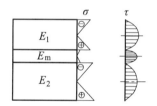

图 5-24　层合梁出现层间自由滑动时横截面应力分布

由式（5-27）可知，在梁的纯弯段，防水层内产生的应力也很小，因此防水层通常不易发生拉伸破坏。同时，由于认为界面处不存在滑动约束，因此全梁界面位置处的剪应力也为0。在实际情况中，由于界面不可能呈现绝对光滑的状态，因此界面位置处可能还会产生一定的摩擦力，并传递少量的剪力，只是这种程度的剪力可能在很多时候小到可以忽略不计。对于梁的剪切弯曲段而言，此时防水层内也会出现剪应力，但根据层合梁在协调共同变形条件下的分析可知，工程中常用的喷膜防水层通常不易出现剪切破坏。因此，综合来看，对中间含有防水层的层合梁，无论是可以协调共同变形时或出现层间自由滑动时，由韧性较好的高分子材料形成的防水层似乎都不是主要或首先出现破坏的构造层次。

3. 层合梁只能部分协调变形时

当中间层有足够的黏结强度但中间层弹性模量较低时，层合梁处于整体极限临界状态和滑动极限临界状态之间，各层之间只能发生部分的变形协调。这种情况下，由于中间层的黏合作用，使上下两个结构层不能自由滑动，其弯曲变形比图 5-24 所示的情况小，但比图 5-22

所示的情况大。结合工程经验值可知，高分子类喷膜防水材料的弹性模量与混凝土的弹性模量相差 2~3 个数量级，因此在实际工程中 CSL 结构通常不能被视为均质梁或组合梁，无法实现完全协调的共同变形，只能产生部分的复合作用。

层合梁截面上的应力分布取决于两层构件梁的复合作用程度，如图 5-25 所示。随着层合梁从完全复合作用到无复合作用，上下两半片梁的中性轴逐渐远离防水层，直到达到每个构件梁高度的一半。在线弹性范围内，复合作用程度越低，相同变形情况下，梁所受的弯矩越小，因此其抗弯刚度也越小。

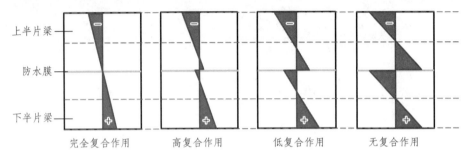

图 5-25 不同复合作用程度下层合梁横截面应力分布（线弹性条件下）

层合梁的复合作用程度（degree of composite action，简写为 DCA）可由梁的等效抗弯刚度按式（5-28）进行计算。

$$DCA = \frac{k_{\text{comp}} - k_{\text{non}}}{k_{\text{full}} - k_{\text{non}}}$$

（5-28）

式中，DCA 为层合梁的复合作用程度；k_{comp} 为部分复合作用层合梁的等效抗弯刚度（kN/m）；k_{non} 为无复合作用层合梁的等效抗弯刚度（kN/m）；k_{full} 为完全复合作用层合梁的等效抗弯刚度（kN/m）。

上述各类复合作用层合梁的等效抗弯刚度可由荷载-位移曲线的斜率得到，DCA 的范围是 0~1，0 表示非复合，1 表示完全复合。

5.2.2 CSL 结构复合作用分析

在隧道工程中，CSL 结构受总的弯矩 $M_{\text{总}}$ 和轴力 $N_{\text{总}}$ 的共同作用，如图 5-26 所示。在隧道衬砌结构成型以后，$M_{\text{总}}$ 和 $N_{\text{总}}$ 的增量将由初支和二衬共同承担，而各自分担的大小（荷载分担率）则与其相对刚度和变形有关，并受到防水层界面特性的显著影响。

图 5-26 CSL 结构的受力情况

要对 CSL 结构的整体力学性能进行评价，就需要对各自独立构件层（初支和二衬）在总荷载作用下的承载力进行评价。在 $M_{总}$ 作用下，CSL 结构的初支和二衬分别会产生局部弯矩 M 和轴力 N，图 5-27 展示了高复合作用下 CSL 结构中产生局部弯矩和轴力的情况。Bloodworth 等人的研究发现，随着复合作用程度的增加，在 $M_{总}$ 作用下会产生较大的局部轴力 N 和较小的局部弯矩 M，其中弯矩减小对二衬的受力是有利的。但是，弯矩产生的局部拉力可能会超过总轴力 $N_{总}$ 产生的局部压力，从而使二衬处于直接受拉的状态。即使局部轴力 N 的增大不会使二衬产生净拉力，但会使二衬的轴压力减小、偏心距 M/N 增大，从而使二衬的安全性降低，在较高弯矩作用下容易发生破坏。如果初支足够厚，$M_{总}$ 和 $N_{总}$ 产生的局部轴力不会导致其发生破坏，二衬开裂通常是 CSL 结构首先发生的破坏模式，并且很有可能是由于复合作用导致二衬受拉开裂。由于复合作用可能会降低二衬在弯矩和轴力联合作用下的安全性，因此复合作用也不一定对衬砌结构有利，至少不是处处有利。

由图 4-65 所示的 CSL 试块模型可知，CSL 结构复合行为可能受到初支、防水膜及二衬本身的破坏或者它们之间的连接（界面）失效的影响。

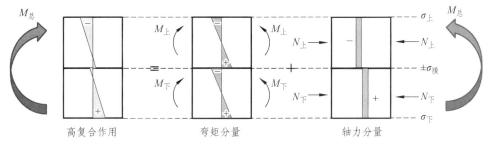

图 5-27　CSL 结构在总弯矩作用下的内力分解

（1）初支失效。初支的失效包括两个方面：一是初支的强度、刚度降低；二是层间黏结作用减小乃至出现分层。初支强度和刚度的降低可以认为是随着时间的推移混凝土性能退化造成的，这可能会导致更多的荷载由二衬来承担；不同时间施作的喷射混凝土出现分层也会降低初支的整体承载能力。

（2）初支与防水膜脱黏。如果初支与防水膜间的界面黏结失效，此时衬砌结构的复合作用消失，仅存由于初支基面的不平整而可能残留的层间机械结合作用，衬砌结构整体的承载能力降低。

（3）防水膜失效。防水膜可能发生两种类型的失效：结构性能和（或）水密性失效。结构性能失效表现为防水膜力学性能的丧失，水密性的丧失可能是由化学不稳定性、机械损伤或最小厚度损失引起的。防水膜的失效也将导致衬砌结构复合作用的下降或完全丧失。

（4）防水膜与二衬脱黏。由于界面粗糙度、防水膜与混凝土之间固化前后发生化学结合反应难易程度的不同，防水膜与二衬界面的黏结通常比防水膜与初支界面的黏结更加不牢固。如果防水膜与二衬脱黏，界面很可能发生滑移，导致衬砌结构的复合作用消失，整体承载力下降。

（5）二衬失效。二衬失效会导致整个衬砌结构无法承担荷载，隧道无法安全地工作，此时再讨论衬砌结构的复合行为是无实际意义的。

由以上的分析可见，要保持 CSL 结构的复合受力作用是非常困难的。从理论分析的角度，由于喷膜防水层与混凝土材料之间弹性模量的数量级差异，CSL 结构仅能达到一定程度的复合作用。从工程实际的角度，影响这种复合作用的因素往往在隧道施工环节中更为显著，如果过高地估计 CSL 结构的复合作用，则可能会对衬砌结构的长期安全性带来一定的隐患。

5.3 复合梁构件四点压弯试验

在对几种基本形式的梁构件的力学特性进行了分析之后，结合隧道工程中的实际防水构造层次，制作了一批模拟 CSL、DSL 及 SSL 结构的复合梁构件开展四点压弯试验，对不同类型的梁构件的力学特性和复合作用程度进行对比和验证。

5.3.1 试验材料

进行 CSL、DSL 及 SSL 梁构件的四点压弯试验，所需要的试验材料主要是喷膜防水材料、EVA 防水板、无纺布及混凝土等。EVA 防水板和无纺布已经在山岭隧道防水中得到广泛的应用，其种类和力学特性也比较稳定，因此此处主要对试验所用的喷膜防水材料的性能及混凝土的配合比进行介绍。

1. 防水材料原料

本研究采用北京东方雨虹防水技术股份有限公司提供的聚合物防水材料，该防水材料是由液料（包含丙烯酸等聚合物乳液及特殊功能助剂）和配套的粉料（包括特种水泥、填料及功能助剂）组成的双组分材料（图 5-28）。

（a）粉料　　　　　　　　　　　　　　　（b）液料

图 5-28　聚合物防水材料原料

在使用时需要先将液料与粉料按照质量比 5∶6 计量，然后用搅拌棒缓慢搅拌液料，并在搅拌的同时加入粉料。在涂抹混凝土梁构件时一次所需喷膜防水材料较多，为了使液料和粉料充分融合，达到良好的效果，使用手持搅拌机进行搅拌融合。

2. 防水膜力学性能

防水膜的力学性能需要按照《建筑防水涂料试验方法》(GB/T 16777—2008)的要求在万能试验机上进行单轴拉伸试验测定，得到 3 mm 厚防水膜的应力-应变曲线，如图 5-29 所示。

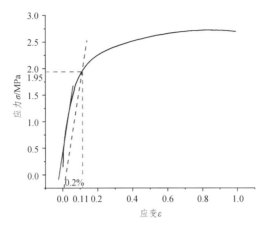

图 5-29　防水膜应力-应变曲线

从图 5-29 的应力-应变曲线可以看出，该防水膜为典型的应变硬化性弹塑性材料，没有明显的屈服阶段。对于这种弹塑性材料，可以用名义屈服极限 $\sigma_{0.2}$ 作为屈服指标，按照屈服极限的计算方法，得到该防水膜的力学性能参数，如表 5-3 所示。

表 5-3　防水膜力学性能参数

拉伸强度/MPa	弹性模量/MPa	断裂伸长率/%	屈服应力/MPa	屈服应变
2.72	23.11	99.12	1.95	0.11

3. 混凝土

在进行试验时，由于喷射混凝土梁的几何形状和防水膜的形态不容易控制且需要花费较多的人力、物力及财力，且受试验条件的限制以及为了后续数值模拟时能够更加容易得到符合试验实际的结果，本试验所使用的上下两半片梁都为现浇混凝土结构。

两者所用混凝土的配合比相同，如表 5-4 所示。其中：水泥采用四川省成都市都江堰拉法基水泥有限公司生产的复合硅酸盐水泥，规格为 P·C 42.5R；石子为碎石，最大粒径为 40 mm；砂子为机制砂，粒径为 0～4.75 mm；混凝土中未添加矿物掺合料和外加剂。

表 5-4　混凝土配合比

材料	每立方米用量/kg	规格
水泥	461	P·C 42.5R
水	175	自来水
砂子	512	0～4.75 mm 机制砂
石子	1252	5～40 mm 碎石

5.3.2 试验方案

1. 测点布置

梁构件的总体尺寸为 1500 mm×150 mm×200 mm，跨度设置为 1300 mm。梁上端有两个间距为 400 mm 的荷载作用点，在加载过程中荷载作用点之间的梁只受弯矩，而不受剪力，为纯弯段，具体尺寸如图 5-30 所示。

在试件底部的跨中位置安装了两个位移传感器来测试梁在加载过程中跨中的挠度；在跨中安装 6 个应变片，分别测量初支（下半片梁）和二衬（上半片梁）的纵向应变；在梁端位置安装两个位移传感器，来测试上下半片梁在受力过程中的相对位移；在三根抗弯钢筋的中间位置，各布置一个钢筋应变片，测量钢筋应变情况（图 5-31）。

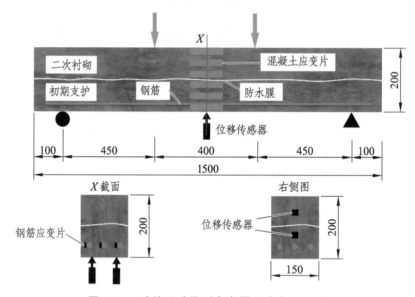

图 5-30　试件尺寸及测点布置（单位：mm）

2. 试样制备

在进行梁试件浇筑前，首先按照试件尺寸，制作混凝土木模板，然后对切割好的钢筋进行应变片的黏结，黏结步骤如下：

（1）使用角磨机在钢筋上打磨出一个应变片可以黏结的平面，并用沾有酒精的棉签将其擦拭干净。

（2）使用 502 胶水进行钢筋应变片的黏结，如图 5-31（a）所示。

（3）使用万用表测试钢筋应变片的电阻，本试验选用的是由成都电测传感科技有限公司生产的钢筋应变片，其阻值为 120.2±0.3 Ω。

（4）待胶水晾干后，涂抹 703 硅橡胶进行防水保护。

（5）待 703 硅橡胶干燥后，为保险起见，在有应变片的位置缠上防水胶带。为了达到充分防水的效果,应将防水胶带以应变片为中心向两侧延伸一部分,并再次测试应变片的电阻，如图 5-31（b）所示。

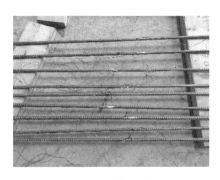
（a）应变片粘贴

（b）应变片电阻测量

图 5-31　钢筋应变片粘贴

（6）进行下半片梁构件浇筑时，首先在混凝土模板中放置 3 根绑扎好的直径为 12 mm 的 HRB400 热轧带肋钢筋（保护层厚度为 25 mm），然后浇筑底层混凝土，其厚度约为 100 mm，并养护 28 d，如图 5-32 所示。

（a）放置钢筋

（b）浇筑下半片梁

图 5-32　下半片混凝土梁浇筑

（7）待下半片混凝土充分凝结硬化后，在其上表面涂抹防水膜（图 5-33）。防水膜分层涂抹，每层厚度为 1 ~ 1.5 mm。涂完一层待其完全硬化后（约 8 h），再进行下一层的涂刷，直到所涂防水膜达到设计厚度。

（8）将涂刷好的防水膜在自然条件下养护 3 d（温度 14 ~ 15 ℃，相对湿度 55% ~ 60%）后，在其上表面浇筑另一层混凝土并养护 28 d（图 5-34）。等到混凝土养护完成后，将钢筋混凝土梁脱模加载。

（9）在进行上、下层梁混凝土浇筑时，分别浇筑尺寸为 150 mm×150 mm×150 mm 的立方体试块 6 个，并与试件在同条件下进行养护，用来测量混凝土的强度并推算其弹性模量。

按照上述的制作方法，本次试验一共浇筑了钢筋混凝土梁 7 根，其中 CSL 梁 4 根、DSL 梁 1 根、SSL 梁 2 根，详细尺寸信息如表 5-5 所示。表中所列 A-3 梁的养护时间为 59 d，A-4 梁的养护时间为 28 d。通过涂抹的方式进行防水膜的施作，可能会使梁沿长度方向的膜厚不均匀，表中列出的膜厚取自梁跨中和两端膜厚的平均值。

（a）防水膜材料搅拌

（b）涂抹防水膜后的梁试件

图 5-33　防水膜涂抹

图 5-34　上半片混凝土梁浇筑

表 5-5　试验所用梁试件

编号	类型	防水膜平均厚度/mm	上半片梁高度/mm	下半片梁高度/mm	整梁高度/mm
A-1	CSL 梁	4	95	101	—
A-2	DSL 梁	4	96	100	—
A-3	SSL 梁	—	—	—	200
A-4	SSL 梁	—	—	—	200
B-1	CSL 梁	3	94	103	—
B-2	CSL 梁	7	88	105	—
B-3	CSL 梁	10	91	99	—

3. 试验装置

为了能监测到与位移、应变相对应的连续荷载，在作动器下面安装了一个荷载传感器并连接到应变采集仪上。分配梁与其下方的铰支座是为了让荷载更加均匀地传递到梁试件上，试验装置如图 5-35 所示。试验加载时采用变形控制，其中 A-1 梁的变形速率为 0.375 mm/min，其余梁为 0.75 mm/min。

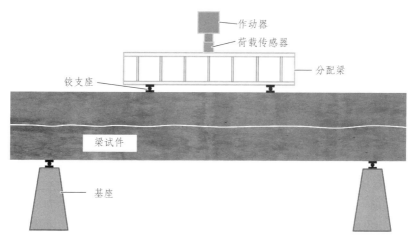

图 5-35　试验装置

5.3.3　试验结果分析

对制备好的 CSL、DSL 及 SSL 梁构件进行四点压弯试验，监测梁跨中挠度、应变及梁端相对位移随荷载的变化规律，并对试验结果进行分析。

1. 裂缝扩展

对 CSL 梁构件进行加载时，所有梁的裂缝扩展过程都比较相似。此处以 B-3 梁为例说明裂缝出现及其扩展特征，如图 5-36 所示。

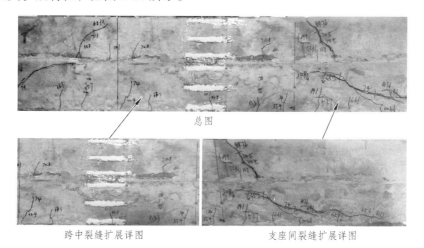

总图

跨中裂缝扩展详图　　　　　　支座间裂缝扩展详图

图 5-36　CSL 梁构件裂缝扩展图

（1）当荷载加载到 42.5 kN 时，首先在梁跨中的受拉区下边缘出现肉眼可见的裂缝。

（2）随着荷载的增加，由拉应力引起的裂缝在初支梁下边缘的跨中两侧对称出现。

（3）初支梁的支座处首先开始出现斜截面剪切裂缝，随着裂缝的不断扩展，二衬梁也出现了斜截面剪切裂缝。但当混凝土开裂时，柔性防水膜并不会破坏。

（4）当荷载达到 70 kN 左右时，二衬梁的下边缘出现了由拉应力引起的裂缝。

（5）随着荷载的增加，二衬梁的斜截面裂缝扩展到了铰支座处，裂缝贯通，随后荷载开始急速下降，梁破坏。

从初支梁和二衬梁的裂缝扩展来看，梁的破坏是由斜截面剪切引起的，这是由于梁尺寸受到限制，没有配置承受剪应力的箍筋造成的。

2. 跨中挠度

将梁跨中两个位移传感器测量到的位移值进行平均，得到 CSL 钢筋混凝土梁的跨中荷载-位移曲线，如图 5-37 所示。

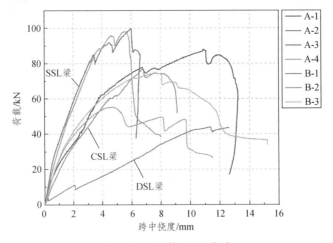

图 5-37　荷载-位移曲线

由图 5-37 可知，A-3 和 A-4 梁（SSL 梁）的等效抗弯刚度（曲线斜率）基本相同，峰值荷载约为 100 kN。A-1、B-1、B-2 及 B-3 梁（CSL 梁）的等效抗弯刚度也比较接近，峰值荷载约为 75 kN，但 B-2 梁的峰值荷载明显比较小，可能是混凝土梁内部存在缺陷引起的。A-2 梁（DSL 梁）的等效抗弯刚度很小，由于其变形比较大，可能会超过位移传感器量程，所以较早停止了加载，导致峰值荷载并没有出现。CSL 梁的等效抗弯刚度和峰值荷载均位于 DSL 梁和 SSL 梁之间，存在明显的复合作用。

从 CSL 梁构件的荷载-位移曲线来看，在达到峰值荷载前，曲线上会出现一个较明显的荷载突降点，并且 B-1 梁（防水膜厚度为 3 mm）比 B-3 梁（防水膜厚度为 10 mm）出现得早。这是由二衬梁斜截面剪切裂缝的扩展及正截面拉伸裂缝的出现共同引起的。防水膜越厚，复合作用越强，荷载突降点出现得越迟，但膜厚并不会对梁的峰值强度产生明显的影响。峰值荷载后，会出现一个明显的荷载突降段，这是由初支和二衬梁的斜截面剪切裂缝的不断扩展及初支梁正截面拉伸裂缝的出现和扩展共同引起的。由于 A-1 梁的加载速度比其他梁都小，因此其荷载下降点的出现都出现了延迟，且峰值荷载也比其他 CSL 构件梁大。

3. 钢筋屈服荷载

本试验每个梁构件都配有 3 根 HRB400 的抗弯钢筋，每根梁所配的中间钢筋的纵向应变如图 5-38 所示，其余钢筋的变化规律与中间钢筋相似，此处不再赘述。钢筋的屈服强度约为 400 MPa，弹性模量约为 200 GPa，计算得到其屈服应变为 2000×10^{-6}。

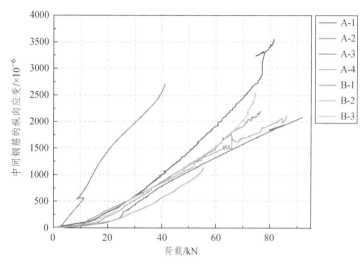

图 5-38　梁中间钢筋的纵向应变

从图 5-38 可以看出，在梁达到破坏之前，除了 B-2 梁之外（B-2 梁内部存在缺陷不对其进行分析），其余梁所配中间钢筋都能屈服，但其屈服时所对应的荷载值是不同的。A-2 梁（DSL 梁）在荷载达到约 30 kN 时，钢筋就已经达到屈服；A-1 梁（CSL 梁）在荷载达到约 60 kN 时钢筋屈服，B-1 和 B-3 梁（CSL 梁）在荷载达到约 70 kN 时钢筋屈服；A-3 和 A-4 梁（SSL 梁）在荷载达到约 85 kN 时，钢筋达到屈服。从上述分析来看，SSL 梁所配中间钢筋达到屈服时对应的荷载最大，DSL 梁所配中间钢筋达到屈服时对应的荷载最小，而 CSL 所配钢筋屈服时对应的荷载位于两者之间，说明隧道喷膜防水衬砌结构的初支与二衬间存在一定的复合作用。A-1 梁与 B-1 及 B-3 梁的中间钢筋达到屈服时对应的荷载不同，可能是由于加载速度不同造成的。

4. 复合作用

对隧道结构而言，研究荷载-位移曲线峰值前的规律和行为更加符合实际意义。梁在加载过程中，随着荷载的增加和裂缝的不断出现和扩展，逐渐进入弹塑性状态，等效抗弯刚度随之发生变化。为了计算 CSL 梁的复合作用，本节对荷载为 20 kN 时，梁的复合作用进行分析。当荷载超过 20 kN 时，虽然梁的复合作用仍然存在，但等效抗弯刚度变化较大，DCA 值随之变化，无法得到唯一的值。

A-2 梁可以认为是含防水板的非复合梁，但由于在荷载作用下，初支和二衬梁的裂缝迅速出现并扩展，导致其等效抗弯刚度在加载过程中变化比较大，无法得到准确的值。因此，需要根据完全复合梁推导出非复合梁的等效抗弯刚度。完全复合梁的截面惯性矩为 $bh^3/12$，在忽略防水板厚度的情况下，非复合梁的截面惯性矩为上下两根梁（高为 $h/2$）截面惯性矩之和，为 $bh^3/48$。因此，非复合梁的截面惯性矩为完全复合梁的 1/4，忽略钢筋对混凝土梁弹性模量的影响，其等效抗弯刚度也为完全复合梁的 1/4。最终得到如图 5-39 所示的理论非复合梁曲线。

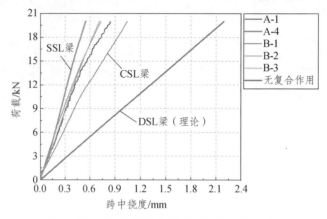

图 5-39　荷载-位移曲线（荷载为 20 kN）

由于 A-3 梁在加载测量时存在一定的误差，因此将 A-4 梁的等效抗弯刚度作为完全复合梁的等效抗弯刚度进行计算。根据上述说明，按照式（5-28）计算得到 CSL 梁的复合作用，如表 5-6 所示。从表 5-6 可知，本次试验中 CSL 梁的复合作用范围是 0.35 ~ 0.7，且随着防水膜厚度的增加，复合作用也增加，但增加幅度越来越小。

表 5-6　复合梁构件的复合作用

梁类型	梁编号	防水层厚度/mm	等效抗弯刚度/（kN/mm）	DCA
SSL 梁	A-4	—	37.1	1
CSL 梁	A-1	4	24.7	0.55
	B-1	3	19.1	0.35
	B-2	7	28.3	0.68
	B-3	10	28.8	0.70
DSL 梁	—	—	9.3	0

5. 跨中纵向应变

为了得到梁构件在加载过程中应变的大小及其变化情况，在梁跨中布置了 6 个应变片来监测梁纵向应变随荷载的变化情况。为了便于后续说明，对应变片进行编号，如图 5-40 所示。

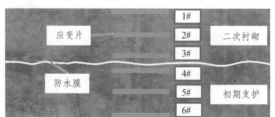

图 5-40　应变片编号

取荷载为 15 kN 时梁的跨中应变进行对比分析，不同高度处应变随荷载的变化情况如图 5-41～图 5-43 所示，图中正应变表示受拉，负应变表示受压。

从图 5-41 来看，CSL 梁半深度处的纵向应变变化趋势和 SSL 梁（完全复合梁）一致，与理论的非复合梁相比，其应变值不为零，这也说明 CSL 梁存在一定的复合作用。对于 DSL 梁，当荷载小于 3.6 kN 时，其变化趋势与完全复合梁基本一致，说明此时 DSL 梁也存在复合作用，这是因为界面接触时不可避免地存在摩擦作用，而这种摩擦作用使得含防水板的梁产生了复合作用；当荷载大于 3.6 kN 时，初支梁半深度处的纵向应变迅速增加，说明裂缝已经快速出现并扩展到了初支梁的半深度处。同时，二衬梁半深度处的应变也变成了正值，出现了拉应力，说明其复合作用已经消失。由于上下梁刚度的不同以及裂缝的快速出现和扩展，含 DSL 梁半深度处的应变也不为零，这与非复合梁的理论分析结果有所不同。

图 5-42 中各类型梁跨中 1# 和 6# 位置处的纵向应变随荷载变化趋势与图 5-41 基本一致，反映出隧道喷膜防水衬砌结构的初支与二衬间存在一定的复合作用。

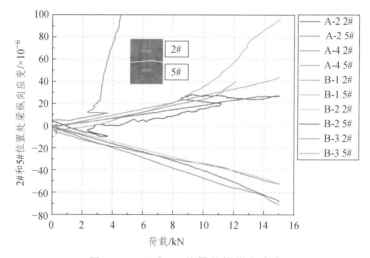

图 5-41　2# 和 5# 位置处梁纵向应变

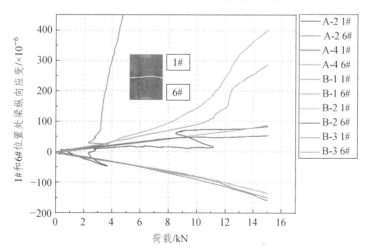

图 5-42　1# 和 6# 位置处梁纵向应变

图 5-43 显示的是 3#和 4#位置处梁纵向应变随荷载的变化规律，此处接近整根梁的中性轴位置，A-4 梁（SSL 完全复合梁）在 3#和 4#位置处的应变很小，最大值不超过 30 微应变。B-2 梁（含 7 mm 防水膜）和 B-3 梁（含 10 mm 防水膜）在此处的应变和 A-4 梁很接近，而 B-1 梁（含 3 mm 防水膜）的应变相对其他梁而言变化最大，说明 B-1 梁的复合作用最小。这也说明 CSL 梁存在一定的复合作用，且随着防水膜厚度的增加，复合作用有所增大。由于 A-2 梁（含 DSL 梁）在加载时，3#位置处很快产生了微裂缝，应变片发生了破坏，无法收集较多有用信息，同时 B-3 梁的 3#位置应变片也发生破坏，未采集到信息，因此相应数据在图 5-43 中均未表示出来。

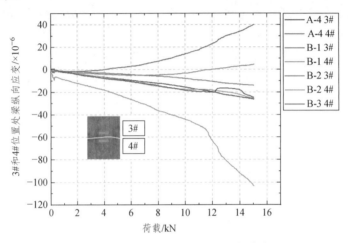

图 5-43　3#和 4#位置处梁纵向应变

6. 梁端相对位移

将布置在梁右侧的位移传感器测试值作差（二衬梁减去初支梁），得到梁端相对位移，如图 5-44 所示。

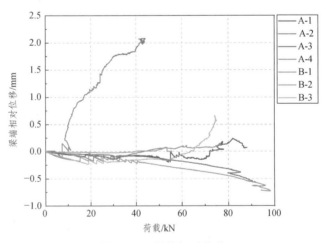

图 5-44　梁端相对位移

从图 5-44 中可以看出，CSL 梁和 SSL 梁的梁端相对位移比较小，都小于 0.75 mm，而 DSL 梁的梁端相对位移达到了 2 mm。从整体来看，随着荷载的增加，三种梁的梁端相对位移都是逐渐增大的，但其规律存在一定的差异。对于 SSL 梁，随着荷载的增加，其梁端相对位移向着小于零的方向逐渐增大，这是梁的下边缘受拉而上边缘受压产生的结果；对于 CSL 梁，当荷载增加到一定程度时，梁端相对位移向着大于零的方向增大，二衬梁的位移大于初支梁，这是由于二衬梁裂缝已经贯穿，产生了较大位移而引起的。而对于 DSL 梁，当荷载超过 10 kN 后，梁端相对位移迅速增大，最后超过了 2 mm。综上所述，说明 CSL 梁存在一定的复合作用。

5.3.4　试验结果讨论

通过复合梁试件的四点压弯试验，发现 CSL 梁的峰值荷载和等效抗弯刚度都介于 DSL 梁和 SSL 梁之间，反映出其存在一定的复合作用。由于防水板的阻隔作用，DSL 梁初支和二衬间传递的剪应力很小，可以忽略，所以认为其仅能传递正应力。而对于 CSL 梁，在防水膜的黏结作用下，其初支和二衬间不仅能够传递正应力，而且能够传递部分剪应力。虽然相比 DSL 梁，CSL 梁的强度和刚度都有所提高，但由于防水膜黏结能力的有限性，其强度和刚度还是无法达到 SSL 梁的水平，因此可认为 CSL 梁存在部分复合作用。

通过分析 CSL 梁的荷载-位移曲线，可以将其加载过程分成弹性、塑性及峰值后三个阶段，再结合曲线会出现两次明显的荷载突降现象，得到 CSL 梁加载破坏的典型荷载-位移曲线，如图 5-45 所示。OA 段整体上表现为结构的"弹性"阶段，该阶段的荷载-位移曲线呈近似直线关系，位移随荷载成比例增加。AC 段则表现为"塑性"阶段，进入本阶段后裂缝出现并迅速扩展，随着荷载的增加，位移增加越来越快。二衬梁的斜截面剪切裂缝的扩展及正截面拉伸裂缝的出现共同引起 B 点荷载的突降。CDE 段则为峰值后阶段，混凝土梁承载力到达 D 点后，初支梁和二衬梁斜截面剪切裂缝的扩展及初支梁正截面拉伸裂缝的出现和扩展共同引起荷载的突降，之后荷载迅速下降，梁破坏。

需要说明的是，所有的梁构件都是在试验室条件下浇筑、涂抹、养护及测试的，而隧道的实际环境与试验室相比会存在一定差异，且在梁的制备过程中也只考虑了光滑、平整的混凝土基面条件，这些都会使 CSL 梁构件的复合作用判断结果出现一定偏差。

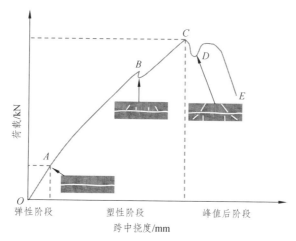

图 5-45　CSL 梁四点压弯试验的典型荷载-位移曲线

5.4 CSL 梁数值计算模型校核

前述试验结果表明，由于防水膜的双面黏结性，隧道喷膜防水衬砌结构的初支与二衬间可以传递部分剪应力，出现一定程度的复合作用。为了探明这种复合行为对衬砌结构力学性能的影响规律，本节使用 ABAQUS 软件建立 CSL 梁基于内聚力单元的数值计算模型，将数值计算结果与试验结果进行对比分析，得到校核后的 CSL 梁数值计算模型，以便后续使用此模型对 CSL 梁复合作用的影响因素做进一步研究。

5.4.1 数值建模及参数设置

ABAQUS 具有强大的接触面功能来处理结构之间的脱开、滑移等现象，其内置的内聚力单元可以很好地模拟材料裂缝萌生发展或不同材料层间开裂过程。

1. 数值模型建立

CSL 梁四点压弯数值计算模型如图 5-46 所示。建模时，在梁的加载点和支座位置分别放置了一个刚性垫块，以避免应力集中带来的误差。和试验试件一致，模型尺寸为 1500 mm×150 mm×200 mm，防水膜位于梁的中间，初支和二衬的厚度均为 100 mm。由于在压弯试验中，防水膜基本都保持了完好状态，因此在建模中忽略其厚度，而用内聚力单元来模拟其在 CSL 梁中的作用。

混凝土梁的单元尺寸为 20 mm，整根梁共划分为 750 个单元。隧道衬砌结构的设计和计算通常使用线弹性本构模型，对计算得到的内力进行安全性检算，再确定衬砌的配筋情况。对于本节混凝土梁选用线弹性本构模型，对四点压弯试验的弹性阶段进行模拟计算，其单元类型为八结点线性六面体单元 C3D8R。通过创建基于牵引-分离法则的内聚力单元来模拟初支、二衬及防水膜三者之间的黏结作用，单元类型为八结点三维黏结单元 COH3D8。钢筋采用两结点线性三维桁架单元 T3D2。在两个加载点上分别施加 10 kN 的集中荷载，梁上的总荷载为 20 kN。

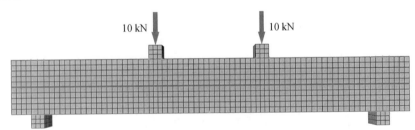

图 5-46　数值计算模型

2. 材料参数设置

将与复合梁构件同步制备的 12 个标准立方体试块在压力试验机上进行强度测试，得到的结果如表 5-7 所示。表中第一批立方体试块是与初支梁同批浇筑的试块，第二批立方体试块是与二衬梁同批浇筑的试块。按照《混凝土结构试验方法标准》（GB/T 50152—2012）规定的计算方法，分别计算得到初支梁和二衬梁的抗压强度实测值为 42.67 MPa 和 44.33 MPa。再由式（5-29）计算得到初支梁和二衬梁的弹性模量分别为 33.19 GPa 和 33.53 GPa，泊松比均取 0.2。

$$E_c^o = \frac{10^5}{2.2 + \dfrac{34.7}{f_{cu}^o}} \qquad (5\text{-}29)$$

式中，E_c^o 为混凝土弹性模量推算值（MPa）；f_{cu}^o 为混凝土立方块抗压强度实测值（MPa）。

表 5-7　立方体试块压力机读数　　　　　　　　单位：kN

编号	第一批立方体试块压力机读数	第二批立方体试块压力机读数
1 号	925.20	1052.60
2 号	912.14	1088.40
3 号	997.68	941.44
4 号	914.13	744.42
5 号	1035.4	907.41
6 号	1003.3	1150.32

3. 界面参数设置

在 ABAQUS 中模拟初支和二衬黏结的界面参数，需要由黏结拉伸和剪切试验测试得到。通过制作含有防水膜（厚度为 3 mm）的黏结和剪切试块，并在万能试验机上测试，得到黏结应力-位移曲线（图 5-47）和剪切-位移曲线（图 5-48）。

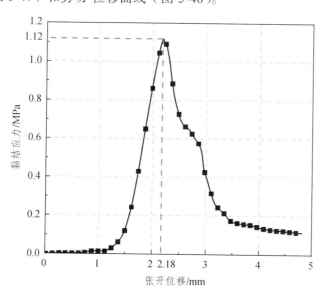

图 5-47　黏结应力-位移曲线

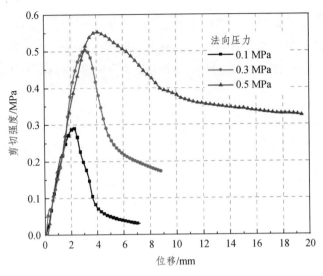

图 5-48　剪切应力-位移曲线

两条曲线的峰值应力分别对应黏结强度和剪切强度；曲线上升段的斜率分别为黏结刚度和剪切刚度，曲线与横轴形成的面积分别表示黏结破坏能和剪切滑移能。根据图 5-47 和图 5-48 中的试验数据，计算得到如表 5-8 和表 5-9 所示的界面参数。由表 5-9 可知，法向压力的不同会使切向界面参数有较大的变化。为了使数值模拟更加符合试验结果，通过对数值模型计算结果与四点压弯试验结果的对比分析，对切向界面参数进行校核。

表 5-8　法向界面参数

黏结强度/MPa	黏结刚度/（MPa/mm）	黏结破坏能/（N/mm）
1.12	1.58	1.35

表 5-9　切向界面参数

法向应力/MPa	剪切强度/MPa	剪切刚度/（MPa/mm）	剪切滑移能/（N/mm）
0.1	0.292	0.147	0.841
0.3	0.504	0.204	2.381
0.5	0.553	0.210	7.402

5.4.2　数值模拟结果及讨论

目前，常用的防水膜厚度为 3 mm，所以对此厚度的 CSL 梁模型进行校核。将混凝土、钢筋及界面等材料参数赋予 CSL 梁的数值计算模型，对其计算结果进行分析。

1. 计算模型校核

采用表 5-9 中不同法向应力作用下的切向界面参数，分别计算得到 CSL 梁的竖向位移云图。如图 5-49 所示，图中单位为毫米，向下位移为负，向上为正。提取 CSL 梁的跨中挠度并与四点压弯试验中 B-1 梁的跨中挠度进行比较，如图 5-50 所示。

（a）法向应力为 0.1 MPa 时的界面参数

（b）法向应力为 0.3 MPa 时的界面参数

（c）法向应力为 0.5 MPa 时的界面参数

图 5-49　CSL 梁的竖向位移云图

图 5-50　荷载位移曲线

从图 5-50 可以看出，当法向应力从 0.1 MPa 增加到 0.5 MPa 时，CSL 梁的等效抗弯刚度变化并不大，且与四点压弯试验得到的荷载-位移曲线很接近，这说明了使用 ABAQUS 模拟分析 CSL 构件受力特性的合理性。其中，当法向应力为 0.1 MPa 时，梁的等效抗弯刚度为 21.2 kN/mm，与 B-1 梁的 19.1 kN/mm 最接近。

2. 界面参数影响

在 CSL 梁的四点压弯试验中，能对其复合作用产生影响的主要是界面刚度。不同的防水膜类型、养护时的温湿度及界面粗糙度等都会引起防水膜与衬砌结构界面刚度的变化，此处采用经过校核后的 CSL 梁数值模型研究界面刚度参数对 CSL 梁复合作用的影响。

保持界面其他参数不变，以表 5-8、表 5-9 中的黏结刚度和剪切刚度（法向应力为 0.1 MPa 时）为基础，乘以一个调整系数进行同步放大或缩小，以考察黏结刚度和剪切刚度这两个主要因素变化所带来的影响（见表 5-10）。从计算结果中提取得到各参数条件下 CSL 梁的荷载-位移曲线，计算出其复合作用并进行标准化处理，结果如图 5-51 所示。

表 5-10　界面刚度参数取值

调整系数	10	5	2	1	0.5	0.2	0.1
黏结刚度/（MPa/mm）	15.8	7.9	3.16	1.58	0.79	0.316	0.158
剪切刚度/（MPa/mm）	1.47	0.735	0.294	0.147	0.0735	0.0294	0.0147

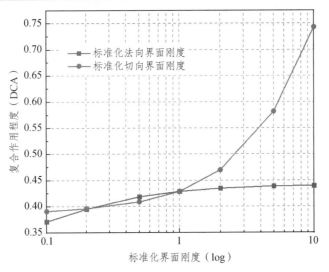

图 5-51　界面刚度参数对梁复合作用的影响

从图 5-51 来看，法向和切向界面刚度的增加都会使梁的复合作用增大，但切向界面刚度变化对 DCA 值的影响比法向界面刚度的影响大。当切向界面刚度变为原来的 10 倍时，DCA 值从 0.43 变为 0.74，变化幅度较大，而当其缩小为原来的 0.1 倍时，DCA 值变为 0.37，变化幅度相对较小。当法向界面刚度变为原来的 10 倍时，DCA 值基本不变，但当其缩小为原来的 0.1 倍时，DCA 值变化较大。

第6章　隧道 CSL 结构受力计算分析方法

本章建立了基于内聚力单元的隧道 CSL 结构数值计算模型，分别采用荷载-结构法和地层结构法对其内力、位移及界面损伤情况进行计算，并将计算结果与传统复合式衬砌进行对比，对这类隧道衬砌结构的计算方法及协同受力的力学特性进行探讨和分析，以便为隧道喷膜防水衬砌结构的应用和发展提供借鉴和参考。

6.1　荷载-结构法数值模拟

首先采用隧道设计中常用的荷载-结构法来建模计算分析，以探讨这种方法的可行性及几种不同隧道衬砌结构力学特性上的差异。

6.1.1　主要参数设置

1. 支护结构设计参数

本模型根据高速公路两车道隧道内轮廓图建立，围岩等级为Ⅲ级，类型为深埋隧道。其横断面图及支护参数分别见图 6-1 和表 6-1。其围岩重度取 23.5 kN/m³，弹性抗力系数取 1000 MPa/m。计算中所用隧道支护结构其余设计参数均根据《公路隧道设计规范》（JTG 3370.1—2018）得到。

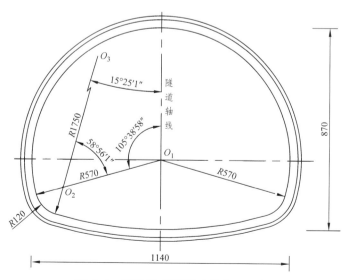

图 6-1　隧道横断面图（单位：cm）

表 6-1　隧道支护结构设计参数

参数	初支	二衬	防水膜
混凝土强度等级	C25	C30	—
厚度	15 cm	35 cm	2 ~ 4 mm

2. 荷载计算

采用荷载-结构法进行计算时,需要先按照规范规定的方法计算作用在衬砌结构上的主动荷载。

（1）垂直围岩压力计算:

$$\omega = 1 + i(B-5) = 1 + 0.1 \times (12.76 - 5) = 1.776$$
$$h_q = 0.45 \times 2^{s-1}\omega = 0.45 \times 2^{3-1} \times 1.776 = 3.2\ \text{m}$$

（6-1）

$$q = \gamma h_q = 23.5 \times 3.2 = 75.2\ \text{kPa}$$

（6-2）

（2）水平围岩压力计算:

取侧压力系数为 0.12,则可得该隧道的水平围岩压力为

$$e = 0.4q = 0.12 \times 75.2 = 9\ \text{kPa}$$

（6-3）

（3）隧道所受围岩压力如图 6-2（a）所示。将计算得到的荷载通过节点荷载计算公式转化为单元节点荷载 [图 6-2（b）],施加在隧道模型各个单元的节点上。

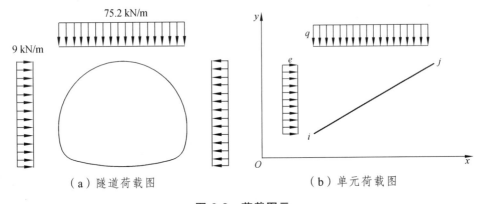

（a）隧道荷载图　　　　　　　　　　（b）单元荷载图

图 6-2　荷载图示

$$\{F_E\} = \begin{Bmatrix} F_{xi} = F_{xj} \\ F_{yi} = F_{yj} \end{Bmatrix} = \begin{Bmatrix} \dfrac{e}{2}\left|y_i - y_j\right| \\ -\dfrac{q}{2}\left|x_i - x_j\right| \end{Bmatrix}$$

（6-4）

式中, F_{xi} 为 i 端水平节点荷载; F_{xj} 为 j 端水平节点荷载; F_{yi} 为 i 端竖向节点荷载; F_{yj} 为 j 端竖向节点荷载; e、q 分别为水平和竖向分布荷载。

3. 防水材料及界面参数

防水膜的本构关系、拉伸强度、断裂伸长率等关键指标将决定其力学性能，而防水膜的厚度也会对其力学性能有一定的影响。在此处的计算模型中，根据防水膜试样单轴拉伸试验测试的结果，厚度为 2、3、4 mm 的防水膜的相关力学参数取值见表 6-2。界面参数的取值也是基于黏结拉伸和剪切试验测试数据进行计算得到的，见表 6-3。

表 6-2　不同厚度防水膜力学参数

厚度/mm	弹性模量/MPa	泊松比	屈服应力/MPa	屈服应变
2	32.66	0.45	1.54	0.04
3	23.11	0.46	1.4	0.05
4	14.44	0.48	1.5	0.09

表 6-3　界面参数取值

黏结强度/MPa	黏结刚度/MPa/mm	黏结破坏能/N/mm	剪切强度/MPa	剪切刚度/MPa/mm	剪切滑移能/N/mm
0.928	1.37	0.558	0.344	0.21	4.02

为了研究界面参数对衬砌结构力学性能的影响，将界面参数进行扩大和缩小，得到界面计算参数如表 6-4 所示。其中，Ⅱ型界面参数为试验结果，将Ⅱ型扩大一倍得到Ⅲ型界面参数，缩小一倍得到Ⅰ型界面参数。

表 6-4　喷膜防水衬砌结构界面参数

类型	黏结强度/MPa	黏结刚度/N/mm^3	黏结破坏能/N/mm	剪切强度/MPa	剪切刚度/N/mm^3	剪切滑移能/N/mm
Ⅰ	0.464	0.685	0.279	0.167	0.105	2.01
Ⅱ	0.928	1.37	0.558	0.344	0.21	4.02
Ⅲ	1.856	2.74	1.116	0.688	0.42	8.04

6.1.2　数值模型建立

对 CSL 结构，为了模拟防水膜及其对初支和二衬的黏结作用，使用实体单元来模拟初支、二衬及防水膜，单元类型均为 CPE4R。在 ABAQUS 中通过创建基于牵引-分离法则的内聚力单元来模拟初支、二衬及防水膜三者之间的黏结作用，单元类型为 COH2D4。使用地基弹簧来模拟围岩对初支的弹性抗力，在 ABAQUS 中，可通过在 inp 文件中建立非线性弹簧的方式，使弹簧只受压不受拉；弹簧取单位长度，弹性抗力系数取 1000 MPa/m；建立的喷膜防水衬砌结构计算模型如图 6-3 所示。

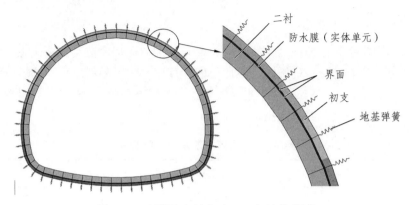

图 6-3　喷膜防水衬砌（CSL）计算模型

　　对 DSL 结构，在模型中用径向弹簧来模拟防水板与初支和二衬之间荷载的传递，且弹簧只受压不受拉。将防水层的弹性模量取为 $0.35E_c$（E_c 为二衬混凝土的弹性模量），即 10.5 GPa，根据规范可取弹簧的弹性抗力系数为 580 MPa/m。为了和喷膜防水衬砌结构做进一步的对比分析，这里对初支、二衬及弹性抗力的模拟方法与喷膜防水衬砌结构一致。建立的复合式衬砌结构计算模型如图 6-4 所示。

　　对 SSL 结构，单层衬砌结构的厚度等于初支、二衬及防水膜的厚度之和，混凝土弹性模量取初支和二衬的等效弹模 28.8 GPa。最终建立的单层衬砌结构计算模型如图 6-5 所示。

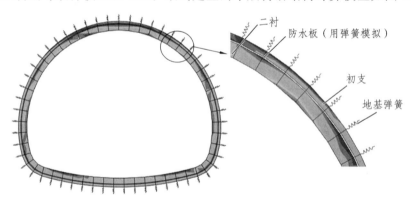

图 6-4　复合式衬砌计算模型

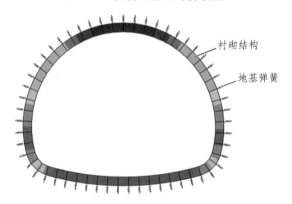

图 6-5　单层衬砌结构受力及计算模型

6.1.3　计算工况拟定

将喷膜防水衬砌结构与复合式衬砌结构和单层衬砌结构进行比较，探讨喷膜防水衬砌结构的力学性能，共拟定了三种基础计算工况，如表 6-5 所示。

之后针对 CSL 结构，选取不同厚度防水膜的力学性能、防水膜与衬砌结构之间的界面特性等关键参数，所开展的计算工况如表 6-6 所示。

表 6-5　不同类型衬砌结构计算工况

工况	衬砌类型	初支厚度/cm	二衬厚度/cm
A	喷膜防水衬砌（CSL）	15	35
B	复合式衬砌（DSL）	15	35
C	单层衬砌（SSL）	50	—

表 6-6　CSL 衬砌结构计算工况

工况	防水膜厚度/mm	界面类型	初支厚度/cm	二衬厚度/cm
A_1	2	Ⅱ	15	35
A_2	3	Ⅱ	15	35
A_3	4	Ⅱ	15	35
B_1	3	Ⅰ	15	35
B_2	3	Ⅲ	15	35
C_1	3	Ⅱ	15	30
C_2	3	Ⅱ	15	20

6.1.4　三种衬砌结构力学特性对比

分别提取表 6-5 所列三种基础计算工况下隧道初支、二衬的关键部位（拱顶、拱肩、拱腰、拱脚及仰拱）的应力、位移值进行对比分析，并对隧道二衬的安全系数进行计算和讨论。其中，工况 A 中喷膜防水层的厚度为 3 mm。

1. 衬砌典型部位 Mises 应力及变形

喷膜防水衬砌结构（工况 A）、复合式衬砌结构（工况 B）及单层衬砌结构（工况 C）三种衬砌结构的 Mises 应力及位移云图如图 6-6～图 6-8 所示。

为了具体对比分析三种衬砌结构在应力和位移间的差异，分别提取三种衬砌结构的初支和二衬在拱顶、拱脚、拱肩、拱腰及仰拱五处的 Mises 应力及位移，如图 6-9～图 6-10 所示。

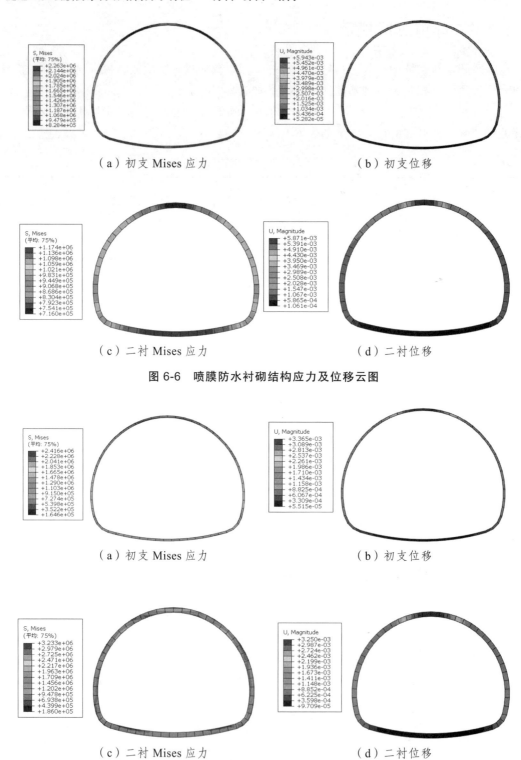

（a）初支 Mises 应力　　　　　　　　（b）初支位移

（c）二衬 Mises 应力　　　　　　　　（d）二衬位移

图 6-6　喷膜防水衬砌结构应力及位移云图

（a）初支 Mises 应力　　　　　　　　（b）初支位移

（c）二衬 Mises 应力　　　　　　　　（d）二衬位移

图 6-7　复合式衬砌结构应力及位移云图

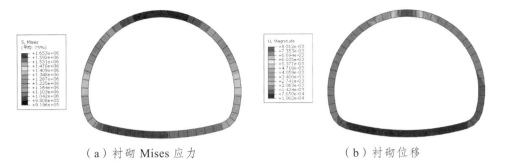

（a）衬砌 Mises 应力　　　　　　　（b）衬砌位移

图 6-8　单层衬砌结构应力及位移云图

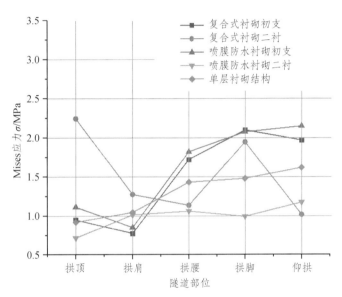

图 6-9　隧道各部位 Mises 应力值

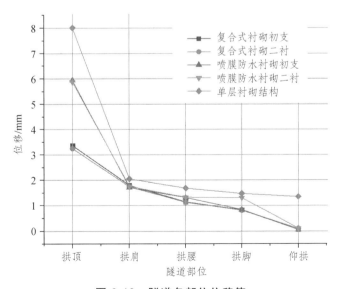

图 6-10　隧道各部位位移值

由图 6-9 可知，在复合式衬砌中，初支和二衬的应力差很大。这是因为防水板的阻隔作用，使得复合式衬砌在受到荷载作用时，初支和二衬无法一起协同受力。而在喷膜防水衬砌结构中，由于防水膜的黏接作用，初支和二衬能够协同受力，使得两者间的应力差减小，最大应力差仅有 0.98 MPa。单层衬砌结构各部位的 Mises 应力曲线处在喷膜防水衬砌结构初支和二衬应力曲线之间，这也说明了喷膜防水衬砌结构中初支和二衬具有协同受力的作用。但由于防水膜本身刚度及黏接能力无法达到混凝土的水平，因此这三条曲线只能接近，但不能重合，也就是说初支和二衬协同受力受制于喷膜防水层的性能，很难完全达到单层衬砌的水平。

除仰拱外，复合式衬砌二衬的应力远大于喷膜防水衬砌二衬的应力，在拱顶处差值最大，约为 1.53 MPa。这说明喷膜防水衬砌结构可以大大降低二衬的应力，在进行隧道设计时，可以考虑采取降低混凝土的等级、减小二衬的厚度、减少隧道开挖断面等一系列措施，来达到减少工程造价的目的。复合式衬砌二衬的应力变化范围很大，最大应力位于拱顶，最小应力位于仰拱，两者的差值约为 1.23 MPa。而在喷膜防水衬砌结构中，由于防水膜的存在，改变了二衬的受力状态，使得二衬受力非常均匀，最大应力差也只有 0.46 MPa，这可以有效减少混凝土的用量，节省工程造价。

从图 6-10 中可以明显看出，单层衬砌结构的拱顶沉降最大，喷膜防水衬砌次之，复合式衬砌最小，拱顶沉降差值最大为 4.16 mm。从整体来看，单层衬砌结构的变形比另外两种衬砌结构都大，但在除拱顶外的其余部位，其位移差则很小。复合式衬砌结构的初支和二衬在拱顶及拱腰处位移不相等，而且应力差比较大，这说明在荷载的作用下，这两个部位发生了脱离。喷膜防水衬砌结构的初支及二衬在拱脚处位移不相等，但差值较小，可能是因为在拱脚处初支应力比较大，防水膜刚度比较小，导致防水膜变形而出现二衬和初支位移不相等的情况。

2. 二衬安全性评价

为了使计算结果更加清晰地显示衬砌结构的安全性，使用破损阶段法对二衬截面的安全性进行检算，得到复合式衬砌、喷膜防水衬砌及单层衬砌典型部位的安全系数，如图 6-11 所示。

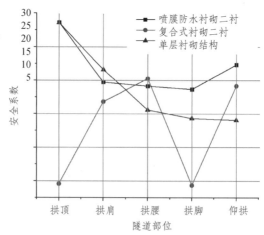

图 6-11　隧道二衬各部位安全系数

对三种衬砌结构的安全系数进行计算时，发现喷膜防水衬砌结构和单层衬砌结构二衬单元弯矩都比较小，且均为小偏心受压状态，这对抗压能力强而抗拉能力很弱的混凝土而言是有利的，与复合衬砌相比大大提高了二衬截面的安全系数，尤其在拱顶和拱脚处提高幅度最大。在拱顶处，喷膜防水衬砌结构的安全系数为复合式衬砌的 6 倍多，在拱脚处为 4 倍多。

从图 6-11 中可以看出，喷膜防水衬砌和单层衬砌的安全系数变化范围较小，而复合式衬砌安全系数变化范围很大。这说明在防水膜的黏结作用下，喷膜防水衬砌结构的初支和二衬能够在一定程度上协同受力，这使得其二衬截面的安全系数接近于单层衬砌结构，尤其在拱顶位置两者的安全系数基本相等。

6.1.5　CSL 结构力学性能影响因素分析

按表 6-6 中的计算工况，首先讨论防水膜厚度、界面参数变化对 CSL 衬砌结构力学性能的影响，在此基础上，进一步讨论二衬厚度对安全系数的影响。

1. 防水膜厚度的影响

在不同防水膜厚度（工况 A1、A2、A3）情况下，对 CSL 结构受力进行计算，得到衬砌结构的 Mises 应力及位移云图，如图 6-12 ～ 图 6-14 所示。

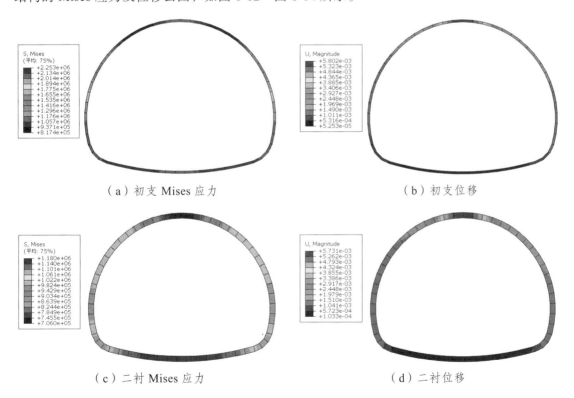

（a）初支 Mises 应力　　　　　　　　　　　　（b）初支位移

（c）二衬 Mises 应力　　　　　　　　　　　　（d）二衬位移

图 6-12　衬砌结构应力及位移（2 mm 防水膜）

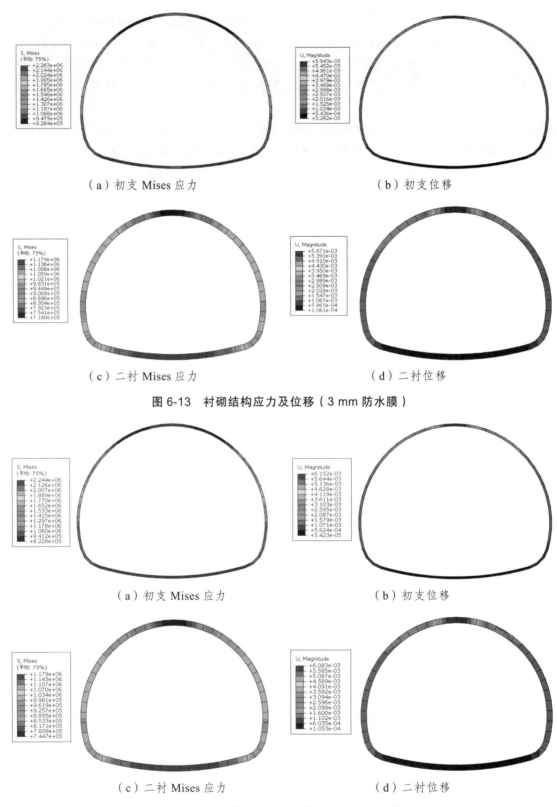

（a）初支 Mises 应力 （b）初支位移

（c）二衬 Mises 应力 （d）二衬位移

图 6-13　衬砌结构应力及位移（3 mm 防水膜）

（a）初支 Mises 应力 （b）初支位移

（c）二衬 Mises 应力 （d）二衬位移

图 6-14　衬砌结构应力及位移（4 mm 防水膜）

分别提取初支和二衬在拱顶、拱肩、拱腰、拱脚及仰拱处的应力（图 6-15）和位移（图 6-16）。

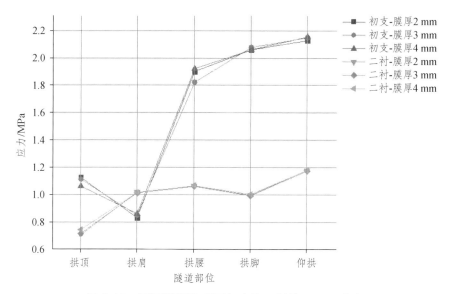

图 6-15　不同膜厚情况下初支和二衬的 Mises 应力

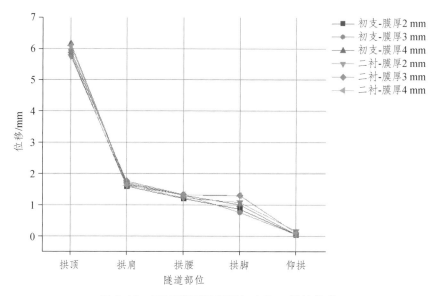

图 6-16　不同膜厚情况下初支和二衬的位移

通过以上结果可以看出，当防水膜的厚度发生变化时，CSL 结构的初支和二衬的内力和位移都没有发生显著的变化。随着防水膜厚度的增加，初支拱顶处的应力稍有减小，拱腰处的应力在膜厚为 3 mm 时最小，位移在各个部位变化都不明显；二衬应力和位移则都没有明显的变化。总体来看，初支的应力变化范围很大，除拱肩以外，初支各个部位的应力都远大于相应部位二衬的应力；二衬应力变化范围较小，受力比较均匀。

2. 界面参数的影响

对不同界面参数（工况 A2、B1、B2）进行计算，得到衬砌结构应力及位移云图，如图 6-17 ~ 图 6-19 所示。分别提取隧道初支和二衬在拱顶、拱肩、拱腰、拱脚及仰拱处的应力（图 6-20）和位移（图 6-21）。

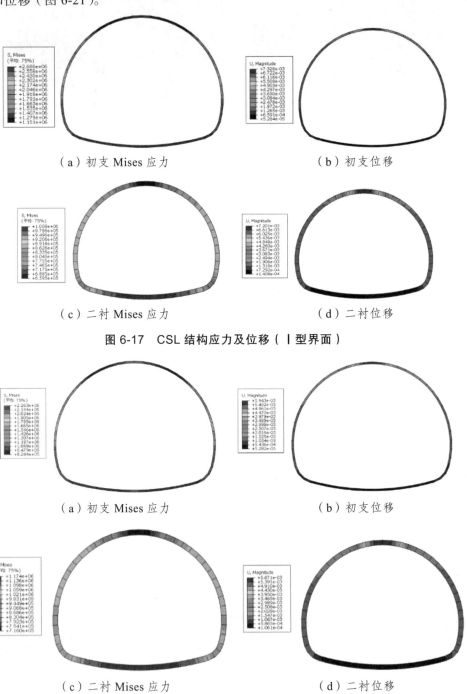

（a）初支 Mises 应力　　　　　　　　　　（b）初支位移

（c）二衬 Mises 应力　　　　　　　　　　（d）二衬位移

图 6-17　CSL 结构应力及位移（Ⅰ型界面）

（a）初支 Mises 应力　　　　　　　　　　（b）初支位移

（c）二衬 Mises 应力　　　　　　　　　　（d）二衬位移

图 6-18　CSL 结构应力及位移（Ⅱ型界面）

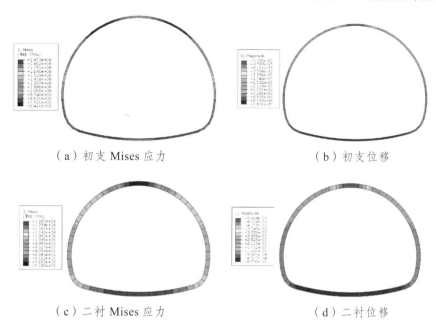

（a）初支 Mises 应力　　　　　　　　　　　　（b）初支位移

（c）二衬 Mises 应力　　　　　　　　　　　　（d）二衬位移

图 6-19　CSL 结构应力及位移（Ⅲ型界面）

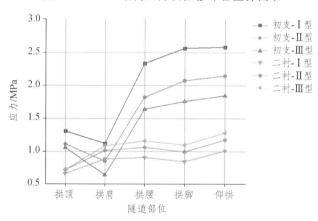

图 6-20　不同界面参数情况下 CSL 结构初支和二衬的应力

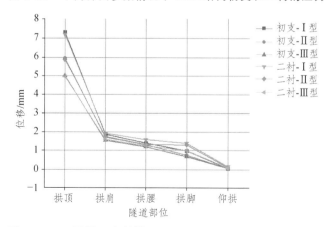

图 6-21　不同界面参数情况下 CSL 结构初支和二衬的位移

由图 6-20 可知，界面参数的变化会对初支和二衬的应力产生显著的影响。随着界面参数的增大，初支的应力总体上呈减小、二衬的应力呈增大的趋势，这使得初支和二衬在除拱肩外的各个部位的应力差不断减小。当界面参数由 I 型变为 III 型时，初支和二衬应力差值最小，此时最大应力差在拱脚处，其值为 0.66 MPa，最小应力差在拱顶处，其值为 0.34 MPa。在拱肩处初支应力小于二衬应力，且随着界面参数的增大，其差值越来越大。这是因为在围岩压力作用下，隧道衬砌拱肩外侧受拉，且由于防水膜的黏结作用增强，使二衬应力增大，初支应力显著减小（图 6-22）。因此在拱肩处，增大防水膜界面参数是不利于二衬受力的。

由图 6-21 可知，随着界面参数的增大，初支和二衬拱顶处的位移均减小，其余部位变化不大；在相同的界面参数下，初支和二衬的位移基本相同。

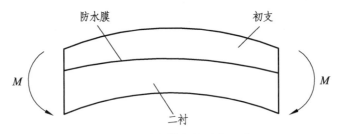

图 6-22　衬砌拱肩处受力示意

从以上分析可以看出，随着防水膜黏结能力的增强，初支和二衬协同受力能力更强。可以认为，当防水膜黏结能力足够大时，初支和二衬应力趋于相等，即接近单层衬砌的受力结果。但实际上，由于防水膜的黏结能力和防水膜本身的刚度无法和混凝土匹配，故其受力情形应介于传统复合式衬砌和单层衬砌之间。

3. 二衬安全性评价

在上一部分中已经讨论过，防水膜的厚度对喷膜防水衬砌结构的应力和位移都不会产生显著的影响，而界面参数的变化会使初支和二衬的应力发生显著变化。因此，下面将针对不同界面参数下（工况 A2、B1、B2），二衬各典型部位安全系数进行计算（结果如图 6-23 所示），以便更加直观地说明界面参数的变化对二衬安全性的影响。

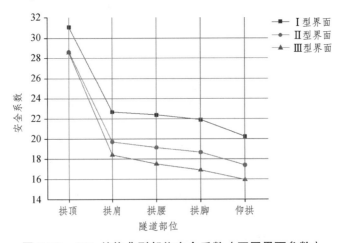

图 6-23　CSL 结构典型部位安全系数（不同界面参数）

由图 6-23 可知,不同部位其二衬截面安全系数不同,整体上从拱顶到仰拱处呈下降趋势,拱顶最安全,仰拱处最危险。随着界面参数的增大,二衬截面安全系数逐渐减小,且在不同部位减小的程度不同。当界面参数从 I 型变为 III 型时,安全系数在拱脚处减小最多,其值减小了 5.02;在拱顶处减小最少,其值减小了 2.57。这是由于界面参数的增大使得防水膜的黏结作用增强,初支和二衬协同受力能力增大,初支将内力转移给二衬,使得二衬内力增大,截面安全系数减小。

计算发现,二衬单元均为小偏心受压状态,说明由混凝土的抗压强度控制二衬的承载能力,对于抗压强度高、抗拉强度很低的混凝土来说是非常有利的,二衬在各个部位的安全系数均远大于规范规定的 2.4。因此,为了减少混凝土的浪费、提高材料利用率和降低工程造价,采用 CSL 结构时可考虑适当减小二衬的厚度。

4. 二衬厚度的影响

下面分析当二衬厚度减小为 30 cm 和 20 cm 时(工况 A2、C1、C2),二衬的安全系数变化情况。其中,界面参数均为 II 型,喷膜防水层厚度均为 3 mm。衬砌结构的应力及位移云图如图 6-24 ~ 图 6-26 所示。

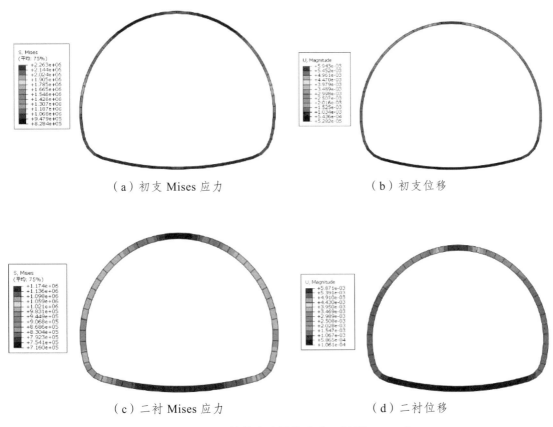

（a）初支 Mises 应力　　　　　　　　　　（b）初支位移

（c）二衬 Mises 应力　　　　　　　　　　（d）二衬位移

图 6-24　CSL 结构应力及位移（二衬厚 35 cm）

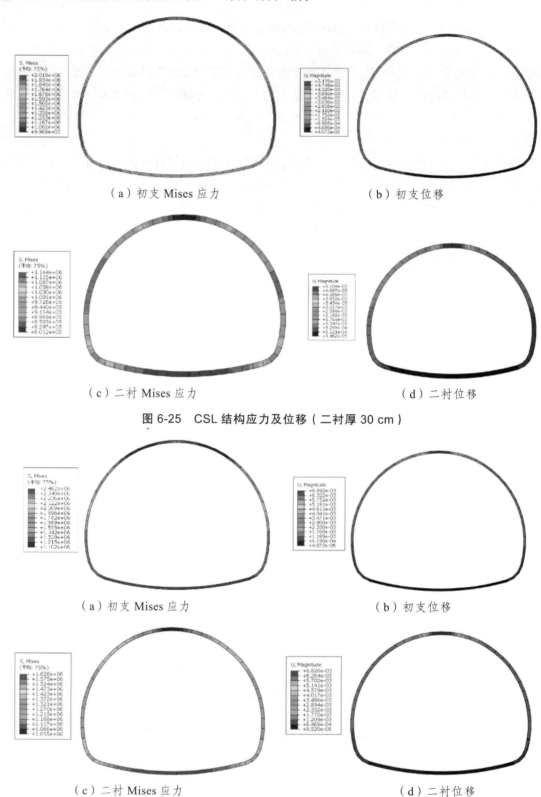

（a）初支 Mises 应力　　　　　　　　（b）初支位移

（c）二衬 Mises 应力　　　　　　　　（d）二衬位移

图 6-25　CSL 结构应力及位移（二衬厚 30 cm）

（a）初支 Mises 应力　　　　　　　　（b）初支位移

（c）二衬 Mises 应力　　　　　　　　（d）二衬位移

图 6-26　CSL 结构应力及位移（二衬厚 20 cm）

选取二衬关键部位的安全系数，绘制其随二衬厚度变化的曲线，如图 6-27 所示。可以看出，随着二衬厚度的减小，二衬截面的安全系数也逐渐减小。当二衬厚度从 35 cm 减小到 20 cm 时（减少 43%），二衬截面的安全系数在拱顶处减小最多，其减小值为 8.17；在其余部位减小量基本相同，其减小值约为 5。二衬厚度从 35 cm 减小到 30 cm 时，拱脚处安全系数反而略有增大，这可能是由于初支承受了更大的内力，从而使二衬内力减小，导致安全系数增大。

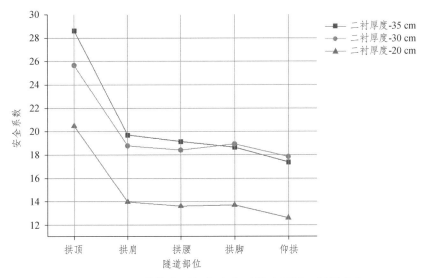

图 6-27　CSL 结构典型部位安全系数（不同二衬厚度）

从以上计算结果来看，即使二衬厚度减小为原来的 43%，二衬截面的安全系数仍然比规范规定的值要大。因此，二衬厚度理论上可以继续减小，但实际上，当二衬厚度减小到一定程度时，初支的应力会急速增大，制约结构安全性的将会是初支的应力。此外，由于初支喷射混凝土的长期性能可能由于渗水、钙离子流失、腐蚀等因素出现劣化，防水膜也会由于长期地下水的浸泡导致性能下降，从而影响 CSL 结构的协同受力作用，所以二衬混凝土的厚度是否可以减薄或者减薄多少合适，还需要做谨慎的讨论。

6.2　地层-结构法数值模拟

为对不同的计算方法进行对比，此处使用地层-结构模型，对隧道喷膜防水衬砌结构和复合式衬砌结构的受力进行计算和对比分析。

6.2.1　主要参数设置

1. 围岩物理力学参数

本节针对速度为 100 km/h 的高速公路隧道结构进行计算。选用工程中比较常见的 IV 级围岩，并采用摩尔-库仑本构模型，按照《公路隧道设计规范　第一册　土建工程》（JTG 3370.1—2018）选取 IV 级围岩物理力学参数，如表 6-7 所示。

表 6-7　围岩物理力学参数

重度/（kN/m³）	弹性模量/GPa	泊松比	内摩擦角/（°）	黏聚力/MPa
20	3	0.35	30	0.5

2. 支护结构参数

采用工程中较为常见的初期支护方案，即初期支护由喷层、系统锚杆和钢架组成。在数值模型的计算分析中，将钢架采用等效计算的方法折算给喷射混凝土，其等效弹性模量计算公式为

$$E = (E_c A_c + E_a A_a) / A \tag{6-5}$$

式中，E 为初支等效弹性模量（MPa）；E_c 为喷射混凝土弹性模量（MPa）；E_a 为钢架弹性模量（MPa）；A_c 为喷射混凝土横截面面积（cm²）；A_a 为钢架横截面面积（cm²）；A 为初支整体横截面面积（cm²）。

基于上述简化，可得到隧道喷膜防水衬砌结构初支及二衬的设计参数（表 6-8）及隧道横断面图（图 6-28）。为了避免其他因素对两种衬砌结构对比分析的影响，复合式衬砌结构计算模型中除了初支与二衬的接触方式外，其余结构设计参数均与喷膜防水衬砌结构相同。

表 6-8　支护参数

衬砌结构	初期支护			二次衬砌（C30）
	喷射混凝土（C25）	钢架（I22a）	锚杆（φ22）	
厚度（间距）	25 cm	1 m	1 m×1 m	40 cm
弹性模量/GPa	29.4		200	30

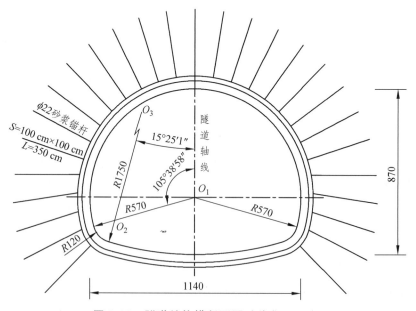

图 6-28　隧道结构横断面图（单位：cm）

3. 界面参数

在第 5 章开展的 CSL 梁压弯试验中，发现防水膜基本能保持较好的完整性。因此，为了简化建模烦琐程度，同时也为避免计算过程中出现不收敛的问题，此处将防水膜与初支、二衬之间的作用简化为一个界面来处理。相关界面的参数取值，按表 5-8 及表 5-9 中法向应力为 0.1 MPa 时的数值确定。

6.2.2　数值模型建立

1. 模型尺寸和边界条件

使用有限元软件 ABAQUS 对喷膜防水衬砌结构及复合式衬砌结构建立二维地层-结构模型，模型尺寸及边界条件如图 6-29 所示。隧道底部、左侧及右侧计算范围均取 4 倍洞径，顶部取至地表。约束模型左侧和右侧的水平位移；约束底部的水平和竖向位移；地表自由，不进行约束。

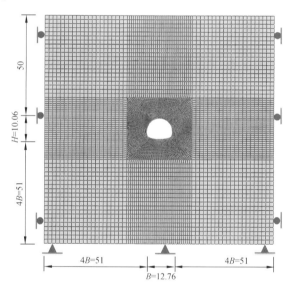

图 6-29　模型尺寸及边界条件（单位：m）

2. 初支与二衬的接触条件

建模时忽略防水膜的厚度，通过考虑初支与二衬间的不同接触条件，来模拟隧道喷膜防水衬砌结构和复合式衬砌结构由于防水层的不同而引起的结构力学性能的变化。在喷膜防水衬砌结构中，由于防水膜存在双面黏结作用，初支与二衬间的界面通过创建基于面-面接触的内聚力行为来进行模拟；在复合式衬砌结构中，由于无纺布和防水板的阻隔作用，初支和二衬间只能传递压应力而不能传递拉应力和剪应力，两者之间法向为"硬接触"，切向摩擦系数为 0。

为了能够在二维地层-结构模型中模拟两种衬砌结构界面的应力传递作用，初支和二衬都采用实体单元进行模拟，两者的模型如图 6-30～图 6-31 所示。

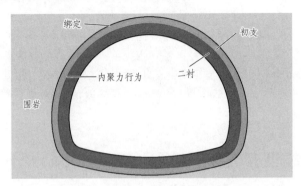

图 6-30　喷膜防水衬砌结构计算模型

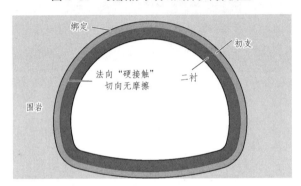

图 6-31　复合式衬砌结构计算模型

3. 单元类型和网格编号

在建模计算时，围岩、初支及二衬的单元类型均为四结点双线性平面应变四边形单元，即 CPE4；锚杆使用桁架单元进行模拟，单元类型为 T2D2。为了便于后续对初支及二衬的内力进行分析，对其网格节点进行编号，坐标轴 XY 向右向上为正，如图 6-32 所示。

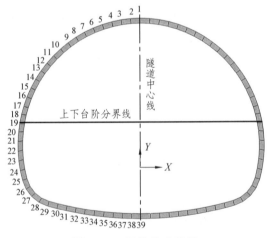

图 6-32　网格节点编号

4. 分析步设置

在实际工程中，隧道的开挖及支护结构的施作步骤十分复杂，而在使用有限元软件进行计算时，支护结构的模拟是非常重要的，尤其是支护结构激活的时机。若在开挖之前激活衬砌，不符合实际的施工顺序；若在开挖之后再激活衬砌，则应力早已完全释放，起不到支撑的作用。本节在进行计算时，使用软化模量法来解决这个问题，即在衬砌施工前，通过降低开挖区域的弹性模量，对隧道施工过程中的应力释放进行模拟。本节针对Ⅳ级围岩进行计算，采用台阶法开挖，一共设置了 9 个分析步。

第一步：平衡地应力；

第二步：将上台阶开挖土体的模量软化 20%；

第三步：施作上台阶初支（锚杆+喷层）；

第四步：将上台阶开挖部分土体的模量再软化 30%；

第五步：将下台阶开挖土体的模量软化 20%；

第六步：施作下台阶初支（锚杆+喷层）；

第七步：将下台阶开挖部分土体的模量再软化 30%；

第八步：施作二衬；

第九步：开挖上下台阶的土体。

按照上述分析步进行计算，可以在二衬施作完成后，再释放 50%的围岩应力。复合式衬砌结构与喷膜防水衬砌结构的分析步设置一致。

6.2.3　计算结果分析

提取两种衬砌结构计算模型中初支与二衬各部位的弯矩、轴力、位移及界面应力计算结果，进行讨论分析。在本节所建计算模型中，衬砌结构和围岩都是关于隧道中心线对称的，故只取一半结构进行研究，其节点编号为 1～39。

1. 衬砌结构内力

在隧道施作完初支但并未施作二衬时，两种衬砌结构的内力是相同的，其 Mises 应力云图如图 6-33 所示。提取初支的弯矩和轴力，绘制其内力曲线图，如图 6-34 所示。从图 6-34 中可以看出，在未施作二衬前，初支的轴力逐渐从拱顶的 91.09 kN 增加到拱腰处的 361.6 kN，然后在仰拱处减小到 3.745 kN。在上下台阶的分界处，初支轴力曲线出现明显的凹槽，轴力减小。弯矩整体变化趋势不明显，在上下台阶分界处和拱脚位置出现了突增的现象，最大弯矩在 26 号节点处，达到 11.6 kN·m。

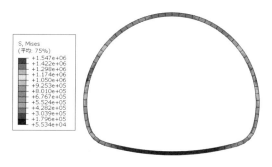

图 6-33　施作二衬前初支 Mise 应力云图

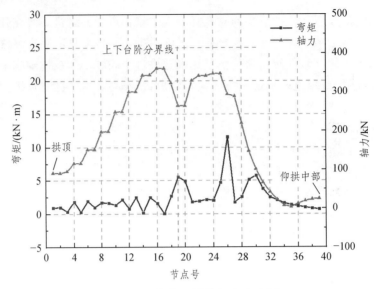

图 6-34 施作二衬前初支内力图

在施作完二衬后，喷膜防水衬砌结构和复合式衬砌结构初支和二衬的 Mises 应力云图如图 6-35 和图 6-36 所示，提取其轴力和弯矩，如图 6-37 和图 6-38 所示。

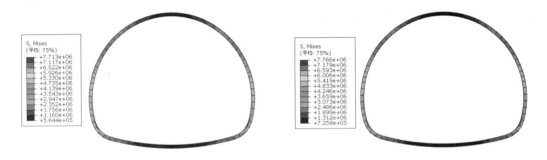

（a）喷膜防水衬砌初支 Mises 应力云图   （b）复合式衬砌初支 Mises 应力云图

图 6-35 两种衬砌结构初支 Mises 应力云图

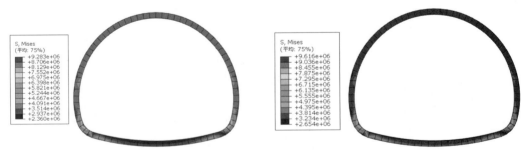

（a）喷膜防水衬砌二衬 Mises 应力云图   （b）复合式衬砌二衬 Mises 应力云图

图 6-36 两种衬砌结构二衬 Mises 应力云图

图 6-37 中，喷膜防水衬砌结构和复合式衬砌结构初支和二衬的轴力变化趋势基本一致。初支的轴力从拱顶到仰拱中部呈现先增加后减小的趋势，这与未施加二衬前初支轴力的变化趋势是一致的；二衬的轴力曲线比较平稳，从拱顶到仰拱变化不大，但两种衬砌结构二衬轴力的大小存在差异，1～25 号截面处（拱顶、拱肩及拱腰处）喷膜防水衬砌结构二衬的轴力大于复合式衬砌结构，26～39 号截面处（拱脚和仰拱处）复合式衬砌结构二衬的轴力大于喷膜防水衬砌结构。

喷膜防水衬砌结构与复合式衬砌结构相比，初支的轴力只有在 31 号到 35 号节点处（仰拱）是增大的，在隧道的大部分位置都是减小的，而二衬轴力在除拱脚和仰拱外的其余位置都是增大的。这是因为在防水膜的黏结作用下，初支和二衬协同受力，使喷膜防水衬砌结构的二衬承担了更多的轴力，而初支承担的轴力则相应减小。

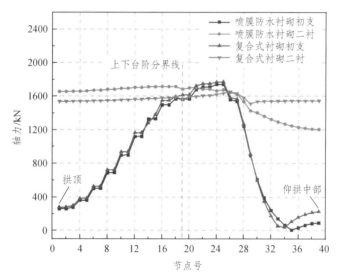

图 6-37　衬砌结构轴力图

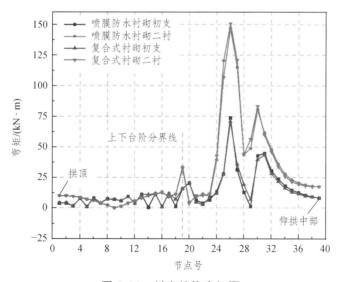

图 6-38　衬砌结构弯矩图

在图 6-38 中，两种衬砌结构初支和二衬的弯矩变化趋势也是基本一致的。从拱顶到 23 号截面前，初支和二衬的弯矩变化都不大，基本为 10 kN·m 左右，在拱脚位置处，出现了弯矩突变的情况，在仰拱中部又降低到原来的水平。

喷膜防水衬砌结构与复合式衬砌结构相比，初支与二衬弯矩的大小基本相同，但在局部存在一些差异。在拱脚位置处喷膜防水衬砌结构初支和二衬的弯矩都小于复合式衬砌结构，而在仰拱位置处喷膜防水衬砌结构初支和二衬的弯矩都大于复合式衬砌结构。两种衬砌结构初支和二衬的弯矩最大值都出现在拱脚位置处，其中复合式衬砌结构二衬的弯矩最大为 150.9 kN·m。

2. 衬砌结构变形

提取位移云图上 1～39 号节点的水平位移和竖向位移，绘制两种衬砌结构初支和二衬的位移曲线，如图 6-39 和图 6-40 所示。

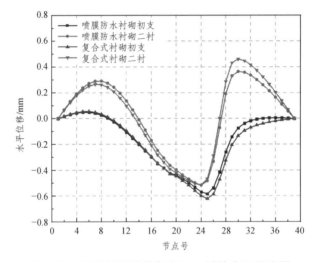

图 6-39　两种衬砌结构初支和二衬的水平位移图

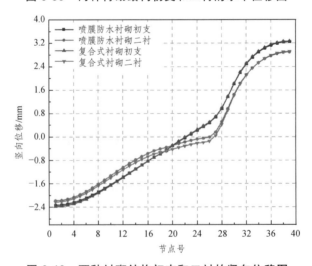

图 6-40　两种衬砌结构初支和二衬的竖向位移图

从图 6-39 可以看出，喷膜防水衬砌结构初支与二衬水平位移的变化趋势与复合式衬砌结构的基本一致，但其大小存在一定的差异。在 20 号节点前，两种衬砌结构初支的水平位移基本相等，20 号节点后，喷膜防水衬砌结构初支的水平位移稍大于复合式衬砌结构。二衬的水平位移在 24 号节点前，喷膜防水衬砌结构大于复合式衬砌结构，在 24 号节点后，复合式衬砌结构大于喷膜防水衬砌结构。总体来看，两种衬砌结构初支和二衬的水平位移都比较小，拱脚位置的最大位移也不到 1 mm。在图 6-40 中，喷膜防水衬砌结构与复合式衬砌结构初支的竖向位移基本相同，喷膜防水衬砌结构二衬的竖向位移略大于复合式衬砌结构。两种衬砌结构初支的拱顶沉降约为 2.4 mm，仰拱隆起最大约为 3.3 mm；二衬的拱顶沉降和仰拱隆起与初支相比都比较小，其中拱顶沉降约为 2.2 mm，仰拱隆起最大约为 2.9 mm。

总体来看，喷膜防水衬砌结构和复合式衬砌结构的水平位移和竖向位移差别都不是很大，说明防水膜的黏结作用并不会对衬砌结构的位移产生很大的影响。从两个方向的位移曲线来看，两种衬砌结构初支和二衬间的位移存在一定的差值，这是由衬砌结构本身的变形引起的，并未发生界面的脱离。

3. 二衬安全性评价

根据《公路隧道设计规范 第一册 土建工程》（JTG 3370.1—2018）的规定，采用破损阶段法，使用下列公式进行二衬安全系数的计算。

抗压强度计算：

$$KN \leqslant \varphi \alpha R_{\mathrm{a}} bh \tag{6-6}$$

式中，K 为安全系数；N 为轴力（kN）；φ 为纵向弯曲系数，隧道衬砌结构取 1；α 为轴力偏心影响系数；R_{a} 为混凝土抗压强度极限值；b 为截面宽度；h 为截面高度。

抗拉强度计算：

$$KN \leqslant \frac{1.75 R_{\mathrm{l}} bh}{\dfrac{6 e_0}{h} - 1} \tag{6-7}$$

式中，R_{l} 为混凝土抗拉强度极限值；e_0 为轴力偏心距；其余符号的含义同式（6-6）。

按照式（6-6）和式（6-7）计算得到两种衬砌结构二衬的安全系数，如图 6-41 所示。在实际工程中，为了提高隧道的安全性，隧道在设计和施工时都会对拱脚进行加厚处理，因此在计算两种衬砌结构的安全系数时，对拱脚位置二衬的厚度取 0.55 m。

从图 6-41 中可以看出，两种衬砌结构二衬的安全系数变化趋势基本一致，在拱顶、拱肩及拱腰处基本保持不变，在拱脚处发生了突变。仰拱部位喷膜防水衬砌结构各截面二衬的安全系数变化范围较大，而复合式衬砌结构则比较平稳。在 24 号截面之前（包括拱顶、拱肩及拱腰位置处），喷膜防水衬砌结构二衬的安全系数小于复合式衬砌结构，但都大于 3.6；24 号截面之后（包括拱脚和仰拱位置处），喷膜防水衬砌结构二衬的安全系数大于复合式衬砌结构。虽然两种衬砌结构二衬的安全系数存在差异，但差值都不是很大，尤其是在拱顶、拱肩、拱腰及拱脚处，差值都小于 1。喷膜防水衬砌结构二衬安全系数在仰拱处变化范围较大，可能是由于在防水膜的黏结作用下，衬砌结构应力重新调整造成的。从两种衬砌结构二衬的安全系数来看，喷膜防水衬砌结构中二衬的安全系数总体上有所减小，但变化不是很大，且都大于规范规定的安全系数。

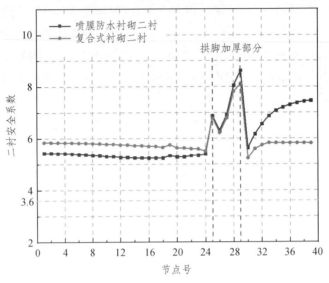

图 6-41 二衬安全系数

4. 两种计算方法比较

采用地层-结构法建模计算得到的衬砌结构内力、衬砌结构变形与二衬安全系数，与采用荷载-结构法进行建模计算得出的结果不仅在数值上，在规律上也有较大的差异。经初步分析，这个差异的原因可能来自于两种计算方法在建模及参数设置、荷载加载方式和时机等方面的考虑不同所导致。

荷载-结构法考虑的是围岩松动压力，且一次性同步加载到初支和二衬形成的联合支护结构上，在此过程中初支与二衬之间的界面状态就发挥了重要的复合作用，中间防水膜和界面的参数及特性对衬砌结构整体的协同受力和协调变形的影响非常明显。而地层-结构法考虑的是围岩形变压力，且对初支结构考虑了锚杆、钢架的加强作用，荷载也是主要先加载到初支结构上，二衬中的受力计算结果偏小，此时防水膜和界面的作用就不如荷载-结构法计算结果中的明显。

与第 5 章所做的 CSL 梁构件压弯试验的结果比较，发现荷载-结构法的计算结果及规律与之更为接近。从力学原理上来说，荷载-结构法的力学概念更清晰、明了，对于分析荷载在结构上的传递路径与分担机制更加实用，也是目前工程实际中采用最多的简化设计方法。而地层-结构法则能在一定程度上模拟隧道施工过程对支护结构内力形成与分布规律的影响，也有其可取之处。综合对比，建议在设计阶段，采用荷载-结构法开展 CSL 结构的受力计算分析，以考虑更不利的情况下隧道衬砌结构的受力情况和安全性。

6.3　防水膜类型及性能的影响

目前，国内外隧道中使用的喷膜防水材料类型已经较多，不同防水膜的力学性能和所能提供的黏结性对隧道喷膜防水衬砌结构的力学性能会产生一定的影响。本节对国内外地下工程中常用喷膜防水材料进行调研，并根据其性能进行分类，采用地层-结构模型计算分析不同类型防水膜对衬砌结构的内力和界面应力的影响。

6.3.1　喷膜防水材料调研

1. 国内常用喷膜防水材料

对国内目前在地下工程中常用的喷膜防水材料性能指标进行统计，其中黏结强度都是指防水材料与干燥基面的黏结强度。为扩大样本，将部分用于地下工程中的防水涂料也列入统计范围，以更为全面地分析喷涂类防水材料的性能指标。

（1）丙烯酸盐喷膜防水材料。丙烯酸盐喷膜防水材料是由丙烯酸盐配制成的双组分 A、B 主液构成，使用专用设备输送到喷枪，两种液体在空气中发生聚合反应形成具有一定强度的弹性防水层，其力学性能指标如表 6-9 所示。

表 6-9　丙烯酸盐喷涂防水层物理力学性能指标

项目	性能要求
拉伸强度/MPa	≥1.2
断裂伸长率/%	≥250
撕裂强度/（kN/m）	≥5
黏结强度/MPa	≥0.4
硬度（邵氏 AM）	≥60

（2）聚氨酯防水涂料。Ⅱ型聚氨酯防水涂料可用于结构的非直接通行部位，其物理力学性能指标如表 6-10 所示。

表 6-10　聚氨酯防水涂料物理力学性能指标

项目	性能要求
拉伸强度/MPa	≥6
断裂伸长率/%	≥450
撕裂强度/（kN/m）	≥30
黏结强度/MPa	≥1
硬度（邵氏 AM）	≥60

（3）单组分聚脲防水涂料。单组分聚脲防水涂料按照用途分为Ⅰ型和Ⅱ型两类，Ⅰ型单组分聚脲防水涂料的物理力学性能指标如表 6-11 所示。

表 6-11　单组分聚脲防水涂料物理力学性能指标

项目	性能要求
拉伸强度/MPa	≥15
断裂伸长率/%	≥300
撕裂强度/（kN/m）	≥40
黏结强度/MPa	≥2.5
硬度（邵氏 AM）	≥60

（4）喷涂橡胶沥青防水涂料。隧道喷涂橡胶沥青的力学性能指标如表 6-12 所示。

表 6-12　喷涂橡胶沥青力学性能指标

项目	性能要求
拉伸强度/MPa	≥0.5
断裂伸长率/%	≥1000
黏结强度/MPa	≥0.4

（5）水乳型沥青防水涂料。水乳型沥青防水涂料的力学性能指标如表 6-13 所示。

表 6-13　水乳型沥青防水涂料力学性能指标

项目	性能要求
断裂伸长率/%	≥600
黏结强度/MPa	≥0.3

（6）聚合物水泥防水涂料。Ⅱ型聚合物水泥防水涂料的力学性能指标如表 6-14 所示。

表 6-14　聚合物水泥防水涂料力学性能指标

项目	性能要求
拉伸强度/MPa	≥1.8
断裂伸长率/%	≥80
黏结强度/MPa	≥0.7

（7）环氧树脂（EP）防水涂料。该防水涂料与干基面的黏结强度大于 3 MPa。

（8）聚甲基丙烯酸甲酯（PMMA）防水涂料。Ⅱ型 PMMA 防水涂料的物理力学指标如表

6-15 所示。

表 6-15　聚甲基丙烯酸甲酯防水涂料力学性能指标

项 目	性 能 要 求
拉伸强度/MPa	≥10
断裂伸长率/%	≥130
撕裂强度/（kN/m）	≥45
黏结强度/MPa	≥2.5

2. 国外常用喷膜防水材料

基于统计资料的来源，此处按厂家/品牌对相关防水材料进行阐述。

（1）TamSeal 800。TamSeal 800 是一种高性能单组分 EVA 聚合物柔性防水涂料，其物理力学性能如表 6-16 所示。通过复合试块的拉伸和剪切试验得到该防水涂料的界面法向刚度 K_n=4 MPa/mm，切向刚度 K_s=2 MPa/mm。

表 6-16　TamSeal 800 防水涂料物理力学性能指标

项 目	性 能 要 求
断裂伸长率/%	150
黏结强度/MPa	1.5
硬度（邵氏 AM）	90±5

（2）Masterseal 345。Masterseal 345 是一种以 EVA 聚合物为基础的喷膜防水涂料，其物理力学性能如表 6-17 所示。

表 6-17　Masterseal 345 防水涂料物理力学性能指标

项 目	性 能 要 求
拉伸强度/MPa	1.5 ~ 3.5
断裂伸长率/%	＞100
黏结强度/MPa	1.2±0.2
硬度（邵氏 AM）	80±5

（3）Integritank。Integritank 是一种基于甲基丙烯酸甲酯（MMA）树脂的液态、完全反应的弹性体涂料，可快速固化，形成坚韧的不透水膜，其物理力学指标如表 6-18 所示。

表 6-18　Integritank 防水涂料物理力学性能指标

项目	性能要求
拉伸强度/MPa	>11.8
断裂伸长率/%	＞130
撕裂强度/（kN/m）	70
黏结强度/MPa	1.2
硬度（邵氏 AM）	56

（4）Mapelastic TU System。Mapelastic TU System 是由 MAPEI 研发实验室开发的一种单组合可喷涂合成材料，具有优良的水密性，其物理力学性能如表 6-19 所示。

表 6-19　Mapelastic TU System 防水涂料物理力学性能指标

项目	性能要求
拉伸强度/MPa	>1.5
断裂伸长率/%	＞150
黏结强度/MPa	≥0.75
硬度（邵氏 AM）	≥40

（5）Tekflex DS-W。Tekflex DS-W 是一种单组分粉末基聚合物，专为连续干喷应用而设计。粉末通过特殊的喷嘴与水混合，形成一种悬浮液，该悬浮液在几秒钟内凝固，在物体表面形成一层连续的膜。几分钟后，它会变得无黏性，在接下来的几天里迅速增强强度，形成一种坚固而有弹性的密封膜。这种薄膜能很好地黏结在岩石、煤炭和混凝土等表面。其物理力学性能如表 6-20 所示。

表 6-20　Tekflex DS-W 防水涂料物理力学性能指标

项目	性能要求
拉伸强度/MPa	1.7
断裂伸长率/%	＞150
黏结强度/MPa	≥1.2
硬度（邵氏 AM）	≥70

3. 材料分类及界面参数拟定

通过上述的调研发现，防水膜的界面参数之间存在一定的内在关系。防水膜的黏结刚度约为黏结强度的 1.5 倍，剪切强度约为黏结强度的 0.5～0.7 倍，每种防水膜的黏结破坏能和剪切滑移均能保持相对稳定，其值分别约为 1 N/mm 和 8 N/mm。对前述调研的喷膜防水材料，按照黏结强度（f_{bond}）分为以下四种类型：

（1）Ⅰ型：0.2 MPa≤f_{bond}<0.5 MPa。黏结强度位于 0.2～0.5 MPa 区间的有丙烯酸盐、喷

涂橡胶沥青及水乳型沥青。

（2）Ⅱ型：$0.5\ MPa \leqslant f_{bond} < 1\ MPa$。黏结强度位于 0.5～1 MPa 区间的有聚合物水泥。

（3）Ⅲ型：$1\ MPa \leqslant f_{bond} < 1.5\ MPa$。大部分防水膜的黏结强度都位于 1～1.5 MPa 这个区间，具体有聚氨酯、TamSeal 800、Masterseal 345、Integritank HF、Mapelastic TU System、Tekflex DS-W。

（4）Ⅳ型：$f_{bond} > 1.5\ MPa$。黏结强度大于 1.5 MPa 的有单组分聚脲、环氧树脂及聚甲基丙烯酸甲酯。

目前，国内外对上述防水膜的界面参数测试数据还比较少，无法准确得到每种防水膜的界面参数。通过对国内外学者已经测得的几种防水膜界面参数进行归纳总结，结合界面参数之间的内在关系，拟定了每一类防水膜的界面计算参数，如表 6-21 所示。

表 6-21　各类防水膜界面计算参数

防水膜类型	黏结强度 /MPa	黏结刚度/ (MPa/mm)	黏结破坏能/ (N/mm)	剪切强度 /MPa	剪切刚度/ (MPa/mm)	剪切滑移能/ (N/mm)
Ⅰ型	0.35	0.53	1	0.18	0.09	8
Ⅱ型	0.7	1.05	1	0.45	0.3	8
Ⅲ型	1.2	1.8	1	0.8	0.4	8
Ⅳ型	2.5	3.75	1	1.25	0.63	8

6.3.2　计算结果分析

将表 6-21 中四类防水膜的界面参数输入到本章第 6.2 节基于地层-结构法所建立的模型中进行计算，并提取衬砌结构的内力、界面处的应力进行分析和讨论。

1. 衬砌结构内力

根据不同类型防水膜参数计算得到的初支和二衬轴力如图 6-42 和图 6-43 所示。从图 6-42 来看，防水膜类型对初支轴力的影响程度在隧道的不同部位有所差别，但整体上影响不大。在拱腰和仰拱位置处，随防水膜类型的变化，初支轴力变化比较明显，在其余位置基本不变。在拱腰位置处，从Ⅰ型防水膜到Ⅳ型防水膜，初支轴力逐渐减小，最大减小值约为 103 kN，在仰拱位置处，从Ⅱ型防水膜到Ⅳ型防水膜，初支轴力逐渐增大。从图 6-43 中可以看出，防水膜类型的变化对二衬轴力影响较大，且在隧道的不同部位其影响规律和程度有所不同。在拱顶位置处，只有Ⅰ型防水膜的二衬轴力较小，Ⅱ、Ⅲ、Ⅳ型防水膜的二衬轴力基本一致；在拱肩和拱腰位置处，随防水膜型号的增加，二衬轴力逐渐增大；在仰拱位置处，随防水膜型号的增加，二衬轴力逐渐减小；在拱脚位置处，除 29 和 30 号截面外，其余截面的二衬轴力也随防水膜型号的增加而逐渐增大。

不同类型防水膜对应的初支和二衬弯矩如图 6-44 和图 6-45 所示。从图 6-44 和图 6-45 来看，防水膜类型的变化对初支和二衬弯矩的影响很小。从整体来看，初支弯矩随防水膜型号的增加在大部分截面基本保持不变，只有在仰拱和拱脚的部分位置处有所增大。随防水膜型号的增加，二衬弯矩也基本保持不变，只在拱脚处稍有减小，在仰拱处稍有增大。

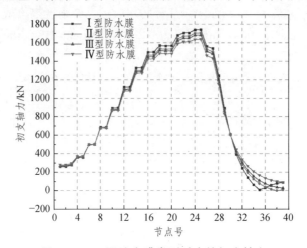

图 6-42　不同防水膜类型对应的初支轴力

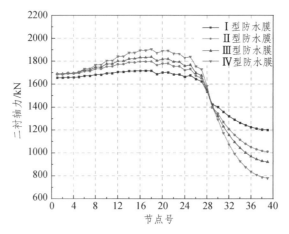

图 6-43　不同防水膜类型对应的二衬轴力

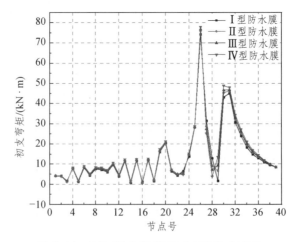

图 6-44　不同防水膜类型对应的初支弯矩

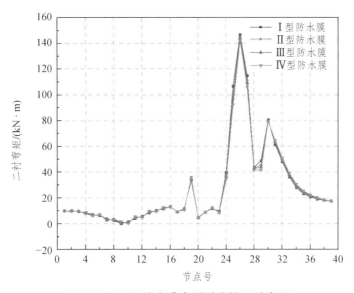

图 6-45　不同防水膜类型对应的二衬弯矩

2. 界面应力

不同防水膜类型对应的初支与二衬界面处的法向应力和切向应力如图 6-46 和图 6-47 所示。从图 6-46 来看，防水膜类型的变化对界面法向应力影响不大，曲线基本重合。在拱顶、拱肩、拱腰及拱脚位置处，随防水膜型号的增大，界面法向应力稍有增加，而在仰拱位置处稍有减小。最大界面法向应力出现在 Ⅰ 型防水膜的 29 号节点处，其值约为 869 kPa。在图 6-47 中，防水膜类型的变化对界面切向应力有较大影响，且在隧道的不同部位影响不同。在拱顶和拱肩处，界面切向应力随防水膜型号的增加而减小；在拱脚和仰拱处，界面切向应力随防水膜型号的增加而增大。最大值位于 Ⅳ 型防水膜的拱脚位置处，约为 276 kPa，未达到界面切向损伤起始应力 1250 kPa。

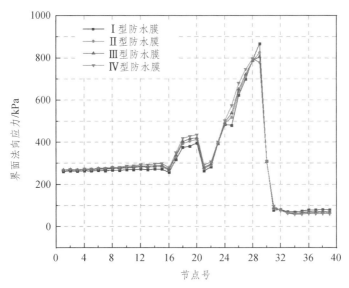

图 6-46　不同防水膜类型对应的界面法向应力

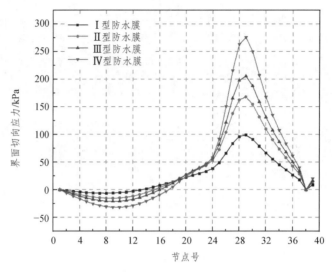

图 6-47 不同防水膜类型对应的界面切向应力

通过前面的分析来看,在喷膜防水衬砌结构中,防水膜的类型变化对初支轴力影响较小,对二衬轴力影响较大,且二衬轴力随防水膜黏结性能的提升在隧道的大部分位置(除仰拱和拱脚的个别截面外)都是增大的。同时,随着防水膜黏结性能的提升,界面处的剪切应力也随之增大,这也说明了黏结性能对隧道喷膜防水衬砌结构复合作用的直接影响。

6.4 防水膜施作位置的影响

初支与二衬的相对厚度,即防水膜的施作位置,也会对衬砌结构的力学性能产生影响。为了研究防水膜的位置对喷膜防水衬砌结构力学性能的影响规律,此处拟定了不同的初支与二衬的厚度组合,仍然采用地层-结构模型进行计算,并与荷载-结构模型的计算结果进行对比分析。

6.4.1 计算工况拟定

如表 6-22 所示的三种工况,衬砌结构的总厚度保持不变,设定为 65 cm。由于初支的厚度发生了变化,因此初支与钢拱架的等效弹性模量也随之发生了变化,按照式(6-5)计算得到工况一和工况三中初支的等效弹性模量分别为 30 GPa 和 28.8 GPa。

表 6-22 计算工况

计算工况	初支厚度/cm	二衬厚度/cm
工况一	20	45
工况二	25	40
工况三	30	35

6.4.2　计算结果分析

1. 衬砌结构内力

不同防水膜位置对应的初支和二衬轴力如图 6-48 和图 6-49 所示。不同防水膜位置对应的初支和二衬弯矩如图 6-50 和图 6-51 所示。

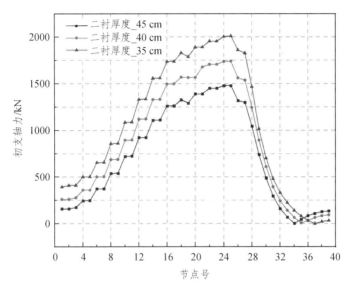

图 6-48　不同防水膜位置对应的初支轴力

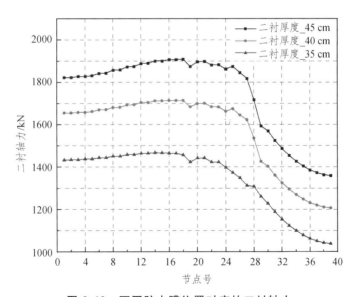

图 6-49　不同防水膜位置对应的二衬轴力

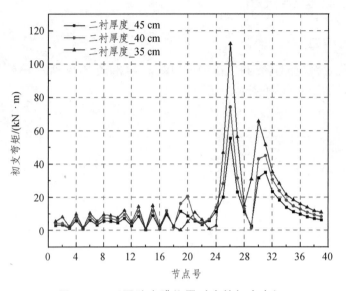

图 6-50　不同防水膜位置对应的初支弯矩

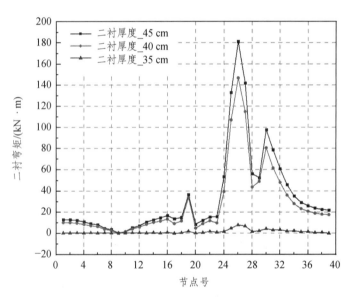

图 6-51　不同防水膜位置对应的二衬弯矩

从图 6-48 中可以看出，随着二衬厚度的减小（初支厚度的增加），初支轴力逐渐增大（除仰拱的个别截面）。二衬厚度为 35 cm 时，在隧道的拱脚位置处，初支轴力达到最大值，约为 1482 kN。从图 6-49 来看，随着二衬厚度的减小，二衬轴力逐渐减小。二衬厚度为 45 cm 时，在隧道的拱腰处，二衬轴力达到最大值，约为 1910 kN。

从图 6-50 中可以看出，随着二衬厚度的减小，初支弯矩在隧道的大部分位置都是增大的，尤其在拱脚位置增加幅度最大。当二衬厚度从 40 cm 减小到 35 cm 时，在 26 号截面处（拱脚位置），初支弯矩增加了 51.3%，最大初支弯矩为 112.3 kN·m。

在图 6-51 中，二衬弯矩随着二衬厚度的减小而减小。当二衬厚度从 45 cm 减小到 40 cm 时，二衬弯矩也随之减小，但二衬曲线的变化规律基本一致，未发生较大变化；当二衬厚度减小到 35 cm 时，二衬弯矩急剧减小，最大值未达到 10 kN·m。

从以上分析来看，在喷膜防水衬砌结构中，二衬厚度减小（初支厚度增大），会使二衬承担较小的弯矩和轴力，而相应地初支所承担的轴力和弯矩会增大，即初支的负荷增大。

2. 二衬安全性评价

使用破损阶段法，计算二衬的安全系数，结果如图 6-52 所示。从整体来看，随防水膜位置的变化（二衬厚度减小，初支厚度增大），二衬安全系数先减小后增加。二衬厚度为 35 cm 时，二衬安全系数除拱顶外，在隧道的各个部位均达到最大值，且随防水膜位置的变化，二衬安全系数的变化幅度不大，都满足规范要求。这说明在Ⅳ级围岩中，二衬厚度的减小（初支厚度的增大）不会使二衬安全系数发生较明显的变化。综合上述分析可知，二衬厚度减小（初支厚度增大）会使二衬的弯矩和轴力都减小，而初支的弯矩和轴力都增大，但二衬的安全系数先减小后增加，且整体变化幅度不大。

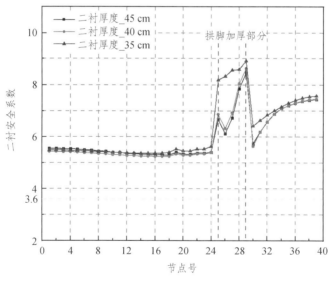

图 6-52　不同防水膜位置对应的二衬安全系数

3. 界面应力

不同防水膜位置对应的初支与二衬界面法向应力和切向应力如图 6-53 和图 6-54 所示。

如图 6-53 所示，从整体来看，除拱脚的个别截面外，随二衬厚度的减小界面法向应力也减小。在隧道的拱脚位置处，界面法向应力最大，约为 976.1 kPa，未达界面法向损伤起始应力 1120 kPa。在图 6-54 中，随着二衬厚度的减小，界面切向应力曲线在隧道不同部位有所差异，但整体的变化幅度不大。最大界面切向应力约为 103.6 kPa，未达到界面切向损伤起始应力 292 kPa。

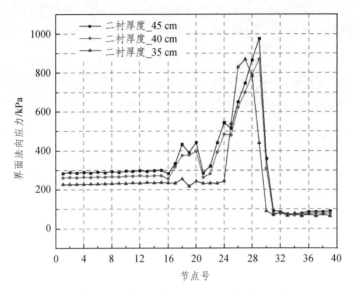

图 6-53　不同防水膜位置对应的界面法向应力

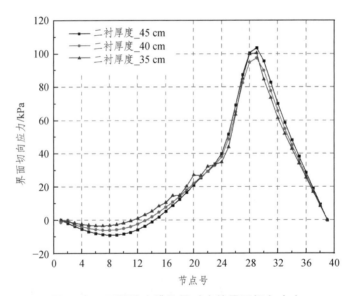

图 6-54　不同防水膜位置对应的界面切向应力

4. 结果对比分析

与本章第 6.1.5 节采用荷载-结构模型的计算结果对比可知，两种不同的计算模型在结果和规律上仍然存在一定的差异，相应的原因已经在前文做过初步的分析和讨论。

结合第 5 章各类梁构件的基本力学机理的阐述和分析，无论是哪种计算模型的结果，都可以用相关的力学原理来进行解释：随着二衬厚度的减小，自然初支所分担的荷载比例就会加大；防水层位置越靠近衬砌结构的中部，界面处的切应力也必然会越大。类似的结果和规律，在本书第 5.1.4 节的"弹性模量相等但厚度不等工况"部分也做过相应的讨论和分析。

　　经过本章对荷载-结构法和地层-结构法两种计算模型的对比分析，建议采用荷载-结构法开展 CSL 结构的受力分析可能更便捷，也与弹性变形阶段的力学解析结果更为贴合。但是，正如绪论中所讨论的一样，由于目前还有许多问题尚未得到深入的研究和探讨，隧道喷膜防水衬砌结构的受力计算分析方法还需要再通过模型试验、工程试验等方式做进一步的验证。

参考文献

[1] 中橡集团沈阳橡胶设计研究院.硫化橡胶或热塑性橡胶 拉伸应力应变性能的测定：GB/T 528—2009[S].北京：中国标准出版社，2009.

[2] 中国化学建筑材料公司苏州防水材料研究设计所.建筑防水涂料试验方法：GB/T 16777—2008[S].北京：中国标准出版社，2009.

[3] 中国建材检验认证集团苏州有限公司，建材工业技术监督研究中心，北京东方雨虹防水技术股份有限公司，等.聚氨酯防水涂料：GB/T 19250—2013[S].北京：中国标准出版社，2014.

[4] 河南建筑材料研究设计院有限责任公司，北京金汤建筑防水技术开发有限公司.聚合物水泥防水涂料：GB/T 23445—2009[S].北京：中国标准出版社，2009.

[5] 中国建筑科学研究院，中建国际建设有限公司.混凝土结构试验方法标准：GB/T 50152—2012[S].北京：中国建筑工业出版社，2012.

[6] 中国化学建筑材料公司苏州防水材料研究设计所，建筑材料工业技术监督研究中心，苏州非金属矿工业设计研究院.水乳型沥青防水涂料：JC/T 408—2005[S].北京：中国建材工业出版社，2005.

[7] 苏州中材非金属矿工业设计研究院有限公司，建筑材料工业技术监督研究中心，广州科化防水防腐补强有限公司，等.环氧树脂防水涂料：JC/T 2217—2014[S].北京：中国建材工业出版社，2014.

[8] 中国建材检验认证集团苏州有限公司，苏州非金属矿工业设计研究院，中国建筑防水协会，等.喷涂橡胶沥青防水涂料：JC/T 2317—2015[S].北京：中国建材工业出版社，2016.

[9] 中国建材检验认证集团苏州有限公司，苏州非金属矿工业设计研究院有限公司，天津森聚柯密封涂层材料有限公司，等.单组分聚脲防水涂料：JC/T 2435—2018[S].北京：中国建材工业出版社，2018.

[10] 苏州中材非金属矿工业设计研究院有限公司，中国建材检验认证集团苏州有限公司，建筑材料工业技术监督研究中心，等.聚甲基丙烯酸甲酯(PMMA)防水涂料：JC/T 2251—2014[S].北京：中国建材工业出版社，2014.

[11] 南京水利科学研究院.土工合成材料测试规程：SL 235—2012[S].北京：中国标准

出版社，2012.

[12] 招商局重庆交通科研设计院有限公司. 公路隧道设计规范 第一册 土建工程：JTG 3370.1—2018[S]. 北京：人民交通出版社，2018.

[13] 中交第二公路勘察设计研究院有限公司. 公路隧道设计细则：JTG/T D70—2010[S]. 北京：人民交通出版社，2010.

[14] 中铁二院工程集团有限责任公司. 铁路隧道设计规范：TB 10003—2016[S]. 北京：中国铁道出版社，2016.

[15] 西南交通大学. 丙烯酸盐喷膜防水应用技术规程：CECS 342:2013[S]. 北京：中国计划出版社，2013.

[16] 中国铁路经济规划研究院，中国铁道科学研究院铁道建筑研究所，西南交通大学，等. 铁路工程喷膜防水材料 第1部分：喷涂丙烯酸盐：Q/CR 517.1—2017[S]. 北京：中国铁道出版社，2016.

[17] 中国铁路经济规划研究院，中国铁道科学研究院铁道建筑研究所，中铁工程设计咨询集团有限公司.铁路工程喷膜防水材料 第2部分:喷涂橡胶沥青:Q/CR 517.2—2016[S]. 北京：中国铁道出版社，2016.

[18] 董炎明. 高分子科学简明教程[M]. 2版. 北京：科学出版社，2015.

[19] 付华，张光磊. 材料科学基础[M]. 2版. 北京：北京大学出版社，2021.

[20] 付华，张光磊. 材料性能学[M]. 2版. 北京：北京大学出版社，2020.

[21] 李红强. 胶粘原理、技术及应用[M]. 广州：华南理工大学出版社，2014.

[22] 俞茂宏. 材料力学[M]. 2版. 北京：高等教育出版社，2015.

[23] 王光钦，丁桂保，刘长虹，等. 弹性力学[M]. 北京：中国铁道出版社，2004.

[24] 杨桂通. 弹塑性力学引论[M]. 2版. 北京：清华大学出版社，2013.

[25] 米海珍，胡燕妮. 塑性力学[M]. 北京：清华大学出版社，2014.

[26] 刘土光，张涛. 弹塑性力学基础理论[M]. 武汉：华中科技大学出版社，2003.

[27] 张宏. 应用弹塑性力学[M]. 西安：西北工业大学出版社，2011.

[28] 郦正能，关志东，张记奎. 应用断裂力学[M]. 北京：北京航空航天大学出版社，2012.

[29] 王自强，陈少华. 高等断裂力学[M]. 北京：科学出版社，2009.

[30] 高万章. 强度和塑性理论新探[M]. 北京：科学出版社，2018.

[31] 许金泉. 界面力学[M]. 北京：科学出版社，2005.

[32] 卓家寿，章青. 不连续介质力学问题的界面元法[M]. 北京：科学出版社，2000.

[33] 张军. 界面应力及内聚力模型在界面力学中的应用[M]. 郑州：郑州大学出版社，2011.

[34] 牛鑫瑞，余寿文，冯西桥. 含圆形夹杂两相材料界面变形与损伤特性的数值模拟

[M]. 北京：科学出版社，2005.

[35] 沈观林，胡更开，刘彬. 复合材料力学[M]. 北京：清华大学出版社，2015.

[36] 李顺群，张建伟，高凌霞. 土力学[M]. 北京：机械工业出版社，2021.

[37] 吴顺川，李利平，张晓平. 岩石力学[M]. 北京：高等教育出版社，2021.

[38] 蒋雅君，方勇，王士民. 隧道工程[M]. 北京：机械工业出版社，2021.

[39] 费康，张建伟. ABAQUS 在岩土工程中的应用[M]. 北京：中国水利水电出版社，2010.

[40] 杨其新，蒋雅君，刘东民，等. 隧道及地下工程喷膜防水[M]. 成都：西南交通大学出版社，2010.

[41] 吕刚，岳岭，刘建友，等. 隧道喷涂防水技术及工程实践[M]. 北京：中国建筑工业出版社，2022.

[42] 仇文革，龚彦峰，殷怀连，等. 隧道单层衬砌技术——理论、设计与施工[M]. 成都：西南交通大学出版社，2011.

[43] 何雨帝. 隧道喷膜防水衬砌结构层间界面粘结滑移特性研究[D]. 成都：西南交通大学，2019.

[44] 刘基泰. 隧道喷膜防水衬砌结构层间防水膜与界面力学特性研究[D]. 成都：西南交通大学，2021.

[45] 何斌. 隧道喷膜防水衬砌结构力学性能及其影响因素研究[D]. 成都：西南交通大学，2023.

[46] 庞世红. 夹层玻璃等效厚度研究[D]. 北京：中国建筑材料科学研究总院，2009.

[47] 彭信. 隧道复合式衬砌计算模型及力学机理研究[D]. 石家庄：石家庄铁道大学，2012.

[48] 梁东杰. 形状记忆合金纤维增强复合材料界面损伤研究[D]. 武汉：华中科技大学，2013.

[49] 赵国营. 天然橡胶材料基础拉伸实验研究[D]. 青岛：青岛科技大学，2016.

[50] 王元仕. 基于内聚力模型的耐火材料非线性力学行为模拟[D]. 武汉：武汉科技大学，2016.

[51] 于海富. 橡胶材料本构方程的研究[D]. 北京：北京化工大学，2017.

[52] 徐晓庆. 高聚物中间层对夹层玻璃力学特性及断裂机理的影响研究[D]. 北京：清华大学，2017.

[53] 陈志颖. 基于内聚力模型的钢-铝接头结合界面强度研究[D]. 大连：大连理工大学，2020.

[54] 潘正. 丙烯酸盐喷膜材料的制备与性能研究[D]. 杭州：浙江工业大学，2020.

[55] 商允鹏. 高分子材料双向拉伸蠕变行为及其时间-应力等效分析[D]. 湘潭：湘潭大

学，2021.

[56] 杨其新，刘东民，盛草樱，等. 隧道及地下工程喷膜防水技术[J]. 铁道学报，2002，24（2）：83-88.

[57] 杨其新，盛草樱，刘东民. 丙烯酸喷膜防水材料的研究及其工程应用[J]. 新型建筑材料，2002（6）：1-4.

[58] 杨其新，刘东民，盛草樱. 隧道及地下工程喷膜防水技术的研究[J]. 新型建筑材料，2002（1）：7-10.

[59] 杨其新，盛草樱，刘东民. 地下工程喷膜防水工艺的研究[J]. 新型建筑材料，2003（3）：33-36.

[60] 刘东民，盛草樱，杨其新. 隧道喷膜防水施工[J]. 铁道建筑技术，2003（6）：24-26.

[61] 常炳阳，杨其新. 丙烯酸盐喷膜防水材料在隧道力下的耐久性研究[J]. 新型建筑材料，2010（6）：74-77.

[62] 常炳阳，杨其新，刘东民. 隧道及地下工程喷膜防水材料力学性能研究[J]. 中国建筑防水，2008（8）：15-19.

[63] 杨其新，常炳阳，刘东民. 隧道力环境下防水膜防水性能损伤的试验研究[J]. 建筑材料学报，2010，13（4）：487-491.

[64] 蒋雅君，杨其新. 粘着型高分子防水层力学特征与防水效能探讨[J]. 新型建筑材料，2005（9）：40-43.

[65] 蒋雅君，杨其新，蒋波，等. 隧道工程喷膜防水施工工艺的试验研究[J]. 土木工程学报，2007，40（7）：77-81+86.

[66] 蒋雅君，杨其新，刘东民. 喷膜防水层在隧道复合式衬砌中的防水效能模拟试验研究[J]. 铁道学报，2007，29（3）：89-93.

[67] 刘东民，杨其新，蒋雅君. 隧道力环境对防水材料损伤机理分析及其模拟试验装置的设计参数研究[J]. 新型建筑材料，2013，40（5）：14-18.

[68] 蒋雅君，杨其新，刘东民，等.《丙烯酸盐喷膜防水应用技术规程》编制简介[J]. 中国建筑防水，2013（18）：33-37.

[69] 蒋雅君，杨其新，刘东民，等. 隧道工程喷膜防水技术的发展与应用现状[J]. 现代隧道技术，2018，55（2）：11-19.

[70] 蒋雅君，杨其新，刘东民，等. 液化天然气接收站 LNG 工艺隧道喷膜防水应用技术[J]. 隧道建设（中英文），2018，38（11）：1878-1887.

[71] 蒋雅君，杨其新，刘东民，等. 矿山法隧道丙烯酸盐喷膜防水技术应用探析[J]. 铁道学报，2019，41（12）：114-121.

[72] 蒋雅君，何斌，赵菊梅，等. 隧道喷膜防水衬砌结构力学性能研究[J]. 现代隧道技术，2022，59（1）：95-103.

[73] 蒋雅君, 何斌, 赵菊梅, 等. 基于地层结构法的喷膜防水衬砌结构力学性能分析[J]. 公路, 2022, 67 (6): 369-377.

[74] 何斌, 蒋雅君, 赵菊梅, 等. 不同防水膜界面参数对喷膜防水衬砌结构力学性能的影响研究[J]. 公路交通技术, 2023, 39 (5): 161-168.

[75] 蒋雅君, 赵菊梅, 何雨帝, 等. 双面黏结型隧道喷膜防水衬砌层间界面力学特性探讨[J]. 隧道建设 (中英文), 2023, 43 (6): 1003-1011.

[76] 蒋雅君, 刘基泰, 何雨帝, 等. 基于液压胀破测试方法的聚合物防水膜多轴拉伸性能表征[J]. 中国建筑防水, 2024 (5): 42-49.

[77] 沈巍. 阳离子乳化沥青胶乳防水涂料在隧道防水中的应用[J]. 中国建筑防水材料, 1988 (4): 14-15.

[78] 汤宝润, 吴健强. 土工布的拉伸特性及各向异性研究[J]. 天津纺织工学院学报, 1991 (4): 24-31.

[79] 黄金荣. 建筑防水技术新概念——零变位原理[J]. 建筑知识, 1997 (4): 26-27.

[80] 袁大伟. 防水层剥离成因原理[J]. 中国建筑防水, 1997 (5): 10-12.

[81] 程晓, 俞志强. 从材料的动防水性谈有变形裂缝地下工程墙面的防渗[J]. 中国建筑防水, 1997 (2): 20-21.

[82] 周储伟, 杨卫, 方岱宁. 内聚力界面单元与复合材料的界面损伤分析[J]. 力学学报, 1999, 31 (3): 372-377.

[83] 吕康成, 王大为, 崔凌秋. 隧道复合式衬砌防水层工作性态试验研究[J]. 中国公路学报, 2000, 13 (4): 79-82.

[84] 束一鸣, 叶乃虎. LDPE 土工膜液胀极限荷载的工程仿真实验[J]. 水利水电科技进展, 2003, 23 (5): 1-3.

[85] 李晓芳, 杨晓翔. 橡胶材料的超弹性本构模型[J]. 弹性体, 2005 (1): 50-58.

[86] 陈鲁, 李阳, 张其林, 等. 膜结构双轴拉伸试验机的研制与开发[J]. 科学技术与工程, 2006, 6 (1): 17-22.

[87] 赵尚毅, 郑颖人, 宋雅坤, 等. 地下隧道衬砌结构内力计算方法探讨[J]. 后勤工程学院学报, 2007, 23 (4): 29-33.

[88] 路纯红, 白鸿柏. 粘弹性材料本构模型的研究[J]. 高分子材料科学与工程, 2007(6): 28-35.

[89] 马涛. 中间防水层对隧道复合式衬砌的受力影响[J]. 甘肃科技, 2009, 25 (15): 114-119.

[90] 陈迺昌. 聚脲弹性体喷涂技术在隧道防护工程中的应用[J]. 中国建筑防水, 2009 (6): 6-10.

[91] 朱祖熹. 喷涂聚脲防水涂料在地铁与隧道工程中的应用[J]. 中国建筑防水, 2010

（21）：43-48.

[92] 程哲，张正艺，宋杨，等. 橡胶材料超弹性本构模型的简化标定方法[J]. 固体力学学报，2010，31（S）：50-53.

[93] 银花，王大明，赵尘，等. 沥青混合料分数导数粘弹性本构关系研究[J]. 森林工程，2010，26（2）：77-82.

[94] 戈强胜，李雁茹，李红英. 织物胀破强力试验影响因素分析[J]. 中国纤检，2011（23）：50-51.

[95] 李树虎，贾华敏，李茂东，等. 超弹性体本构模型的理论和特种试验方法[J]. 弹性体，2011，21（1）：58-64.

[96] 任泽栋，姜晓桢，满晓磊，等. 堆石坝防渗土工膜薄壁圆筒双向拉伸性能测试方法[J]. 三峡大学学报（自然科学版），2013，35（3）：21-25.

[97] 庄敬. 机械化喷涂施工——防水涂料施工技术发展之大趋势[J]. 中国建筑防水，2013（14）：9-13.

[98] 熊荣军，李恒，孙爱国，等. 短纤针刺非织造土工布拉伸试验影响因素研究[J]. 水运工程，2013（9）：6-9+16.

[99] 王国权，刘萌，姚艳春，等. 不同本构模型对橡胶制品有限元法适应性研究[J]. 力学与实践，2013，35（4）：40-47.

[100] 李春清，梁庆国，吴旭阳，等. 复合式衬砌初期支护刚度及影响因素分析[J]. 隧道建设，2014，34（8）：754.

[101] 危银涛，方庆红，金状兵，等. 填充橡胶本构模型研究进展[J]. 高分子通报，2014（5）：15-21.

[102] 燕山，王伟. 橡胶类超弹性本构模型中材料参数的确定[J]. 橡胶工业，2014，61（8）：453-457.

[103] 吴海民，束一鸣，曹明杰，等. 土工合成材料双向拉伸多功能试验机的研制及初步应用[J]. 岩土工程学报，2014，36（1）：170-175.

[104] 张思云，张艳，靳向煜. 土工膜和非织造土工布单向与双向拉伸机理对比试验研究[J]. 东华大学学报（自然科学版），2014，40（2）：220-224.

[105] 赵锋军，戴露，刘勇. 界面层剪切试验方法综述[J]. 山西建筑，2015（1）：150-151.

[106] 李雪冰，危银涛. 一种改进的 Yeoh 超弹性材料本构模型[J]. 工程力学，2016，33（12）：38-43.

[107] 沈春林，褚建军. 中国建筑防水涂料现状与发展前景[J]. 中国建筑防水，2016（20）：1-5+9.

[108] 许尚农，刘晓丽，黄毅翔，等. 喷涂速凝橡胶沥青防水涂料在建筑领域的应用现状及发展前景[J]. 新型建筑材料，2017，44（4）：137-139.

[109] 张振宇，万璐，冯吉利. 带有橡胶垫层的混凝土接触特性试验及其内聚力模型[J]. 工程力学，2018，35（8）：65-76.

[110] 王建宇. 复合式衬砌若干问题探讨[J]. 现代隧道技术，2019，56（1）：1-5.

[111] 凌云鹏，岳岭，吕刚. 京张高铁东花园隧道防排水设计与施工[J]. 国防交通工程与技术，2020，18（2）：34-38.

[112] 周建，杨新安，蔡键，等. 深埋复合式衬砌隧道二衬分担比研究[J]. 公路交通科技，2020，37（5）：92-99.

[113] 陈晓，何鹏飞，董建华，等. 冻土-构筑物界面粘聚-损伤-摩擦本构模型[J]. 兰州理工大学学报，2021，47（5）：115.

[114] VOLKERSEN O. The Rivet Load Distribution in Lap-Joints with Members of Constant Thickness Subjected to Tension[J]. Luftfahrtforschung, 1938, 15: 41-47.

[115] MOONEY M. A Theory of Large Elastic Deformation[J]. Journal of Applied Physics, 1940, 11(9): 582-592.

[116] GOLAND M, Reissner E. The stresses in cemented joints [J]. Journal of Applied Mechanics, 1944, 11(1): 17-27.

[117] RIVLIN R S, SAUNDERS D W. Large Elastic Deformations of Isotropic Materials, VII. Experiments on the Deformation of Rubber [J]. Philosophical Transaction of the Royal Society of Lodon. Series A: Mathematical and Physical Sciences, 1951, 243(865): 251-288.

[118] DUGDALE D. Yielding of steel sheets containing slits[J]. Journal of Mechanics and Physics of Solids, 1960, 8(2): 100-104.

[119] BARENBLATT G I. Mathematical theory of equilibrium cracks in brittle fracture[J]. Advances in Applied Mechanics, 1962, 7: 55-129.

[120] OGDEN R W. Nearly isotropic elastic deformations: application to rubberlike solids[J]. Journal of the Mechanics and Physics of Solids, 1978, 26(1): 37-57.

[121] REINA R, USUI N. Sunken tube tunnels proliferate[J]. Engineering News-Record, 1989, 223 (7): 30-37.

[122] GIROUD J P, BONAPARTE R, BEECH F, et al. Design of soil layer-geosynthetic systems overlying voids[J]. Geotextiles and Geomembranes, 1990, 9 (1): 65-71.

[123] YEOH O H. Characterization of elastic properties of carbon black-filled rubber vulcanizates[J]. Rubber Chemistry and Technology, 1990, 63(5): 792-805.

[124] YEOH O H. Some forms of the strain energy for rubber[J]. Rubber Chemistry and Technology, 1993, 66(5): 754-771.

[125] 礒岩徹,和田節,近藤道男. 防水膜吹付け工法の実施工[J]. トンネルと地下,1991,

22（7）：35-43.

[126] BATCHELOR J. Membrane waterproofing of bridge decks: an overview[J]. Highway and Transportation, 1992, 39(7): 35-39.

[127] MERRY S M, Bray J D, Bourdeau P L. Axisymmetric tension testing of geomembranes[J]. Geotechnical Test Journal, 1993, 16: 384-392.

[128] MERRY S M, BRAY J D. Size effects for multi-axial tension testing of HDPE and PVC geomembranes[J]. Geotechnical Testing Journal, 1995, 18, 441-449.

[129] BATCHELOR J. Waterproofing concrete with sprayed acrylics[J]. Concrete, 1997, 31(3): 18-20.

[130] BOYCE M C, ARRUDA E M. Constitutive models of rubber elasticity: a review[J]. Rubber chemistry and technology, 2000, 73(3): 504 -520.

[131] HINDLE D. Special linings and waterproofing[J]. World Tunnelling, 2001, 14(2): 95-102.

[132] PELL A, Mcdonald Y. Tunnel waterproofing today[J]. Concrete, 2001, 35(4): 34-37.

[133] ELICES M, GUINEA G V, GÓMEZ J, et al. The cohesive zone model: advantages, limitations and challenges[J]. Engineering Fracture Mechanics, 2002, 69(2): 137-163.

[134] CORNEC A, SCHEIDER I, SCHWALBE K H. On the practical application of the cohesive model[J]. Engineering Fracture Mechanics, 2003, 70(14): 1963-1987.

[135] KLEVEN O B. Radical approach to waterproofing using spray applied membranes[J]. Concrete, 2004, 38(9): 45-46.

[136] FOORD R. Kent rail tunnel refurbishments sealed up[J]. Concrete, 2005, 39(11): 74-76.

[137] DIMMOCK R, HOLTER K G. Tunnels-new from old[J]. Concrete Engineering International, 2005, 9(1): 18-19.

[138] SCHMEIDA M, LEED A P, Culek C. Spray-applied waterproofing mixing efficiency and effectiveness[J]. Construction Specifier, 2006, 59(1): 58-64.

[139] MA J Q. Application of Spray-on Waterproofing Membrane in Tunnels[J]. Advanced Materials Research, 2010, 168-170: 822-826.

[140] ANDREJACK T L, WARTMAN J. Development and interpretation of a multi-axial tension test for geotextiles[J]. Geotextiles and Geomembranes, 2010, 28(6), 559-569.

[141] HOLTER K G. Loads on Sprayed Waterproof Tunnel Linings in Jointed Hard Rock: A Study Based on Norwegian Cases[J]. Rock Mechanics and Rock Engineering, 2014, 47(3): 1003-1020.

[142] NAKASHIMA M, HAMMER A L, THEWES M, et al. Mechanical behaviour of a sprayed concrete lining isolated by a sprayed waterproofing membrane[J]. Tunnelling

and Underground Space Technology, 2015, 47: 143-152.

[143] HOLTER K G, GEVING S. Moisture Transport Through Sprayed Concrete Tunnel Linings[J]. Rock Mechanics and Rock Engineering, 2016, 49(1): 243-272.

[144] HOLTER K G. Performance of EVA-Based Membranes for SCL in Hard Rock[J]. Rock Mechanics and Rock Engineering, 2016, 49(4): 1329-1358.

[145] JOHNSON R P, SWALLOW F E, PSOMAS S. Structural properties and durability of a sprayed waterproofing membrane for tunnels[J]. Tunnelling and Underground Space Technology, 2016, 60: 41-48.

[146] SU J, BLOODWORTH A. Interface parameters of composite sprayed concrete linings in soft ground with spray-applied waterproofing[J]. Tunnelling and Underground Space Technology, 2016, 59(10): 170-182.

[147] XU F, LI W L, LIU Z L, et al. Study of factors that influence geomembrane air expansion deformation under ring-restrained conditions[J]. Geotextiles and Geomembranes, 2017, 45(3), 178-183.

[148] COUGHLAN D, DIEZ R, COMINS J, et al. Crossrail project: use of sprayed concrete tunnel linings on London's Elizabeth line[J]. Proceedings of the Institution of Civil Engineers - Civil Engineering, 2017, 170(5): 39-46.

[149] VOGEL F, SOVJÁK R, Pešková Š. Static response of double shell concrete lining with a spray-applied waterproofing membrane[J]. Tunnelling and Underground Space Technology, 2017, 68: 106-112.

[150] LEE K, KIM D, CHANG S H, et al. Numerical approach to assessing the contact characteristics of a polymer-based waterproof membrane[J]. Tunnelling and Underground Space Technology, 2018, 79(9): 242-249.

[151] BLOODWORTH A, SU J. Numerical analysis and capacity evaluation of composite sprayed concrete lined tunnels[J]. Underground Space, 2018, 3(2): 87-108.

[152] SU J, BLOODWORTH A. Numerical calibration of mechanical behaviour of composite shell tunnel linings[J]. Tunnelling and Underground Space Technology, 2018, 76(6): 107-120.

[153] LUCIANI A, Peila D. Tunnel Waterproofing: Available Technologies and Evaluation Through Risk Analysis[J]. International Journal of Civil Engineering, 2019, 17(1): 45-59.

[154] SU J, BLOODWORTH A. Simulating composite behaviour in SCL tunnels with sprayed waterproofing membrane interface: A state-of-the-art review[J]. Engineering Structures, 2019, 191: 698-710.

[155] ZHU X，DENG Z，LIU W. Dynamic fracture analysis of buried steel gas pipeline using cohesive model[J]. Soil Dynamics and Earthquake Engineering, 2020, 128(1): 105881.

[156] LEE K, KIM D, CHOI S W, et al. Numerical Analysis of the Contact Behavior of a Polymer-Based Waterproof Membrane for Tunnel Lining[J]. Polymers, 2020, 12(11): 2704.

[157] ZHAO G, ZHONG J, Feng C, et al. Simulation of Ultra-Low Cycle Fatigue Cracking of Coiled Tubing Steel Based on Cohesive Zone Model[J]. Engineering Fracture Mechanics, 2020:235(1): 107201.

[158] DEKKER R, MEER F, MALJAARS J, et al. A cohesive XFEM model for simulating fatigue crack growth under various load conditions[J]. Engineering Fracture Mechanics, 2021, 248(5): 107688.

[159] LIN Q, LI S, FENG C, et al. Cohesive fracture model of rocks based on multi-scale model and Lennard-Jones potential[J]. Engineering Fracture Mechanics, 2021, 246(4): 107627.

[160] YAJUN J, BIN H, JUMEI Z, et al. Influence of novel polymer waterproofing membrane on mechanical properties of tunnel lining structure[J]. Construction and Building Materials, 2022, 360: 1-11.

[161] PELZ U, KARLOVŠEK J. Spray-applied waterproofing membranes in tunnelling: Application and research directions in Australia[J]. Tunnelling and Underground Space Technology, 2022, 122: 104364.

[162] LINKE M, LAMMERING R. On the calibration of the cohesive strength for cohesive zone models in finite element analyses[J]. Theoretical and Applied Fracture Mechanics, 2023, 124(4): 103733.